发掘内蒙古历史文化 服务"一带一路"建设研究丛书

朝 克 主编

蒙古族游牧文化与 "一带一路" 建设研究

The Study on Mongolian Nomadic Culture and
the Belt and Road Construction

王关区 等著

中国社会科学出版社

图书在版编目（CIP）数据

蒙古族游牧文化与"一带一路"建设研究／王关区等著．—北京：中国社会科学出版社，2021.5

（发掘内蒙古历史文化　服务"一带一路"建设研究丛书）

ISBN 978 - 7 - 5203 - 7919 - 9

Ⅰ.①蒙…　Ⅱ.①王…　Ⅲ.①蒙古族—游牧民族—民族文化—内蒙古—研究②对外开放—研究—内蒙古　Ⅳ.①K281.2②F127.26

中国版本图书馆 CIP 数据核字（2021）第 029416 号

出 版 人	赵剑英
责任编辑	范晨星　侯聪睿
责任校对	杨　林
责任印制	王　超

出　　版	中国社会科学出版社
社　　址	北京鼓楼西大街甲 158 号
邮　　编	100720
网　　址	http://www.csspw.cn
发 行 部	010 - 84083685
门 市 部	010 - 84029450
经　　销	新华书店及其他书店

印　　刷	北京君升印刷有限公司
装　　订	廊坊市广阳区广增装订厂
版　　次	2021 年 5 月第 1 版
印　　次	2021 年 5 月第 1 次印刷

开　　本	710×1000　1/16
印　　张	15.5
插　　页	2
字　　数	216 千字
定　　价	85.00 元

总　　序

　　内蒙古自治区人民政府交办的重大委托课题"发掘内蒙古历史文化，服务'一带一路'建设"于2017年10月课题经费下拨后正式启动。

　　在课题经费下拨之前，根据内蒙古自治区主席布小林提出的："要坚定不移地以习近平总书记提出的新时代中国特色社会主义思想和关于'一带一路'建设的重要论述为指导，深入贯彻党的十九大和十九届二中、三中全会精神，认真贯彻落实习近平总书记提出的哲学社会科学工作要为党的路线方针政策及经济社会建设服好务的重要论述。要充分解放思想、求真务实、与时俱进，深入发掘内蒙古源远流长的历史文化与文明，充分发挥内蒙古政府交办的重大委托课题的示范引导作用，为党和国家工作大局及'一带一路'建设服好务。要从内蒙古地区自身优势出发，科学解读和阐释'一带一路'建设的核心内容、性质和目的及其现实意义，进而更科学、更有力、更积极地推动中俄蒙乃至延伸到欧洲各国的'一带一路'建设"以及她所指出的"该项重大委托课题要将对策研究、应用研究及理论研究紧密相结合，对策、应用研究要从内蒙古地区和'一带一路'建设的实际情况出发，要以该地区'一带一路'建设的重大理论和现实问题为主攻方向，深入实际和强化实证性研究，拿出具有重要决策参考价值和实践指导意义的对策性、应用性、实用性调研报告或研究成果。在基础研究和理论研究方面，要实事求是地发掘和充分反映内蒙古地区的历史文化与文明，进而为中华民族多元一体的历史文化与文明不断增添新的内涵，为内蒙古'一带一路'建设不断增加新的活力和生命力"等指导思想为主题，2017 年 3 月在内蒙古自治区人民政府办公厅（以下简称内蒙古政府办公厅）负责人的主持下，北京和内蒙古两地的相关专家学者在京首次召开课题工作会议。与会专家学者针对自治区主席提出的课题思路、课题内容、课题意义、课题框架、课题实施计划等展开了广泛而务实的讨论，随后将会议讨论稿交给了内蒙古政府领导。在这次召开的课题会上，初步做出如下几项决定：一是，由中国社会科学院民族文学研究所党委书记朝克研究员主持该项重大委托课题。二是，重大委托课题内部要分：（1）蒙古族与欧亚草原历史文化渊源；（2）元朝商贸往来与"一带一路"贸易畅通研究；（3）蒙古始源与中蒙俄"一带一路"地名考释；（4）蒙古族民俗文化与"一带一路"建设研究；（5）蒙古族文学艺术与"一带一路"建设研究；（6）内蒙古农牧业文化与"一带一路"建设研究；（7）蒙古族教育科学医疗文化与"一带一路"建设研究；（8）草原丝绸之路与呼伦贝尔俄侨历史文化研究；（9）内蒙古草原丝绸之路与中蒙俄经济走廊建设研究；（10）内蒙古语言文字与"一带一路"建设研究，共 10 个子课题。三是，根据参加该项重大委托课题专家们多年从事的科研工作实践及研究领域和专业特长，由中国社会科学院历史研究所青格力研究员、中央民族大学黄健英教授、内蒙古党校吉日格勒教授、中国社会科学院民族学与人类学研究所色音研究员、中央民族大学汪立珍教授、内蒙古社会科学院王关区研究员、内蒙古师范大学党委书记傅永春教授、呼伦贝尔学院院长侯岩教授、内蒙古社会科学院院长马永真研究员、内蒙古师范大学孟和宝音教授分别承担 10 项子课题的科研工作任务。四是，每个子课题要完成一部科研专著，同时还要写一份同研究课题相关的政策对策调研报告或相关政策对策性建议。并要求政策对策性调研报告或相关政策对策性建议要在课题启动后的第一年年底完成，课题专著类研究成果要在课题启动后的第二年年底完成。五是，该项重大委托课题在下拨经费后两年内完成。六是，课题总负责人同子课题负责人签署课题合同责任书。七是，课题的日常事务性工作、各子课题间的相互协调、各子课题组在内蒙古地区开展调研或资料搜集时协助提供各方面的方便条件、政策对策建议及调研报告的撰写工作、课题《工作简报》的编辑工作等均由内蒙古自治区研究室（参事室）来负责。该项课题在正式启动之前，课题组核心成员及各子课题负责人先后召开两次工作会议，主要是进一步讨论第一次课题工作会议上拟定的课题实施计划及相关内容，以及如何更好、更快、更高质量地按计划完成各项子课题科研工作任务等方面的事宜。在广泛而反复讨论的基础上，最后对于课题实施计划及要求做出了明确规定，其规定基本上保持了第一次课题工作会议上拟定的事项和内容，只是对有关子课题题目和相关子课题负责人做了必要调整。

内蒙古自治区人民政府交办的该项重大委托课题经费于 2017 年 10 月份下拨到各子课题负责人所属部门的账号，从此各子课题组开始正式启动了各自承担的科研工作。2018 年 7 月，各子课题组基本上都撰写完成了各自承担的对策研究报告。其中，有的课题组完成了两份对策调研报告。而且，调研报告经课题组负责人会议讨论通过后，第一时间交给内蒙古自治区研究室（参事室）进行审阅。随后，根据内蒙古自治区研究室（参事室）提出的建议，将这些对策研究报告，分别交给中央党史和文献研究院及中国社会科学院从事政策对策研究的资深专家进行审阅。各子课题组根据审阅和审读专家提出的意见，对政策研究报告做了必要修改和补充，同时淘汰了个别审阅未通过的政策研究报告。最后将 10 个子课题组审阅通过并进行修改补充的 13 篇对策研究报告，合订成 30 余万字的《内蒙古自治区人民政府重大委托课题"发掘内蒙古历史文化，服务'一带一路'建设"之对策研究报告》，交给了内蒙古自治区研究室（参事室）。

各子课题组承担的科研工作，也基本上按计划于 2019 年年底完成了田野调研、资料搜集整理和分析研究、撰写课题成果专著等方面的工作任务。在这里，有必要说明的是，由于两位子课题组负责人的先后去世，以及一些子课题组负责人工作岗位、工作部门、工作性质的变动和调整，加上有些子课题组负责人所承担的行政管理工作或其他科研管理工作过重而很难拿出一定时间主持该项课题等原因，在具体实施这一重大委托课题的实践中，对有关子课题组负责人做了及时调整和补充。另外，也有个别子课题组核心成员由于所承担的其他各种科研工作任务过重等原因，自动申请退出了该项课题。所有这些，给内蒙古政府交办的重大委托课题的顺利推进带来了一定困难。但在内蒙古自治区研究室（参事室）领导和相关人员的积极协调和帮助下，在课题组负责人及所有课题组专家学者的共同努力下，除了极个别的子课题组没有按时完成课题成果的撰稿工作之外，绝大多数子课题组均按时提交了作为课题研究成果的初步定稿。

在这里，还需要交待的是，课题总负责人同内蒙古自治区研究室（参事室）负责人共同商定后，在课题进行的过程中根据一些子课题组负责人的变化与变动，重新调整了第三、第八及第十子课题组负责人。重新调整后的这三个子课题组负责人分别是蒙古国国立大学的超太夫博士（第三子课题书稿补充修改完成人）、呼伦贝尔学院的斯仁巴图教授（第八子课题负责人）、中国社会科学院民族文学研究所的朝克研究员（第十子课题负责人）等。其中，蒙古国国立大学的超太夫博士主要在相关专家的协助下，负责完成其父亲内蒙古党校吉日格勒教授基本成型的课题研究书稿。以上子课题组负责人的及时调整，对于该项重大委托课题的顺利推进产生了积极影响和作用。另外，还根据该项重大委托课题的指导思想及科研任务、研究内容，将第八子课题题目改为"内蒙古草原旅游文化与'一带一路'建设研究"。依据课题工作安排，将初步完成并提交上来的各子课题组书稿，全部送交中国社会科学院、内蒙古社会科学院、内蒙古大学、内蒙古师范大学的相关专家进行审阅。对于各子课题组完成的书稿，审阅专家们提出了不同程度的修改意见。然而，从 2019 年年底至 2020 年年中的半年多时间，受新冠肺炎疫情影响，一些子课题组对审稿专家提出的书稿修改所需的补充调研工作未能按计划推进。这期间，各子课题组根据现已掌握的第一手资料也做了一些补充和修改，但一些具体数字还需要经过再次补充调研才能够进一步完善。疫情得到基本控制后，子课题组专家学者在第一时间对于书稿修改内容做了补充调研，并在较短时间里完成了课题书稿的修改完善工作。其实，从 2019 年年底到 2020 年 9 月，该项重大委托课题的各子课题组又将修改补充的书稿，在不同时间段内分别让不同专家学者反复审阅 2—3 次。而且，审阅专家学者都从各自的角度提出不少意见和修改建议。最后，于 2020 年 9 月至 10 月，把审阅通过并修改完善的书稿先后交给了中国社会科学出版社，顺利进入了出版阶段。

内蒙古政府交办的该项重大委托课题在具体实施的两年多时间里，各子课题组负责人和参加课题研究的专家学者，先后用汉文和蒙古文公开发表 41 篇学术论文，在中蒙俄"一带一路"沿线地区开展 37 次实地调研，并在北京、呼和浩特、海拉尔及蒙古国的乌兰巴托等地先后召开 14 次不同规模、不同内容、不同形式、不同层面的大中小型学术讨论会、专题讨论会、学术报告会等。与此同时，还内部印发四期课题《工作简报》，主要报道课题组负责人工作会议、子课题组负责人的变动和调整、整个课题工程的推进、各子课题组承担的科研工作进度、各子课题组取得的阶段性成果及发表的论文或相关文章、不同规模和内容的课题学术讨论会及课题推进会、国内外进行的学术考察和田野调研、课题进行中遇到的问题或困难等方面的内容。另外，内蒙古自治区研究室（参事室）还先后印制了四本约 200 万字课题阶段性研究成果汇编及资料汇编。所有这些，对于整个课题的顺利推进产生了极其重要的影响和作用。

众所周知，从元代以来的"丝绸之路"到当今新时代强有力推进的"一带一路"建设的漫长历史岁月里，内蒙古作为通往俄罗斯和蒙古国乃至通向欧洲各国的陆路商贸大通道，为欧亚大陆国际商贸往来、商业活动、商品交易、文化交流发挥过并一直发挥着极其重要的作用。特别是，当下内蒙古对外开放的边境口岸，已成为我国对外开放和

"一带一路"建设的重要枢纽。根据我们现已掌握的资料,内蒙古草原边境地区有 19 个对外开放的口岸,关系到内蒙古边境陆路口岸和国际航空口岸的地区共有 14 个旗(市)及呼和浩特市和呼伦贝尔市。其中,发挥重要枢纽作用的是,对俄罗斯开放的满洲里口岸和对蒙古国开放的二连浩特口岸,以及呼和浩特、海拉尔、满洲里 3 个国际航空口岸等。所有这些,给元代以后兴起的草原"丝绸之路"远古商业通道注入了强大的活力和生命力,并肩负起了以中蒙俄为主,包括欧洲各国的商贸活动和经贸往来,乃至承担起了东西方文化与文明交流的重要使命。正因为如此,从草原古"丝绸之路"到新时代"一带一路"建设这一条国际商贸大通道上,内陆地区的商人同俄罗斯和蒙古国的商人之间,建立了互敬互爱互信互勉互助的友好往来和深厚友谊。尤其是,内陆地区的商人同生活在草原"丝绸之路"与"一带一路"通道上的内蒙古各民族之间,建立了不可分离、不可分割的商贸合作关系和骨肉同胞关系。所有这些,毫无疑问都表现在他们的你中有我、我中有你的历史文化与文明,乃至他们的经济社会、生产生活、风俗习惯、语言文字、思想教育、伦理道德、宗教信仰等方方面面。也就是说,从草原古"丝绸之路"到新时代"一带一路"建设的漫长历史进程中,他们的相互接触、互相交流、思想沟通变得越来越深,进而对于彼此的影响也变得越来越广。其中,语言文化方面的相互影响更为明显。

我们在该项重大委托课题里,从历史学、地理学、地名学、社会学、经济学、政治学、文化学、语言文字学、教育学、民族学、民俗学、文学艺术、外交学、宗教学等角度,客观翔实地挖掘整理和分析研究了内蒙古草原对古"丝绸之路"的作用和贡献及在新时代"一带一路"建设中如何更好地发挥作用、蒙古汗国和元朝时期古"丝绸之路"商贸往来与内蒙古"一带一路"贸易畅通之关系、古"丝绸之路"上的蒙古族与欧亚草原历史文化的渊源、内蒙古草原古"丝绸之路"对亚欧大陆历史进程的影响、蒙古族游牧文化与中蒙俄"一带一路"农牧业和生态合作关系、蒙古族科教医疗事业的发展对于"一带一路"建设的贡献、内蒙古地区蒙古族民俗文化与"一带一路"民心相通的内在合力、蒙古族文学艺术与"一带一路"建设的关系、内蒙古草原旅游文化对"一带一路"建设产生的重要推动作用、中蒙俄"一带一路"建设及语言文字资源的开发利用等学术问题。我们认为，从 13 世纪初开始，八个多世纪的人类历史的进程中，内蒙古地区对于草原古"丝绸之路"商贸往来发挥过极其重要的作用。在强有力地推动中国政府倡议的开放包容、和平发展、合作共赢，以及政治上高度互信、经济上深度融合、文化上广泛包容的"一带一路"建设的新时代，内蒙古草原作为欧亚大陆的大通道，在这关乎人类命运共同体、人类责任共同体的伟大工程及历史实践中，同样发挥着十分积极而重要的推动作用。

朝　克

2020 年 12 月

目　　录

前　　言

　　《蒙古族游牧文化与"一带一路"建设研究》一书包括六章：蒙古族游牧文化及其在"中蒙俄经济走廊"建设中的地位与作用；中蒙俄三国的历史人文背景及"中蒙俄经济走廊"的历史基础；中蒙俄三国生态环境和自然资源状况；发掘蒙古族游牧文化生态思想，助力中蒙俄草原生态文明建设；中蒙俄三国生态合作建设；中蒙俄三国农牧业合作与发展。下面就本书的主题思想和重要研究内容进行简述，并作为前言。

　　蒙古族游牧文化是蒙古族人民在上千年的游牧实践中，逐渐创造的一整套适应蒙古高原自然环境条件的独具特色的生产生活方式、社会制度、文学艺术、风俗习惯以及哲学观念和宗教信仰意识等；蒙古族游牧文化植根于辽阔的草原之上，领悟到大自然是万物赖以生存的摇篮，并且使"游牧"从生存需求上升到精神文化境界；生态智慧贯穿蒙古族生产生活方式、社会制度、风俗习惯、宗教信仰、文学艺术、伦理道德、美学与哲学、法规与律令等诸多方面。蒙古族游牧文化绿色生态文明理念已形成相对完善的体系，能够为"中蒙俄经济走廊"建设提供诸多环保技术和实用理念，对中蒙俄等草原丝绸之路沿线国家共建绿色丝绸之路与"一带一路"提供重要支持。弘扬蒙古族游牧文化，有利于树立并践行尊重自然、爱护自然的生态文明理念，有利于建设绿色"中蒙俄经济走廊"，为"中蒙俄经济走廊"沿线国家提供中国智慧、中国方案。蒙古族游牧文化与自然、与社会、与人和谐相处的理念，既是中国精神、中国文化的精髓，也与"中蒙俄经济走廊"

建设精神相契合。

蒙古高原包括蒙古国全部、俄罗斯南部和中国北部部分地区。蒙古高原居住的主体民族是蒙古族,蒙古族人作为一个游牧民族,有着共同的经济生活基础,在这种经济生活基础上形成的伦理道德、宗教、哲学,以及从习惯法到成文法都是类同的。中国内蒙古地区与蒙古国文化背景、风俗习惯有历史和现实的多元联系,且共同生活在一个"草原经济带"。蒙古族历史以来形成的游牧经济本身是生态化的经济生活,在这种生态化的经济生活基础上生成的意识形态、上层建筑都是围绕保护生态发挥作用的。在蒙古族整个文化体系中,生态文明是其核心,环境是其生存的生命线。人们敬畏大自然,忌讳任何伤害神灵和大自然的行为。因此,中蒙俄三国都有着传承下来的、根深蒂固的、极其强烈的环保意识,发掘蒙古族游牧文化生态思想,助力开展草原生态文明建设是中蒙俄人民的共同夙愿。

草原生态文明是人类文明的一种形态,是人类在处理与草原自然关系时达到的文明程度,是人类社会与草原生态环境和谐共处、良性发展的状态;主要是在人们致力于促进人与草原协调和谐、草原资源永续利用、草原生态环境世代美好的过程中,取得的物质、精神、制度等方面的成果。就其基本内容来说,主要包括以下三个方面:其一,草原生态意识文明,指人们在对待草原生态问题时所表现的一种先进的价值观念形态,如所体现出的人与草原自然平等、和谐的价值取向的草原生态意识、草原生态心理和草原生态道德等。其二,草原生态行为文明,是指人们在生产生活中推动草原生态文明建设的各种活动及行为。其三,草原生态制度文明,是人们在生产生活中形成的保障草原生态文明建设的法律制度与经济制度等。

游牧文明可以说是传统草原生态文明。在气候干旱寒冷、水源匮乏、土壤沙化及单位面积牧草产量较低且变率较大的草原地区,只有通过逐水草的家畜迁移,游牧业才能更好地利用草地资源,才能获得稳定的经济收益。在草原植被与放牧家畜的长期互动中形成的游牧业,随着季节变化按区域周期性轮牧利用草原资源，可以使牧草得到有效的生长和恢复，而不引起草原退化，草原生态系统保持良性循环、进展演替；虽然单位面积草场载畜量较少，但是总体的经济功能也可观，特别是生态屏障功能强大。随着人均草场面积减少等，大多数草原地区丧失了游牧的条件，游牧文明也逐渐消失，但游牧文明中传统的"草原生态文明、可持续发展"思想理念，需要我们当代人很好地研究和借鉴、提炼与升华，从而促进草原生态文明更好的发展。

北方草原地区在人类文明初始阶段通过欧亚大陆与中亚、欧洲等西方世界保持密切的交流往来，即早期的草原之路。而在更早之前，这条贯穿欧亚大陆的道路在北方的草原上已经发挥了作用。在草原丝绸之路的发展与壮大的过程中，北方民族及蒙古族无疑做出过重要的贡献，时至今日仍为草原丝绸之路在新时代的发展起着不可替代的推动作用。

中蒙俄传统的经济往来为建设"中蒙俄经济走廊"打下了坚实的历史基础。16 世纪初，蒙古地区在经过了达延汗的统一、分封之后，基本形成了漠南蒙古、漠西蒙古和漠北蒙古三大集团，他们与明朝之间保持着密切的贸易关系。1547 年，莫斯科大公伊凡四世加冕称沙皇，在他的领导下，罗斯公国逐渐摆脱了蒙古人的控制，俄罗斯成为一个独立的国家。此后，俄罗斯致力于开拓与蒙古的贸易市场。在明蒙贸易、俄蒙贸易的推动下，中俄边境贸易也发展起来。中蒙俄历来有经济交往，这种经济交往在大部分时候是在平等互利的基础上展开的，促进了两国边境地区的经济开发，增强了两国人民的相互了解和文化交流，为中俄两国人民带来了福祉，也为今天我们提倡"中蒙俄经济走廊"打下了坚实的历史基础。

中蒙俄三国在地理位置上相邻、山水相连，在自然生态、地理环境、生产生活方式上接近。共建绿色"一带一路"，生态环境具有重要的意义。但在各国生态环境恶化的总体趋势下，中蒙俄三国面临着许多共同的生态环境问题，如荒漠化、草原退化、自然灾害、气候变化等。这些生态环境问题共同制约着中蒙俄三国的生态文明建设和绿色发展。中蒙俄三国在生态环保领域的合作，为中蒙俄三国共建绿色经济走廊带来了新的机遇，不仅会给中蒙俄三国带来巨大的生态效益，也会为中蒙俄三国带来潜在的经济效益和社会效益，并进一步推动"中蒙俄经济走廊"的建设和"一带一路"的高质量发展。

习近平总书记多次强调，要践行绿色发展理念，着力深化生态环境保护方面的合作，加大生态环境保护力度，携手打造绿色丝绸之路。为进一步加强与沿线国家的生态环境保护合作，2017 年中国环境保护部、外交部、国家发展和改革委员会、商务部联合发布了《关于推进绿色"一带一路"建设的指导意见》，提出要将绿色"一带一路"建设融入"一带一路"建设的各方面和全过程。绿色"一带一路"倡议体现了中国政府顺应和引领绿色、低碳、循环发展国际潮流，努力为全球生态安全、气候安全和能源安全做出新贡献。

中蒙俄三国地缘相邻相依，面临着许多共同生态环境恶化的侵扰，有强烈的生态环境保护的国际合作诉求，三方加强生态环保合作共谋发展，既有利于三方生存空间和发展质量的提升，同时又可以加速东北亚区域生态一体化进程，可以规避区域间的"屏蔽效应"和"中介效应"。中蒙俄生态保护措施的统一实施，行动的协调联动使国际合作更为密切，有利于中蒙俄区域社会的稳定和经济社会实现可持续发展。所以，生态一体化使中蒙俄之间的生态环境协作成为必然趋势。人民对良好生态环境的渴求是不分国界的。加强生态环境综合治理，提高环境质量，加快补齐生态环境短板，是当前我国的核心任务。保护生态环境，是关系中蒙俄三国发展的长远利益，是功在当代、利在千秋的事业。

"中蒙俄经济走廊"建设是"一带一路"倡议的重要构成。中蒙俄三国互补性很强、合作发展前景广阔，农牧业领域合作发展是"中蒙俄经济走廊"建设当中的重要内容之一。中国的农牧业生产、加工、销售及经营管理、消费市场等方面的优势显著；俄罗斯水土资源富集，可以成为中国最大的小麦、大豆供应国；蒙古国是畜牧业王国，世界上唯一的全国范围内游牧的国家，生产着中国消费者非常喜欢的优质畜产品。由此，中蒙俄三国在农牧业领域的相互需求较大，深入合作发展有利于三国的共同利益，是"中蒙俄经济走廊"建设过程中互利共赢的事项。

第 一 章

蒙古族游牧文化及其在"中蒙俄经济走廊"建设中的地位与作用

　　蒙古族游牧文化，是蒙古族人民在上千年的游牧实践中，逐渐创造的一整套适应蒙古高原自然环境条件的独具特色的生产生活方式、社会制度、文学艺术、风俗习惯以及哲学观念和宗教信仰意识等；蒙古族游牧文化植根于辽阔的草原之上，蒙古人领悟到大自然是万物赖以生存的摇篮，并且使"游牧"从生存需求上升到精神文化境界；生态智慧贯穿蒙古族生产生活方式、社会制度、风俗习惯、宗教信仰、文学艺术、伦理道德、美学与哲学、法规与律令等诸多方面。

　　蒙古族游牧文化绿色生态文明理念已形成相对完善的体系，能够为"中蒙俄经济走廊"建设提供诸多环保技术和实用理念，对中蒙俄等草原丝绸之路沿线国家共建绿色丝绸之路与"一带一路"提供重要支持。弘扬蒙古族游牧文化，有利于树立并践行尊重自然、爱护自然的生态文明理念，有利于建设绿色"中蒙俄经济走廊"，为"中蒙俄经济走廊"沿线国家提供中国智慧、中国方案。蒙古族游牧文化与自然、与社会、与人和谐相处的理念，既是中国精神、中国文化的精髓，也与"中蒙俄经济走廊"建设精神相契合。建设"中蒙俄经济走廊"，做到"民心相通"最重要的桥梁就是共通共享的表达民意、顺达民情的文化精神，而这一文化精神就是蒙古族游牧文化所承载的开放包容、互学互鉴、互利共赢的精神。

　　近年来，政界、学界及民间都非常重视草原生态环境的保护、修复，非常重视蒙古族游牧文化的发掘、保护、传承、发展，在新时代不断加强草原生态文明建设的进程中，在生态优先、绿色发展的导向下，蒙古族游牧文化必将得到大力弘扬、有效拓展。

第一节　蒙古族游牧文化的基本特点及内涵

什么是文化，各国学术界从各自不同的研究领域与研究方向给出了符合自身研究的概念。在我国，很多学者以《辞海》上的文化定义解读文化概念，即广义的文化与狭义的文化。"广义文化指人类在社会历史实践中所创造的物质财富和精神财富的总和。狭义文化是指社会的意识形态以及与其相适应的制度和组织机构。作为意识形态的文化，是一定社会的政治和经济的反映，又作用于一定社会的政治和经济。"① 因此，文化是一种民族的、地域的、国家的精神的象征、历史与发展的见证。因此，游牧文化是游牧民族的民族史。吴团英先生认为："所谓的游牧文化，就是从事游牧生产、逐水而居的人们，包括游牧部落、游牧民族和游牧族共同创造的文化。它的显著特征就在于游牧民族的观念、信仰、风俗、习惯以及他们的社会结构、政治制度、价值体系等都是游牧生产方式和游牧生活方式的历史反映和写照。游牧文化是在游牧生产的基础上形成的，包括游牧生活方式以及与游牧生活相适应的文学、艺术、宗教、哲学、风俗、习惯等构成游牧文化的具体要素。"邢莉教授认为："草原游牧文化就是历史上生活在草原上的族群在草原的生态环境中创造的与草原互动的行为方式、生活准则、价值观念、审美观念等物质文化和精神文化的总和。"综上所述，所谓游牧文化是立足草原生态环境，以游牧生计为主要生产生计的游牧部落、民族所共同创造的文化形态，包括游牧生活方式

---

① 摘引自《辞海》，上海辞书出版社 1985 年版，第 1533 页。

以及与之相适应的文学、艺术、宗教、哲学、风俗、习惯等具体要素的总和。

任何一个民族的文化都有区别于其他民族的特殊文化属性，不同的自然地域环境造就不同类型的民族文化，也为塑造特殊民族属性提供了内在的物质基础。勤劳智慧的蒙古民族，长期称雄于北方草原，拥有悠久的历史，孕育和创造了灿烂的游牧文化，它是传承游牧文化的集大成者，也是游牧文化的典型代表。蒙古族游牧文化建立在草原生态系统上，以游牧为生活方式的蒙古族人民在上千年的游牧生产生活过程中，积累了如何协调人与牲畜、牲畜与牧草、牧草与草场之间的矛盾，并且在游牧实践中，逐渐创造了一整套适应蒙古高原自然环境条件的独具特色的生产生活方式、社会制度、文学艺术、风俗习惯以及哲学观念和宗教信仰意识。由此可知，蒙古族游牧文化植根于辽阔的草原之上，领悟到大自然是万物赖以生存的摇篮，并且使"游牧"从生存需求上升到精神文化境界。生态智慧贯穿蒙古族生产生活方式、社会制度、风俗习惯、宗教信仰、文学艺术、伦理道德、美学与哲学、法规与律令等诸多方面。因此，蒙古族游牧文化的最根本的思想精髓是敬重自然万物、遵循大自然规律，在保持水、草、畜的生态平衡中实现人与自然的和谐共存。刘钟龄先生在《蒙古族的传统生态观与可持续发展论》一文中指出，"蒙古族人民的游牧生活恰恰构筑了天、地、生、人的复合生态系统，是历史条件下能量流动与物质循环高效和谐的优化组合。游移放牧的完整规范，可以保持草原自我更新的再生机制，维护生物多样性的演化，满足家畜的营养需要，保障人类的生存与发展。所以，在蒙古民族文化中，从意识形态，科学技术，伦理规范，民风习惯，宗教信仰等多方面都蕴含了鲜明的生态观点与环境思维"[1]。从这个意义上看，蒙古族游牧文化中无不透露出以"敬畏生命，尊重自然，和谐共存"为核心思想的生态文化特征。

---

① 刘钟龄：《蒙古族的传统生态观与可持续发展论》，载敖仁其主编《草原　牧区游牧文明论集》，内蒙古畜牧业杂志社，2000 年。

一 蒙古族游牧文化的游动性

蒙古族自古以来游牧在草原上，其文化特征主要体现在"游"字上，通过"游"来完成自身物质生活和精神生活的建设，因此是一种动态的文化模式。"居无定所，逐水草而进"，居住可移动的蒙古包，选择水草优良的草场是蒙古族游牧文化的最典型的外部特征。由于蒙古族信仰敬畏大自然，爱护大自然，在长期的实践中积累了丰富独特、行之有效的放牧经验和知识。蒙古族牧民通常根据草牧场的植被状况以及空间范围和五畜的生态特征，依据气候、季节、水草的变化而游动放牧，并把畜牧业的发展控制在草牧场承受能力之内，最大限度地利用草牧场又不使其破坏。牧民们为了有效合理地利用草牧场，促进草牧场的恢复，他们选择了四季轮牧的游牧方式，把草牧场划分为四季营地、三季营地、两季营地。季节营地的划分是游牧业最明显的特点。营地是集中放牧牲畜的地方，是牧民对草牧场的惯称。即：四季营地分为春季草牧场——哈布日扎，夏季草牧场——卓斯楞，秋季草牧场——那木日扎，冬季草木场——额布勒折。三季营地分为夏季草牧场、秋季草牧场和冬季草牧场。两季营地分为夏季草牧场和冬季草牧场。春季放牧时首先整顿畜群，把产崽的、怀胎的、瘦弱的畜组成一群选择阳坡、背风暖和、近处的草场放牧，把膘情和体力好的畜组成一群选择较远的草场放牧。春季放牧时顶风出牧，顺风归牧。其次，春季是青草萌芽时期，放牧先放阴坡，后放阳坡或平地，逐步由枯草过渡到青草。夏季放牧时选择牧草生长快，种类多（最好有野韭菜、野葱、野蒜等的草场），草质软的高岗地或离水源近的草场放牧。秋季要求在多汁、干枯较晚，结实丰富的草场放牧。冬季放牧时营地要求植物枝叶保存良好，盖度大，植株高，而且是不易被雪埋的区域。放牧的主要方式是先放远坡，后放近坡，或者先放高处，后放低处。每一季营地驻牧期间，牧民还要根据草牧场与牲畜状况，做多次倒场。牧民倒场是有规律的，由冬季草牧场迁往春季草牧场的时间大约在5

月，由秋季草牧场迁往冬季草牧场的时间在 11 月左右。但是在同一季节牧场中也要经常倒场，不会在一处地长期放牧。雨水正常的年景一般要移动 8—10 次，多者达到 25 次左右，草牧场不好的年景移动达到 40 次左右。牧民每年迁徙移动的轨迹形成一个大游牧圈，这个大游牧圈形成的原因与水资源的多少、草牧场的优劣、自然灾害的大小以及上年迁移中畜群留下来的粪便都有关系。牧民以牲畜粪便做燃料，放牧地当年的牲畜粪便是湿的不能利用，所烧的牲畜粪便是上一年留下的，经水洗、风干，自然发酵后，有机养分已随雨水渗透于土壤中。这就要求游牧路线一般不轻易改变，年年基本都一样。蒙古族牧民除了这几种轮牧方式外，在水草不足或遇到自然灾害时，需要走"敖特尔"，意为"移场放牧"。走"敖特尔"实际上是跨圈移动。冬季营地的灾害主要是"黑"灾、"白"灾，无雪导致吃水困难，多雪覆盖则导致牲畜吃草困难。走"敖特尔"既能做到在灾年使牧畜安全度过，又能有效地使草场休养生息。与此同时，牧民们要根据草场、气候、季节、畜种的不同特点采取合理的放牧方式。如牛、马、驼等大畜，冬春季要选择牧草种类丰富，生长茂盛，能避风的北山南麓，低洼地放牧；夏秋季节，选择地势高、干燥通风、水源近的草场放牧。绵羊、山羊必须四季都有人跟群放牧。春季是接羔季节，放牧要早出晚归，将羊群赶到近处阳坡。为防止羊乱跑抢青造成乏弱，一般放牧员走在羊群前面，挡住头羊，将羊群稳定。初夏牧草全返青，是抓水膘的时期，把羊群赶到较远的牧场，使其充分利用草场各种营养丰富的牧草。盛夏气候炎热，为防止羊密集成堆，将羊群放于宽敞通风、蚊蝇少的梁地牧场。秋季气候凉爽，牧草结实，把羊群再次赶到较远的牧场，延长放牧时间，抓好秋膘。入冬后，因气候寒冷而选择避风向阳或低洼的牧场。夏秋季节，每日 2 次饮水，冬春隔日饮水。① 总而言之，蒙古族的移动性游牧方式既是协调人、自然与牲畜三者关系的自

---

① 《科尔沁右翼中旗志》，内蒙古人民出版社 1993 年版，第 306 页。

然法则和适应自然的结果，更是主动保护草原的选择，并表现出了浓厚的生态气息。

二 蒙古族游牧文化的适应性

蒙古族游牧文化的形成是蒙古高原上历代游牧的蒙古族牧民和自然环境长期作用、相互选择中积累了非常丰富的实用知识和实践经验而适应于干旱、半干旱草原地域独特的人文总结。蒙古民族在辽阔的蒙古高原上世世代代繁衍生息，适应性是蒙古民族在他们所处的环境中生存下来的前提与基础。正因为蒙古族游牧文化的杰出的适应性特征及蒙古族游牧民族非凡的适应能力，才使这片神奇珍贵的土地得以保留至今。因此，适应性特征就是人与自然之间关系的体现，它充满了人与自然和谐统一的生存智慧。蒙古族游牧民的生活并不是盲目的随心所欲的生活方式，而是为适应游牧生活而创造的生活方式。蒙古游牧民的衣、食、住、行无不与游牧有关，他们的生活物资来源于牲畜及其附属品，这些生活物资的生产既符合蒙古族游动的生活方式特征，又体现了适应环境的功能。在服饰上，畜皮是早期蒙古游牧民的主要装束。用山羊绒皮或绵羊皮做衣服、被褥等，用牛皮制作靴子。在古代蒙古族的装束中，蒙古袍是最实用、最具"生态"特征的，肥大的下摆一直垂到靴子，骑乘时可以起到护腿的作用；宽松的上身部位，穿着时与身体分离，形成封闭的小气候，在温差大的北方草原上能很好地调节人体温度，在野外露宿或在条件不好的地方借宿时，蒙古袍还可以当作被褥使用；腰带系得宽而紧，避免在坐骑上颠簸对内脏的损害。[①] 因此，蒙古袍是利用牲畜资源制作的，它不仅符合游动生活需求，又是适应环境气候变化的一种特殊服装。蒙古族的食物分为乌兰依德根（肉食）与查干依德根（奶食）。畜肉是主要的食品来源，冬季宰杀量大，且以牛肉为主，部分生肉割成细条、撒上盐、放在通

---

① ［日］俊藤十三雄：《蒙古游牧社会》，玛·巴特尔等译，内蒙古人民出版社1990年版，第175页。

风处晾干，待春天牲畜消瘦不能宰杀时食用。夏秋两季以羊肉为主。奶食的来源主要是饲养的各种牲畜，有鲜奶、奶豆腐、奶干、奶油、黄油、奶酒、奶茶等，是蒙古游牧民日常饮食中绝对不可或缺的部分。在居所上，蒙古游牧民的居室蒙古包，其外部结构由顶杆（乌尼）、围壁（哈那）、天窗（陶脑）、门等几部分构成。哈那和乌尼的活动交叉点用牛皮或驼皮条穿孔固定。蒙古包的构件除了支撑架子用木头制作外，其余部分全部用毛毡、毛绳、毛带等畜产品做成。游牧民族为适应游牧生活而创造的这种居所，冬暖夏凉，抗风御雪，易于拆装、便于游牧，可以根据人口数量随意加减"哈那"，还可以根据天气情况加减围毡，下圆上斜的整体设计，对外减轻了风暴阻力，其内部扩大了有效使用面积，而且形成筒状上升气流，保持空气新鲜。蒙古包是人类长久性住宅建筑中用材最少、建筑方式对自然破坏性最小的建筑，非常有利于保护草原植被。它是适应游动生活的一大创造，也是最生态的居所。在交通上，蒙古族被称为马背民族，马无疑是草原上最重要的交通工具，它适合单人骑乘也可用来驾车；牛是奶食品的主要来源，适合拉车；骆驼则适合长距离驮运物资。在日常生活中羊是牧民基本的食品保障，羊皮和羊绒也是最重要的生活物资。勒勒车也是蒙古族主要的交通运输工具，被称为游牧民的"游动的家"。勒勒车以桦木或榆木加工制成的比较多，它不仅结构简单、结实耐用、易于制造和修理，而且轻便宜驾，适宜在草原、雪地、沼泽、沙滩上行走，而且载重量大。蒙古族在游牧活动中经常将生活用品以及蒙古包装载于勒勒车上，以便远行。总之，蒙古游牧民在衣、食、住、行等方面的最大特点是适应于环境、讲求实用，他们的这种生存方式，体现了人与自然和谐共处的生态特征，为自己谋得了生存发展的生活环境，同时也有效地保护了环境并保持了自然资源的可持续发展和利用。

三　蒙古族游牧文化的简约性

蒙古族的游牧活动主要是"逐水草而居"的四季轮牧，经常处于游动状态中,这种生活方式不利于定居生活。因为游牧民的居所、棚圈、畜群处于一种不断变化的生态状况中,他们一般没有什么设施,即一包(蒙古包)、一牛车(勒勒车)就够了。例如,羊粪可用来搭建棚圈,羊粪砖垒起来砌成的墙有两个作用,一方面用作棚圈,为牲畜挡风保暖或起隔离作用,另一方面它又是烧火材料的储存形式。羊圈里的羊粪经过一冬天的反复踩压,到春天时厚度和硬度已经达到制作棚圈的要求。春末时,要用当年的新棚圈来添补被烧掉的旧棚圈。这样既完成了棚圈的修复更新,又满足了烧火材料的供应。因此,蒙古族游牧文化在物质生产方面蕴含了它的简约特征。

四 蒙古族游牧文化的脆弱性

游牧文化形成于并体现了以牧民、家畜和牧草(自然)三要素构成的特殊的生产方式。这种生产方式基本上依赖自然,良好的自然环境,水草丰饶,风调雨顺,畜群在短期内越来越多地繁殖起来。但是,蒙古高原降水量少,且不平衡,经常遭到天灾人祸,各种疾病和狼害的威胁和袭击使牲畜增长缓慢,死亡率大增。如果遭遇大型的"黑灾""白灾",牧民们几乎没有任何抵御能力。畜牧业生产的脆弱性形成了致命的弱点,即大起大落,时好时坏的不稳定性,这几乎成了游牧生产和生活的周期性规律。关键是牧草,随着牧草的荣枯,牲畜有规律地出现秋孕春繁、夏壮、秋肥、冬瘦、春乏等循环往复的年周期性特点。且畜牧生产具有遵循牲畜生理规律的3—4年的周期性特点。一般牲畜3岁时便进入繁殖期,如果当年的牲畜再生产遭遇损失后,这种损失3—4年后会再次出现。如:"遇到旱灾年牲畜膘情差、怀胎率低、过冬能力差、产崽弃崽率高等因素均造成崽畜损失;大雪灾年,怀胎山羊会自动流产达到'保存'自己的目的,也造成崽畜损失;又如,马在畜群中属于高等动物。马的'家族'怀胎繁殖受严格的'伦理'约束。当种马死去后通常大部分母马不会当年'改嫁'。这一切都会造成来年春季的牲畜繁殖率的下降,出现繁殖的'低谷'。3—4 年后随着灾年仔畜进入繁殖期，这一低谷会再次出现，表现出游牧生产特有的年季周期性特点。"① 德国学者 P. S. 帕拉斯曾说："由于这里的冬季漫长而又严酷，牲畜的过冬是一个大难题，必须精心对付才行。但他们却仍让牲畜听凭大自然的摆布，事先不贮备冬季用的干草，只给羊羔准备少得可怜的饲料。"② 因此，遇到自然灾害损失必然会更大。蒙古族游牧民的生存环境与生产生活方式使游牧文化较为贴近自然，使游牧民同大自然融为一体。游牧文化形成发展于世界上自然环境最为恶劣、环境变化难以预测的草原和荒漠地带，气候属于典型的温带大陆半干旱、干旱类型，降水稀少、冬季漫长寒冷，且常有暴风雨雪，夏季短暂干热，气温的年较差和日较差都很大，多风沙、富日照。由此可见，蒙古族游牧文化对自然生态环境的脆弱性感受是直接的。

五　蒙古族游牧文化中的"天苍为父，大地为母"的宗教信仰

萨满教和喇嘛教是蒙古族游牧文化的两大宗教。蒙古游牧民将萨满教的万物有灵论和佛教的生态观作为信条，崇尚大自然，认为大自然赐予一切事物生命。萨满教是一种原始宗教形态。相信人世之外还有神灵世界的存在，相信灵魂不死，是萨满教最基本的思想，认为"草原上的一草一木、飞禽走兽、河流湖泊都有灵性和神性，不能轻易扰动，射杀和破坏，否则将受到神灵的惩罚。世上万物都是天父地母所生，不仅相互平等，而且亲上加亲。作为天父地母之子的人类，应像孝敬自己的父母那样崇拜天宇、爱护大地、善待自然"③。萨满教是一种古老原始的多神信仰，包含自然崇拜、图腾崇拜、祖先崇拜等内

① 海山：《蒙古高原游牧生产特点研究》，载内蒙古师范大学《蒙古秘史》与蒙古文化国际学术研讨会组委会编《论文提要集》，2001 年，第 252 页。

② ［德］P. S. 帕拉斯：《内陆亚洲厄鲁特历史资料》，邵建东、刘迎胜译，云南人民出版社 2002 年版，第 174 页。

③ 《元典章》，陈高华等点校，中华书局、天津古籍出版社 2011 年版，第 38 页。

容。在萨满教的自然神系统中，"腾格里、嘎扎尔"（天、地）神占重要地位。萨满教中"腾格里"指的是神，是蒙古人的最高神灵，是掌管人世间的万事万物的、主宰一切的、决定命运的至高无上的众神灵的统称。它不能与"长生天"相提并论。萨满教中的"天"是长生天管辖下的众天神。Tngri 是突厥语，唐代已见于中国史书，当时译作"腾里""登里"。突厥、回纥可汗之徽号，无不有 tengriole 一词，唐代音译为"登里啰"，或意译为"天所立"，可见在当时已有天与天神二意。① 由此可见，蒙古人应该是受到突厥人影响而将众神灵统称为腾格里的。按萨满教的观念，"上有九十九尊永恒的腾格里"②。其中，每一尊腾格里的职能和特点不同，然而它们所掌管的都是与游牧民的生产、生活最密切相关的事，人们的一切恐惧和欲望通过对腾格里的崇拜而显现出来。对古代蒙古族游牧民来说，牲畜的兴旺、战争的胜利和人的健康是最渴望的事情，他们尊奉的腾格里也都是执掌这些事项的。如：吉雅其腾格里、阿达格腾格里、苏勒德腾格里等。蒙古人把"腾格里"（天）比作生身之父，把"嘎扎尔"（地）比作养身之母，便孕生了信奉"天父地母"的游牧民族图腾文化和敬天、敬地之习俗。"天父地母"是蒙古游牧民对自然界和自身认识的和谐理念。不论任何时候，蒙古族牧民把美食的头一份都献给"天父地母"和养育他们的草原。由于萨满教的"万物有灵"论，大自然赋予灵性，被重构，再生，超越它纯粹自然的属性，被神格化和人格化。经过千百年的潜移默化，蒙古游牧民的生态理念正是在这样的宗教信仰中孕育成长起来的，积淀为一种生态保护意识。13 世纪开始，虽然多种宗教势力并存，但其中发展最快最有影响力的是藏传佛教中的红帽派。然而，它的传播仅限于上层统治阶级，广大蒙古牧民信奉的仍然是古老的萨满教。这时的萨满教，由于吸收了喇嘛教的某些观念和神灵，从某种意义上反而得到了充实和发展。到 16 世纪后半叶，土默特蒙古部落阿勒坦汗引入

---

① 韩儒林：《穹庐集》，河北教育出版社 2002 年版，第 286 页。
② ［法］海西希：《蒙古的宗教》，耿昇译，中国藏学出版社 2016 年版，第 49 页。

藏传佛教——格鲁派（俗称喇嘛教），并传遍整个蒙古地区。喇嘛教取代萨满教的过程是十分激烈的抗争。在蒙古上层统治者的支持下，喇嘛教对萨满教进行了残酷的镇压。同时，喇嘛教被广大蒙古游牧民接受，也是因为喇嘛教的某些教义与主张迎合了他们的心理。萨满教宣扬万物有灵、灵魂不灭、人畜殉葬、滥杀牲畜供奉死者的灵魂，然而黄教反对这些活动，从而获得了蒙古牧民的好感。佛教体系以"缘起性空"为教义，宗旨仍是因果法则、慈悲心怀，将人与自然划在同一个轮回之中，这种生态哲学观在维持自然的生态平衡方面起到一定的积极作用。天父地母、生命同根、万物一体、法界通融，于是人与人、人与自然之间的和谐也成为社会普遍的伦理共识。

六　蒙古族游牧文化中的情感化表达

在文学艺术方面，蒙古族的文学艺术大多以自然界的山水、树木、动物为题材，包含着对自然界、对生命的崇拜与敬仰和追求人与自然和谐共生的理念。在以《江格尔》《苍狼白鹿》《马头琴的故事》《蒙古秘史》等为代表的众多英雄史诗、民间故事、神话传说、格言谚语、蒙古民歌和历史文献中，蒙古人对人与自然和谐关系的认识得到了情感化的表达。如孟驰北在分析蒙古族史诗《江格尔》中对自然的描写时道："蒙古族重视追求人与自然的和谐之美，大自然在蒙古族的心中充满亲情，是人格和心灵的象征，蒙古族对自然怀有崇敬之情，热爱自然生命的审美意识非常强烈，逐水草而居的生活方式更加造就了人与自然的和谐交融。"[①]《江格尔》关于阿鲁宝木巴的描绘是："那里的人永远不死、青春永驻，那里四季如春、万物永生。"可见，人与自然的和谐生存需求往往是蒙古游牧民族的价值取向。蒙古族文学艺术作品与蒙古游牧民的生产生活方式和生活环境息息相关，以鲜明的游牧文化特征表述着蒙古游牧民对历史文化、人文习俗、道德、哲学和艺

---

① 孟驰北：《草原文化与人类历史》上卷，国际文化出版公司 1999 年版。

术的感悟，它是蒙古游牧民与自然和谐共存的产物，是对自然保护意识的一种唤醒。就人类生存环境而言，蒙古族繁衍生息的地理环境是生态环境恶劣、自然灾害频繁、生态系统极端脆弱的草原和荒漠地带，人们的生产生活分散，生存困难和风险很大。但蒙古族游牧民永远不会用"严酷恶劣"等来描述草原，在他们心里草原永远是"美丽富饶的家乡"。人与自然和谐共存，是蒙古族文学艺术作品中最显著、最本质的特征，也是蒙古族文学艺术作品所追求的最高审美境界。蒙古族游牧民赞美草原、歌唱家乡、感恩大自然是蒙古族文学艺术创造的永恒主题之一。因此，赞美草原、歌唱家乡、感恩于大自然的文学艺术作品占蒙古族整个文学艺术作品的相当大的一个部分。在蒙古族文学艺术作品当中的人与自然和谐共存中，往往自然给人以力量和智慧，人给自然以灵魂和情感。蒙古人把对大自然的欣赏和赞美转变成对大自然的崇敬和眷恋，进而又升华为爱惜和保护大自然的神圣职责。蒙古族文学艺术作品历史悠久，内容丰富，其内容几乎包括蒙古族社会生活的各个方面。因此，对于蒙古族文学艺术作品的深入观察与研究，不但可以了解文学艺术作品本身，还能够洞察到它所从属的民族文化价值观念、智慧与经验的结晶以及特定的社会文化背景。

七　蒙古族游牧文化中生态制度的法制化

蒙古游牧社会自古以来就是法制社会。蒙古族游牧民通过宗教信仰与价值观念的"约孙"（蒙古语，习惯）、传统风俗习惯、法规法典等手段对大自然加以保护。蒙古帝国成立时，蒙古族的先人们就已经有了约定俗成的有关社会秩序与草原生态环境保护的完整的"习惯法"体系。成吉思汗建立蒙古帝国以后，把这些"习惯法"汇集并且提升为成文的《大扎撒》。《大扎撒》是蒙古人生态观念向法制化过渡的先河。随后的各朝代把生态保护内容更加具体化，相继颁布了《阿勒坦汗法典》《喀尔喀七旗法典》《卫拉特法典》《喀尔喀吉如姆》《阿拉善蒙古律则》等一系列法典，和《至元条格》《通制条格》《元典章》

《元史》等著作中都有保护草原、保护森林、保护土壤、保护畜群、保护野生动物、保护生态环境等内容。因此，蒙古族游牧民自古以来就基本确立了符合自己文化、习俗的法律体系，为古代蒙古高原生态环境保护提供了法律保障。

"约孙"时期的习惯法传承古老习俗规定："禁草生而锄地"；"禁遗火而燎荒，违者诛其家"。所有法典中几乎都有涉及的条令是保护草场问题，即：禁止除草开荒，禁止草原荒火，禁止灰烬上溺尿，禁止过牧等。如："狩猎结束后，要对伤残的、幼小的和雌性的猎物进行放生。"① "草绿后挖坑致使草原被损坏的，失火致使草原被烧的，对全家处死刑。"② "战争一停止……不得骑乘，不得使马乱跑。打马的头和眼部的，处死刑。" "不得在河流中洗手，不得溺于水中。"③ 几乎每一部法律都有草原荒火严禁条令。《大扎撒》规定的"禁浸溺于於水中，或藏匿灰烬之上"。即在灰烬上溺尿，尤其在新灰、热灰上溺尿，容易迸发火星，在无遮挡、风大的大草原上很容易引发草原荒火。清代《喀尔喀六旗法典》第 58 条规定："失放草原荒火者，罚一五。发现者，吃一五。荒火致死人命，以人命案惩处。"④《阿勒坦汗法典》规定："失火致人死亡者，罚牲畜三九，并以一人或一驼顶替，烧伤他人手足者，罚牲畜二九。烧伤眼睛，罚牲畜一九。烧伤面容，杖一，罚五畜。"⑤ 在保护水资源方面，《大扎撒》规定："春夏两季人们不可以在白昼入水，或者在河中洗手，或者用金银器皿汲水，也不得在原野上晒洗过的衣服……"。这条规定主要是节约水，杜绝浪费。若水源尚不足时在饮用水中溺尿，污染了

---

① 内蒙古典章法学与社会学研究所：《〈成吉思汗法典〉及原论》，商务印书馆 2007 年版，第 5 页。

② 同上书，第 9 页。

③ 内蒙古典章法学与社会学研究所：《〈成吉思汗法典〉及原论》，商务印书馆 2007 年版，第 10 页。

④ 奇格：《古代蒙古法制史》，辽宁民族出版社 1999 年版，第 128 页。

⑤ 苏鲁格：《阿勒坦汗法典》，《蒙古学信息》1996 年第 1 期。

水源，容易使人畜得病。蒙古人"要使他们的牲畜和羊群中有一头也遭雷击，他们如法施行数月之久。而当这类事发生时，他们在该月余下的日子里不进食，就他们的哀悼期限说，他们在该月的末尾举行一个仪式"①。"禁民人徒手汲水，汲水时必须用某种器具。禁洗濯、洗破穿着的衣服。"② 对于牲畜保护，围猎也是游牧民的重要生产活动之一，他们划定禁猎区，规定狩猎期，规定禁杀动物种类。禁止猎杀孕期动物，蒙哥汗曾下令："正月至六月，尽怀羔野物无杀。""在王公禁猎区灭绝野山羊者，受罚。"③ 蒙哥汗登基之时，规定："不要让各种各样的生灵和非生灵遭受苦难。对骑用或驮用家畜，不许用骑行、重荷、绊脚绳和打猎使它们疲惫不堪，不要使那些按照公正的法典可以用作食物的（牲畜）流血，要让有羽毛的或四条腿的、水里游的或草上（生活）的禽兽免受猎人的箭和套索的威胁。"④ 这部诏书可称为世界第一部生态保护宣言。元朝的《刑法志》中规定："诸每月朔望二弦，凡有生之物，杀者禁之。诸郡县正月五月，各禁杀十日，其饥馑去处，自朔日为始，禁杀三日。"元朝忽必烈皇帝下令规定了禁猎区和禁猎种类。禁止捕杀野猪、鹿、獐等动物，保护天鹅、野鸭、鹘、鹤、鹧鸪、鹰、秃鹫等飞禽。几乎所有元代统治者都下达过保护野生动物的法令。从中我们看到，蒙古族游牧民是大自然的骄子，游牧民与自然始终保持了和谐关系。假如宗教信仰是人们自觉、自律的行为，而这些成文法规法典是强制、他律的，和传统习惯法一起，约束、规范人们的行为，把自然保护意识上升为蒙古游牧民的民族意识。

---

① ［伊朗］志费尼：《世界征服者史》，何高济译，内蒙古人民出版社 1980 年版，第 241 页。

② 奇格：《再论成吉思汗〈大扎撒〉》，《内蒙古社会科学》1996 年第 6 期。

③ 戈尔通斯基：《1640 年蒙古卫拉特法典》，罗致平编译，中国社会科学院民族研究所历史室油印本，1978 年，第 58 页。

④ ［波斯］拉施特：《史集》第 2 卷，余大均、周建奇译，商务印书馆 1985 年版，第 243 页。

综上所述，蒙古族游牧文化最主要、最鲜明的特征是它的生态文化特征。由于游牧文化的产生与发展是建立在游牧生态系统之上，所以它的风俗、习惯、宗教、哲学、文学艺术、法律等无一不包含着蒙古游牧民对于大自然的敬畏和崇拜。这种敬拜是蒙古牧民在千百年来的游牧生活中创造的表达方式，是蒙古族游牧文化的缩影。因此可以说，尊重万物生存权利，尊重人与自然和谐共存，是蒙古族游牧文化的重要核心思想。蒙古族游牧文化饱含着对自然的感悟与智慧，是热爱自然的文化，是保护自然的文化，是合理利用自然的文化，是绿色生态文化。蒙古族游牧文化中物我相融的自然精神，人与自然和谐成为永恒的主题，是人类文化宝库中一颗璀璨的明珠。

第二节　蒙古族游牧文化的当代走向

蒙古族游牧文化是蒙古游牧民为了适应草原、天气、生态环境变迁而采取的一种自由式游牧迁徙的生产、生活方式，以及在此基础上创建的一系列物质和精神财富的总和，包括衣、食、住、行等物质文化，政治、法律等制度文化，以及宗教、道德、艺术等精神文化。但随着水草、随着季节搬迁放牧的游牧生活与当今日益发达的现代生活相接触后，蒙古游牧社会正经历着前所未有的、近似动摇根基的文化变迁。伴随现代化进程，草原游牧区域逐渐缩小，大批蒙古族牧人离开世代居住的草原走向城镇，游牧民生计方式与草原脱离造成游牧文化离开草原这一特殊地理区域，即随着民族传统文化赖以生存的自然环境、社会环境、民俗文化环境及蒙古族游牧民生产生活方式的逐渐转变，原生的游牧文化已不复存在。

1. 蒙古族传统服饰的变迁

服饰不仅反映特定历史时期的风俗、艺术、宗教等社会文化信息，民族服饰的材料、色彩、款式及穿着方式，也对民族审美心理的变化具有揭示作用。在 20 世纪 50—70 年代的政治服饰时代，由于生产者的减少以及使用者的减少，传统民族服饰只存在于博物馆、博览会、艺术画册的层面上。然而，随着全球一体化进程的推进和改革的深入，人们的思想也日趋解放，禁锢人们头脑的各种教条逐步被破除。近年来，人们在欣赏、吸收涌进来的许多新文化的同时，也意识到传承、保护、发展自身民族文化的重要性。因此，蒙古族传统服饰又重新流行起来，穿着蒙古袍的人逐渐增多。无论在农牧区还是在都市里都能时不时地看到身穿蒙古袍的人；无论在日常生活中还是在舞台演出、重大节日庆典、集会、礼宾等场合，蒙古族民众都喜欢穿上自己的民族服装。但是，现代社会的开放性和包容性使人们的审美观念产生了多元化倾向，由于文化交融、人口迁移，现代蒙古族服饰从款式、面料、色泽、缝制工艺等方面来看，与传统蒙古族服饰有了很大的区别。传统的蒙古族服饰包含多种多样的文化内涵和功能，并且有明显的地域特征和民族身份辨别功能。随着市场经济的发展，民族文化产业也不断地发展和更新，蒙古族各部落服饰之间的区别也逐渐缩小，蒙古族服饰的地域特征已逐渐淡化。在当前，随着自然环境和社会人文环境的变化，蒙古人的生活习惯也发生了一系列的变化，他们更希望有一种舒适、便捷的服装。由于人口迁移，文化交融，原来的文化生态日渐退化，人们的审美观念也产生了多元化倾向。在日常生活中，人们基本上不穿传统服饰，取而代之的是市场上购买的普通便服。以此来看，蒙古族服饰作为一种民族符号区别于其他民族，而真正的文化内涵却趋于边缘化。现在的蒙古族服饰已成为人们参加重要活动时才穿着的礼服，成为蒙古族身份的标签。

2. 蒙古族游牧民传统饮食文化的变迁

蒙古族游牧民传统饮食分为红食、白食两种，以奶为原料制成的食品，蒙古语称"查干依德根"，即"白食"；以肉类为原料制成的食品，蒙古语称"乌兰依德根"，意为"红食"。随着社会的进步，蒙古族在饮食观念上发生巨大变化。如今的蒙古人从单纯的肉乳饮食结构发展成为肉、乳、面食和蔬菜搭配的饮食结构。从单纯的清煮烹饪方式发展为蒸、炒、煎、烤等多种烹饪技术方式。由此，可以看出蒙古族游牧民在保持着原有的饮食文化及其风格的基础上，又有了新的发展，他们强调了饮食的多样化、营养搭配的科学化，对肉食与面食、蔬菜、乳食进行合理搭配，并且讲究食用的艺术和制作的技巧，讲究蒸、炒、煎、烤等烹饪技术和食品种类。

3. 蒙古包的减少

蒙古人长期过着"鞍马为家"，"车帐为室"，逐水草迁徙、居无定所的生活，蒙古包作为其典型的建筑形式，是蒙古人祖祖辈辈住惯了的移动房屋，是牧民在自然环境和社会环境中适应游牧生产生活的传统居所。进入 20 世纪，传统游牧文化受到现代化的冲击，定居生活逐渐取代游牧生活，现在牧民居住的蒙古包被一般的砖混结构的平房所取代，仅少数牧民在夏季走场时才能用到蒙古包。现如今，蒙古包的变迁十分显著，由生活中不可缺少的占有重要地位的蒙古包逐渐脱离了草原牧民的日常生活，被广泛用于旅游业，成为民族文化的象征符号。蒙古牧民们居住的砖瓦房中的内部装饰中有现代的家具、电视机、电冰箱等，但同时也保存着蒙古族特色，如家具的图案、花色、形状等。

4. 蒙古族游牧民交通工具的变迁

传统的游牧生活状况下，马在蒙古游牧民的生活中占据着重要的地位，它不仅与人们的生产、生活密切相关，而且是财富的象征。可是，如今骑马的人越来越少，马已基本退出生产领域，牧民已不再也不可能放养规模较大的马群了，在内蒙古西部一些牧区甚至在生活领域中也不见了马的踪影，四轮车、摩托车、吉普车、越野车等现代交通工具进入牧民家庭。马不再是交通工具，而只是被作为一种财富保留。因此有关马的一些饲养知识、技能，通过马而形成的对草场和环境的认识以及在精神、情感领域对马的崇拜、依恋、颂扬等开始退出人们的记忆。然而，马退出了传统生产领域后却被人们尝试着纳入现代产业当中。例如，在一些地方将蒙古马纳入现代体育范畴之内，还有的地方用马奶的药用保健功能来开发马的经济价值，在有的地方马已成为特色旅游的主项与代言。

5. 民族语言的退化

民族语言是民族文化的重要载体。民族语言当中蕴含着本民族的历史文化、民族情感等因素，只有通过民族语言才能阐释和揭示民族文化的特征，展示民族心智特点。蒙古族有自己的民族语言文字。蒙古语是蒙古族的独特文化创造和文化智慧，是蒙古族生存方式的记忆和体现。然而，语言具有开放性、演化性的特点，在发展过程中会受到各种干扰。随着社会生活的进步和十分频繁的文化及经济往来，在民族之间和各国之间的文化往来日益密切的形势下，蒙古族语言面临着严峻的挑战，处于急速变化之中，蒙古民族原有的单语现象渐渐被双语或多语现象所替代。新中国成立前，蒙古族牧民的社会交际第一语言是蒙古语，会说汉语者寥寥无几。随着现代化、城镇化的步伐加快，许多蒙古族牧人成为双语者，即蒙汉兼通，汉语的使用是现代牧人维持生计的重要因素。特别是农区民族语言日趋边缘化和民族语言观念的变化是我们应该关注的问题。因为它不但涉及语言学问题，而且关系到民族关系、民族地区经济社会发展，以及社会主义和谐社会的建设等问题。

6. 自然生态的变迁

内蒙古地区出现了植被退化、草原荒漠化，生物多样性遭到严重破坏，水源污染、空气污染及生活垃圾处理不当等问题十分严重。20世纪60年代大规模开垦，造成表土层结构的破坏使土地特别容易遭受风蚀的侵害，形成成片的裸地和规模巨大、目前很难控制的风蚀坑和坑后流沙。也就是说，在草原地带开垦耕地，不但有农业歉收以及草原原始植被退化的生态风险，还面临着土层及其中的植物根系破坏消失的风险，从而引发该地区以及周边区域沙尘暴等气候异常和一系列的生态灾难。20世纪80年代实施草场划分并按户承包的政策，极大地调动了牧民的养畜积极性，并在短期内获得了经济收益最大化。然而，这也加快了草原植被的退化速度，引起土壤风蚀加剧甚至沙漠化以及水源污染、空气污染等生态问题。自然生态的变迁影响着蒙古族游牧文化的继续发展。蒙古族游牧民在一种严酷的自然环境中繁衍生息几千年，如今却面临着人与自然关系空前恶化的严峻挑战。于是人们产生了人与自然和谐相处的生态渴望。当现代化高科技主导的社会面临困境时，人们便开始对历史与传统进行反思，希望从先人古老的智慧中汲取营养。

第三节　蒙古族游牧文化在"中蒙俄经济走廊"建设中的地位与作用

　　"中蒙俄经济走廊"是党和国家领导人在审视国内外政治、经济情势，结合中国国情现实及周边国家的政治、经济形势的背景下提出的具有重要战略价值的策略。通过"中蒙俄经济走廊"建设，可以更好地巩固"一带一路"建设的成果，而"一带一路"倡议也将指引着"中蒙俄经济走廊"建设的主旨与方向。"一带一路"建设与"中蒙俄经济走廊"建设是相辅相成的。以蒙古族为主体民族的内蒙古自治区作为地处我国北部边疆的地区，在参与"中蒙俄经济走廊"的建设过程中，集参与优势、机遇与挑战于一身，其蒙古族游牧文化在"中蒙俄经济走廊"建设中具有重要的地位和作用。

　　蒙古族游牧文化绿色生态文明理念已形成相对完善的体系，能够为"中蒙俄经济走廊"建设提供诸多环保技术和实用理念。对中蒙俄等草原丝绸之路沿线国家共建绿色丝绸之路与"一带一路"重大建设工程提供重要支持。蒙古族游牧文化已成为"中蒙俄经济走廊"生态文明建设的重要思想来源与价值取向，弘扬蒙古族游牧文化，有利于树立并践行尊重自然、爱护自然的生态文明理念，有利于建设绿色"中蒙俄经济走廊"，为"中蒙俄经济走廊"沿线国家提供中国智慧、中国方案。蒙古族游牧文化与自然、与社会、与人和谐相处的理念，既是中国精神、中国文化的精髓，也与"中蒙俄经济走廊"建设精神相契合。建设"中蒙俄经济走廊"，做到"民心相通"最重要的桥梁就是共通共享的表达民意、顺达民情的文化精神，而这一文化精神就是蒙古族游牧文化所承载的开放包容、互学互鉴、互利共赢的精神。

一 "中蒙俄经济走廊"的提出背景和建设的重大意义

(一) "中蒙俄经济走廊"的提出背景

中国与 14 个国家接壤，陆地边界线总长 22000 多公里，是世界上陆地边界线最长、邻国最多的国家。中国的邻国基本上是发展中国家，这也使中国与邻国在边境局势上经常表现出不稳定的状态。因此，为了更好地促进本国经济的发展，中国需要进一步推动与周边国家的和平友好关系，而周边国家中，俄罗斯与蒙古国则显得极为重要。中蒙边境线长达 4710 公里，俄蒙边境线长达 3543 公里，蒙俄两国与中国的边境线占中国陆地边界线总长的近 40%。

2013 年 9 月和 10 月，习近平总书记分别提出建设"丝绸之路经济带"和"21 世纪海上丝绸之路"的构想，这一提议得到了俄蒙两国领导人的高度重视与积极响应。2014 年 9 月 11 日，习近平总书记在出席中蒙俄三国元首会晤时进一步提出，打造"中蒙俄经济走廊"，并将其与"丝绸之路经济带"建设、俄罗斯跨欧亚大铁路、蒙古国草原之路倡议进行对接，为未来三方经济合作奠定了坚实的政治基础，指出了发展的光明前景。中蒙俄三国历史渊源深厚，地缘相邻，人文相亲，政经关系紧密，有着巨大的合作潜力。

"中蒙俄经济走廊"构想的提出是在"一带一路"构想的基础上，针对中国与蒙古国、俄罗斯现实关系而提出的一项新型区域性合作，期望在基础设施进一步完善的基础上，推动"一带一路"的建设目标。中蒙俄三国基于历史和地理的原因，在经济贸易结构上具有明显的互补性特征。作为"一带一路"的发展基石，"中蒙俄经济走廊"的建设具有特别意义。2016 年 9 月 13 日，中国国家发展改革委公布了《建设中蒙俄经济走廊规划纲要》，这标志着"中蒙俄经济走廊"建设正式启动实施，也是"一带一路"所提倡六条经济走廊中最早达成的多边规划纲要，体现了中蒙俄三方在区域合作上具备更优越的基础条件和更多的共同利益契合点。

（二）"中蒙俄经济走廊"建设的重大意义

"中蒙俄经济走廊"建设，不仅对中国维护周边环境稳定，推动区域经济、文化一体化具有重要的意义，而且对蒙俄政治、经济、文化方面也同样具有极其重要的价值。

蒙古国地处中国和俄罗斯两国之间，中国和俄罗斯经济发展的态势以及二者之间的政治关系直接影响着蒙古国经济社会的发展。此外，蒙古国是一个陆地国家，没有出海口，其对外贸易必须借助中国与俄罗斯，这是不可改变的事实。随着"中蒙俄经济走廊"构想的推进与实施，蒙古国可以更好地借助中俄良好的战略合作伙伴关系以及相对安全稳定的周边环境来得到相对独立的发展。在这个过程中，经济利益关系将发挥不可替代的黏稠剂与稳定剂的作用。俄罗斯属于集资源和地理位置两种优势于一身的国家，既有丰富的石油、天然气等重要的自然资源，也是具有重要战略价值的过境运输国家，是全球重要的能源战略市场。通过"中蒙俄经济走廊"建设，俄罗斯可以进一步提升其能源大国的地位，促进其与欧洲腹地国家的互联互通。通过"中蒙俄经济走廊"建设，通过三方在经济方面良好的互动与交流，在增强政治互信与边疆稳定的基础上，三方文化之间必将有更广的了解与更深的认知，中国优秀传统文化也必将借助三方的沟通与交流走向世界。

二　中蒙俄三方已有的合作基础

(一) 人文交流

随着"中蒙俄文化走廊"建设的不断推进,中国同蒙古国和俄罗斯人文交流与合作更加紧密,呈现出积极互动的良好态势。例如,中蒙之间联合举办的"文化周""文化月""中国版图展""国际服饰文化节""青少年足球邀请赛"等大型演出、展览、交流等系列活动,促进各领域全方位合作,成效十分显著。我国积极参与俄、蒙举办的各类文化活动如音乐节、作家节、文化论坛、竞技比赛、民俗展示等文化活动,极大提升了三方的人文交流的范围与质量。同时,内蒙古积极发挥区域与民族优势,加强对俄、蒙的文化传播力度,构建以广播、电视、网络、报纸、杂志、书店相互联动的"六位一体"外宣格局。从 2005 年开始,蒙古国乌兰巴托举办的"吉祥哈达"春节文艺晚会已成为对蒙文化交流的重要品牌;面向蒙古国读者的斯拉夫蒙文杂志《索伦嘎》已在蒙古累计发行 130 多期,并借助这一平台先后举办 200 余场次联谊活动,成为蒙古国普通民众了解中国和中国内蒙古不可或缺的窗口;内蒙古电视台蒙古语卫视频道与蒙古国中蒙合资桑斯尔有线电视台合办的《索伦嘎》栏目是以展示蒙古国民族文化艺术、民族风俗风情、旅游观光以及展现现代蒙古民众时尚生活、流行趋势为宗旨富有浓郁的异国特色的一档境外节目,为加强中蒙两国电视文化交流搭建了一座桥梁;内蒙古新华发行集团创办的乌兰巴托塔鸽塔书店销售我国图书 2600 余种,年销售量达 2 万多册;内蒙古电视台的蒙古语节目在蒙古国、俄罗斯联邦布里亚特共和国以及图瓦、卡尔梅克落地入网,成为传递中国声音的重要渠道。特别是二连浩特市和满洲里市作为口岸城市,扎实推进对外文化交流,在我国对俄、蒙文化交流中正在发挥桥头堡作用。两市都从单一的文艺演出起步,逐渐发展成为涵盖会展、论坛、互办城市活动等内容丰富、形式多样的文化交流,层次不断提升,领域不断扩大,对促进中蒙俄三国文化交流与发展起到了积极的推动作用。二连浩特市精心打造享誉国内外的"茶叶之路"品牌，成功举办"百峰骆驼"重走茶叶之路系列活动，使古老的茶叶文化、驿站文化重放异彩；连续举办"中国·二连浩特中蒙俄经贸洽谈会"，涉及民族工艺品、民族饰品、食品、机械、矿产等商业领域及经贸论坛、招商项目推介会、专场文艺演出等活动，已成为中蒙俄的重要品牌会议。满洲里市持续举办"中蒙俄冰雪旅游节""中蒙俄选美大赛""中蒙俄经贸洽谈会"，已成为满洲里对外交往的重要品牌活动，并吸引着越来越多的国外宾客。

（二）学术交流

目前中蒙俄三国学术交流活跃，以中国社会科学院、北京大学、人民大学、内蒙古自治区社会科学院、内蒙古大学、内蒙古师范大学、吉林社会科学院、吉林大学、黑龙江社会科学院、黑龙江大学等为代表的国家及地方的科研机构和高校积极开展学术交流，举办了一系列国际性的大型学术活动，显著增强了我国在相关学术领域中的话语权，其中"中国蒙古学国际学术研讨会"已成为蒙古学界的一个知名平台，巩固和提升了我国在国际蒙古学研究领域的地位和话语权，发挥了积极的学术外交和智库外交作用。同时，与俄蒙学术机构建立起广泛的学术交流，多层次宽领域战略合作与日俱增。中蒙俄三国智库平台发挥着越来越重要的作用，2015 年 9 月中蒙俄国际智库联盟成立暨首届中蒙俄智库论坛在乌兰巴托召开，2016 年第二届中蒙俄国际智库论坛在内蒙古呼和浩特市召开，此论坛已成为"中蒙俄经济走廊"建设的重要智库支撑。中蒙俄三国相关学术机构互派学者，互相兼任特约教授（研究员）进行学术交流已成常态，学术活动中你中有我、我中有你的学术氛围基本形成，为中蒙俄三国"五通"发挥着积极的引擎和先导作用。

（三）教育合作

中蒙俄三国教育合作在广度与深度上都有显著拓展。中国在俄罗斯、蒙古国都设立了孔子学院，有力推进了三国青少年学习了解中国文化的兴趣和机会。我国同时在两国设立中国文化研究中心强化了其对中国的了解，各高校大多采取开放式办学与两国建立了长效的合作交流机制，并逐年增加外国留学生的数量。据统计，蒙古国现有60多所大中小学开设汉语课程，接受汉语教育的学生达万人，在蒙执教中国汉语教师182人，在华留学生8000余人，在内蒙古有30所学校接受俄蒙学生，在校留学生近3000人。在二连浩特学习的蒙古国中小学生500人，2012年俄罗斯来华学生达1.3万人，同比增长7%。近2.5万名中国学生留学俄罗斯，俄罗斯在华建立7家俄语中心，内蒙古自治区与俄蒙分别缔结了9对、11对友好地区关系，中国语言文化的影响力不断提升。

（四）民间交流

中蒙俄三国民间交流频繁，文化交流深度和广度不断延伸。特别是内蒙古民间组织的对外文化交流十分活跃，借助跨境民族的语言、民俗、文化及宗教信仰相同等特殊优势，随着便民通关的不断推进，民间交流及往来异常活跃；各类书法协会、摄影协会、老年艺术团等民间团体，经常邀请国外友人来内蒙古举办展览和参观考察；跨境旅游方兴未艾，出境旅游呈井喷式增长，一些爱好自驾游的车友也经常往返于境内外毗邻城市之间，带动两地旅游业和相关产业的发展与交流。

三 蒙古族游牧文化在"中蒙俄经济走廊"建设中的地位与作用

蒙古族游牧文化为"中蒙俄经济走廊"建设提供人文基础、智力支持、中国智慧和中国方案。

（一）蒙古族游牧文化为"中蒙俄经济走廊"建设提供人文基础

蒙古国的主要民族是蒙古族，国语喀尔喀蒙古语与我国内蒙古地区的蒙古族语同属一种语言，拥有几乎一致的文化与传统习俗，这给两国经贸合作带来便利的社会人文条件。蒙古国是世界上游牧文化保留比较完整的国家，与中国内蒙古的民族文化是相同的，共同的文化渊源，为双方各领域的合作与形成强烈的文化和民族认同提供了人文基础。

中蒙享有相同的族源和丰富的文化资源，这种共有族源和这些共同资源渗透在两国的历史文化中，也存续在两国的现实社会生活中，是中蒙游牧文明在当今时代的进一步发扬光大，是建设"中蒙俄文化走廊"极为重要的文化因子和文化力量。

中国内蒙古与俄罗斯接壤边界地区居住的主体民族分别是蒙古族和俄罗斯族，两地人民一衣带水的关系是人文、经济合作的基础。内蒙古与俄罗斯已结成 9 对友好城市，内蒙古 5 所高校分别与俄十多所高校、科研机构建立了稳定的合作关系。2014 年中俄边境和地方经贸合作协调委员会第十五届会议在呼和浩特市举行；内蒙古与俄罗斯后贝加尔边疆区建立了边境旅游协调会议制度。

"中蒙俄经济走廊"建设是一项复杂的系统工程，涉及多元合作伙伴、多个区域板块、多类实施主体等多项重点目标，并以政策沟通、道路联通、贸易畅通、货币流通、民心相通"五通"为主要内容。其中，民心相通是"中蒙俄经济走廊"建设的思想基础，也是中蒙俄三国之间深化交流合作、实现互利共赢的沟通桥梁。在当今经济全球化时代也即经济文化和文化经济时代，文化认同成为综合国力竞争中最重要的"软实力"。国家与国家之间，人民与人民之间，对彼此的历史与文化的认同，接受彼此的传统与价值观很重要，换句话说，民心相通与文化认同至为关键，而文化交流与合作也是最为有效的夯实民心基础的方式。充分发挥文化认同即文化对政府和公众潜移默化及深远持久的影响力，对促进中蒙俄三国"五通"，从而合作共建"中蒙俄经济走廊"具有无可替代的现实意义。

蒙古族游牧文化作为影响广泛的文化，在"中蒙俄经济走廊"沿线游牧民族和草原群体中有扎实的人文基础与较高的认同度，对"中蒙俄经济走廊"的建设有独特的文化整合作用。

（二）蒙古族游牧文化为"中蒙俄经济走廊"建设提供智力支持

"中蒙俄经济走廊"的高质量发展，需要坚持倡导通过对话、协商、沟通凝聚共建理念，倡导通过发展战略、规划对接形成建设合力，倡导各美其美、美人之美、美美与共，要坚持商业原则与社会责任并重，促进中蒙俄三方包容性发展。

开放和包容的理念是多种事物相互联系、彼此共存的状态，和而不同，这是时代赋予的任务，是历史发展的趋势。当今时代，遵循自然生态规律，保护生态环境，维护生态平衡，实现人与自然、人与社会及人与自身的和谐发展已成为社会文化发展的必然趋势。尤其是文化与生态的交融是人类最宝贵的财富、最大的发展优势和最重要的发展潜力。

蒙古族游牧文化开放、包容的理念和品格体现了人类社会追求和平，向往文明、进步的发展规律，对互通、互惠、互利、共赢的丝路精神的宣扬和普及有十分积极的引领作用。"中蒙俄经济走廊"建设，迫切需要弘扬和谐、开放、包容的理念，更好地发挥文化的软力量支撑和先导作用，以文化相通助力经济走廊的务实推进。

建设"中蒙俄经济走廊"就是开放、包容精神的继承和发扬光大，是开放、包容精神的当代彰显和弘扬。首先，"中蒙俄经济走廊"即是多元文化之路。"中蒙俄经济走廊"沿线国家和民族在文化互动中逐渐形成了以游牧文化和草原文化为共同特点的文化传统。这种多样化、包容开放的文化传统是建设"中蒙俄文化走廊"的最重要的智力支撑。再如，从18世纪中叶到20世纪初，中国北方草原还有一条通向蒙古高原和西伯利亚腹地的"茶叶之路"，横跨整个亚、欧大陆，曾经创造过辉煌的商业奇迹，展现了亚、欧人民民间社会密切交往的历史需求，更是一条推进东西方现代进程的商贸之路、文化之路和友谊之路。所有这些历史记忆，都是留给中蒙俄三国的一份珍贵文化遗产，正是以这条"茶叶之路"为主题，中蒙俄三国抓住其中最为重要的人文契合点和文化共享资源,联合签署申报世界文化遗产的宣言,开启了尊重历史、传承文化和开拓未来的新的合作篇章,无疑是和谐、开放、包容理念的当代绽放和创新之举。

游牧文化作为包容性极强的文化,对"中蒙俄经济走廊"建设具有积极的借鉴意义。游牧文化"开放、包容"的思想理念蕴含着丝路"开放包容、互利共赢"的合作精神,"和谐、生态"的人文理念。

(三)蒙古族游牧文化为"中蒙俄经济走廊"建设提供中国智慧和中国方案

六大经济走廊的生态环境约束主要包括严寒气候、复杂的地形条件、荒漠分布和自然灾害。廊道沿线的生态系统多样、保护区广布,自然保护的需求比较大。严寒气候主要在中蒙俄经济走廊、新亚欧大陆桥黄土高原段、中巴经济走廊青藏高原段以及中国—中亚—西亚经济走廊的中亚段区域;地形约束主要分布在中国境内的青藏高原的边缘区域以及蒙古高原和伊朗高原;荒漠主要分布在中蒙俄经济走廊、中巴经济走廊和新亚欧大陆桥的中国段和中亚段;自然保护区在这六大经济走廊区域内都有分布。

"一带一路"沿线地区生态环境复杂,环境挑战多样。"一带一路"沿线区域十分广阔,总体上位于全球气候变化的敏感地带,生态环境多样而脆弱,沿线重点区域生态环境特征差异明显,环境问题复杂多样。东南亚是世界上生物多样性最丰富的地区之一,然而由于气候变化、野生物种入侵、非法偷猎和走私等原因,地区生物多样性正在锐减,大量物种处于濒危状态。同时,人口增长、城市扩张、工业生产、交通发展也导致该地区面临严重的水和大气污染问题。中亚地区地处干旱和半干旱地区,沙漠化和荒漠化问题突出,水资源极为短缺,农业、工业、采矿业和城市及农村生活用水污染问题严重,此外还面临大气污染、土地退化、土壤污染及核污染等环境问题。南亚地区遭受着生活污水、工业排放废水、化学药品和固体废弃物的严重污染。中东地区同样面临水资源短缺、交通和工业发展带来的空气污染问题。

"中蒙俄经济走廊"沿线部分地区生态环境非常脆弱，生态安全问题突出，已成为制约地区发展的重要障碍。中国的生态文明建设成功经验对草原丝绸之路沿线国家的生态文明建设和绿色"中蒙俄经济走廊"建设具有很好的示范作用与借鉴意义。"中蒙俄经济走廊"防治荒漠化合作机制有利于促进《2030 年可持续发展议程》的实施，能够把绿色发展理念、绿色技术和绿色投资带到沿线国家，促进相关国家的绿色经济的发展。

绿色是"中蒙俄经济走廊"建设必须考虑和解决的一大核心议题。绿色低碳的"中蒙俄经济走廊"，事关"一带一路"倡议的初衷，事关沿线各国的生态环境、生态安全、资源安全和社会经济文化的方方面面。如何把"中蒙俄经济走廊"建设成一个绿色、文明的现代经济长廊，是摆在中蒙俄三国面前的共同话题。绿色经济是一种平衡式经济，使人与自然和谐相处，能够可持续发展的经济，也是一种充分体现自然资源价值和生态价值的经济，是人类社会可持续发展的必然产物。"中蒙俄经济走廊"建设，关键是找准保护与发展的平衡点、结合点，使保护与发展的关系从对立走向融合，将生态优势转化为发展优势。创造绿色生态环境是人类跨世纪的追求，是"中蒙俄经济走廊"可持续发展的重要基础，是"以人为本"原则最直接的体现。

蒙古族游牧文化天人和谐的文化理念，顺应草原生态规律的游牧生活，取之于自然，还之于自然的简朴生活，崇尚自然、敬畏天地、关爱自然万物的思想伦理，都是绿色"中蒙俄经济走廊"建设值得借鉴、继承和发扬的优秀品格。

与自然和谐相处的绿色生态理念将开创"中蒙俄经济走廊"建设的新局面、将大力推动"中蒙俄经济走廊"建设、提升"中蒙俄经济走廊"建设的影响力。我们要在绿色生态的游牧文化核心理念的引领下，把"中蒙俄经济走廊"建设成绿色、生态、低碳、环保之路。这是我们不变的初衷。

我国生态技术突飞猛进，特别是蒙古族游牧文化绿色生态文明理念已形成相对完善的体系，能够为草原丝绸之路沿线国家提供诸多环保技术和实用理念。对中蒙俄等草原丝绸之路沿线国家共建绿色丝绸之路与"一带一路"重大战略工程提供重要支持。当前"一带一路"框架下，更加理想、快速、科学地打造出推动中蒙俄生态合作全新意义的新路子，进而不断提升我国经济、文化发展的国际竞争力及生态保护功能。传承、发扬蒙古族游牧文化生态文明理念，大力促进"中蒙俄经济走廊"建设，把"中蒙俄经济走廊"建成造福人类的绿色、文明、富强之路。

弘扬蒙古族游牧文化，有利于树立并践行尊重自然、爱护自然的生态文明理念。弘扬蒙古族游牧文化绿色生态文明理念，能破解"中蒙俄经济走廊"，"生态破碎带、经济凹陷区"的两难问题，有效保护"中蒙俄经济走廊"生物多样性宝库和历史文化遗产，通过发扬、传承蒙古族游牧文化生态、绿色理念，最终实现"中蒙俄经济走廊"总体目标。

第 二 章

中蒙俄三国的历史人文背景及"中蒙俄经济走廊"的历史基础

北方草原地区在人类文明初始阶段通过欧亚大陆与中亚、欧洲等西方世界保持密切的交流往来。希腊作家希罗多德（Herodotus）的《历史》记载了欧亚草原上的游牧民的历史，如斯基泰人、马萨革泰人等，认为他们相互之间往来的通道便构成了所谓的"斯基泰贸易之路"，即早期的草原之路。而在更早之前，这条贯穿欧亚大陆的道路在北方的草原上已经发挥了作用。在草原丝绸之路的发展与壮大的过程中，北方民族及蒙古族无疑做出过重要的贡献，时至今日仍为"草原丝绸之路"在新时代的发展发挥着不可替代的推动作用。

第一节　"草原丝绸之路"及其文化影响

丝绸之路首先是由德国学者李希霍芬在他的著作《中国》一书中首次提出的，它的本意是指在中国古代把丝织品运往地中海沿岸诸国的、横断亚欧的古代贸易之路。随着研究的不断深入，学者们将其泛指为古代连接东西方两个世界的经济贸易与人文交流之路。丝绸之路实际上是一片交通路线网，从陆路到海洋、从戈壁瀚海到绿洲，途经无数城邦、商品集散地、古代社会的大帝国，来往于这条道路上的有士兵与海员、商队与僧侣、朝圣者与游客、学者与技艺家、奴婢与使节、得胜之师与败军之将。这一幅幅历史画卷便形成了意义模糊的"丝绸之路"。世界三大宗教——佛教、伊斯兰教和基督教（元代的方济会和景教）以及西域的巫教——祆教、摩尼教、犹太教等，都是经这条路传入中国的。中国早期的养蚕术、造纸术和印刷术，治国良策、伦理道德和自然科学的无数内容也是经由该路传向世界的。[①]草原丝绸之路是丝绸之路的一个重要组成部分，是丝绸之路的主干线之一。丝绸之路的核心主要是中国沟通亚欧与世界的通道，历史上主要是用来称呼古代中国与西方世界的贸易和人员往来的交通路线，因为通过这条通道运送的商品中丝绸的比重很大，因此就用"丝绸"给这一通道命名了。目前，学术界普遍认可的丝绸之路交通路线有"两大类、三大干线"，即"陆上丝绸之路"和"海上丝绸之路"两大类，"草原之路""绿洲之路"和"海上丝路"三大干线。[②]其中的草原丝绸之路是最早被开通，并在中西交流中发挥作用的，在东起兴安岭，西至里海，北起西伯利亚原始森林，南至昆仑山、喜马拉雅山一带是连续不断的广袤的草原，相同的地理条件和连片草原为人们的交往与交流提供了地理条件。事实上，草原通道上的商品不只有丝绸，也不仅限于经济活动，政治、军事、宗教、文化等活动都包括其中，与丝绸之路的"丝绸"一样，草原丝绸之路的"丝绸"只是一个代称而已。

　　事实上，丝绸之路早已突破了"路"的范畴，已经涉及人们生活的几乎全部内容。"古代和中世纪从黄河流域和长江流域，经印度、中亚、西亚连接北非和欧洲，以丝绸贸易为主要媒介的文化交流之路"[③]——草原丝绸之路作为丝绸之路的重要组成，无疑丰富和扩展了丝绸之路的内涵。与绿洲丝绸之路和海上丝绸之路相比，草原丝绸之路在欧亚大陆的北纬40—50度的中纬度地区，由于气候和地理条件的影响，在这一带形成了从东到西广袤的草原地带。在独特的地理环境

①　[法]布尔努瓦：《丝绸之路》，耿昇译，中国藏学出版社2016年版，第3页。

②　芮传明：《丝绸之路研究入门》，复旦大学出版社2009年版，第2—3页。

③　林梅村：《丝绸之路考古十五讲》，北京大学出版社2006年版，第4页。

与历史因素影响下，不同时期的起点、终点与路线都是不稳定的，变动较大。但从大方向来说主要是指，从河西走廊向西经哈密，再向西北进入天山以北草原，沿天山北麓行，越伊犁河、楚河和塔剌思河流域。由此可以越锡尔河进入阿姆河以北农耕区，或向南经今阿富汗向南亚，或向西经土库曼斯坦，穿过伊朗、伊拉克达地中海地区。从塔剌思河亦可向西北沿锡尔河而下，进入欧亚草原，再进入西欧、东欧。从中原可以直接向北分数路进入蒙古草原。度大漠而北，进入蒙古高原。①

一　草原丝绸之路的开通

在欧亚草原上东西交流很早就已经存在，考古发现已经证明了这一点，史前时期草原诸先民之间在文化和生活上有着很深入且密切的交流与交往。在内蒙古出土的红山文化红陶彩绘平底筒形罐上就绘有源自中亚一带的菱形方格纹图案。苏秉琦先生认为这种纹饰与黄河中游地区的玫瑰花纹、西辽河地区的龙鳞纹一起出现，这是 5000 年前亚洲东西和中国南北几种生命力旺盛的古文化在辽西地区交流汇聚的典型例证。距今 4000 年前，自今内蒙古地区东部向西延伸至欧亚草原地带，在多处文化遗址中均出土有长条形细石器，这种细石器文化在当时曾广泛分布在欧亚大陆北部草原地带，这说明当时欧亚草原东、西两端是相互连通的，生活于此的先民保持着交流往来。三代之后，特色鲜明的北方系青铜器和花边鬲，更是当时草原地带北方各族之间的密切联系以及东西方之间草原通道客观存在的例证。

文字记载的有关草原上的贸易通道是希腊的希罗多德的《历史》中记述的有关欧亚草原上的斯基泰人、马萨革泰人的一些活动，这些生活在欧亚草原上的游牧民族相互之间存在着文化和贸易上的往来，他们互相交往的通道被称为"斯基泰贸易之路"，这应该是最早的有关

---

① 刘迎胜：《丝路文化·草原卷》，浙江人民出版社 1995 年版，第 2—3 页。

"草原丝绸之路"的记载。而自亚欧草原上游牧民族兴起之后，相互之间的交往就一直没有停止过。原生活在我国北方的丁零人向北、向西迁徙，与南西伯利亚、中亚等地的卡拉苏克文化有密切的关系。中国史书所记载的丁零人携带着新的卡拉苏克文化从中国北方来到西伯利亚南部，并与原有的安德罗诺沃人融合。[①] 考古在"阿尔泰山北麓巴泽雷克冻土墓发现了战国时期的丝绸；20 世纪初叶以来又在贝加尔湖沿岸、米努辛斯克盆地的坚昆、丁零墓地和蒙古草原的匈奴墓发现大批汉代丝绸。这些发现表明草原之路是坚昆、丁零、匈奴等阿尔泰语系游牧人和操东伊朗语的塞人联合开拓的"[②]。

　　战国及秦汉时期，在中国的北方草原上生活的匈奴强大起来，在打败东胡、月支、楼烦后，建立起一个强大的草原汗国，势力范围北至贝加尔湖、叶尼塞河流域，西至葱岭，东至渤海，南接黄河、长城的广大区域。统一的游牧汗国的建立为草原丝绸之路在更大范围更广阔的领域内得到开通提供了条件。同时这还是中国历史上首次出现的中原农耕政权与北方游牧政权对峙共存的局面，中原政权与匈奴对立政权的存在并未影响双方的交流，特别是两汉政权采取的和亲政策，促进双方和平的同时，也极大地促进了双方交往和交流的深入。与和亲公主一同进入草原的物产、工艺品、文化艺术等丰富了匈奴的生活，同时大量的公主随侍和技工的到来也为草原地区的居民带去了中原农耕文明先进的生产模式和技术，在一定程度上改变了草原的面貌。汉朝每年向匈奴输出大量的钱币、丝绸、粮食以及其他生产生活用品，匈奴通过与汉朝和亲、互市，获得大量丝绸、金帛等物品，他们将这些大宗物品部分留作己用，其余通过草原丝绸之路与中亚、西亚各地互通有无，从而利用地缘之便促进了东西方经济文化的交流。由于整个北方草原都处在匈奴的控制之下，因而打通了东方与西方交流的通道，"自乌孙（据有伊犁河流域和伊塞克湖周围地区）以西至安息（今

---

① 　王治来：《中亚通史》古代卷上，新疆人民出版社 2007 年版，第 19—20 页。

② 　林梅村：《丝绸之路考古十五讲》，北京大学出版社 2006 年版，第 48 页。

伊朗高原东北部），因近匈奴……匈奴使持单于一信，则国国传送食，不敢留苦"①。而匈奴除了有大量的马匹输入内地外，一些匈奴人也来到中原，给中原带来了匈奴的物产和文化，今天在中原地区还能见到很多汉代与匈奴有关的雕像等遗物。可以说，匈奴汗国时期是草原丝绸之路彻底贯通的时期。汉匈之战中，匈奴战败后，汉朝控制了西域与河西走廊，打通了中原通往中亚西亚的通道，这就是丝绸之路本意中所指的"通道"。这时的草原丝绸之路也完全被汉朝控制，汉代草原丝绸之路有两条路线。一是从蒙古高原径直向西翻过阿尔泰山，沿额尔齐斯河继续西进，经巴尔喀什湖北岸南下通向大宛所在的费尔干纳盆地；二是经由内蒙古额济纳旗的居延海向西南斜穿甘肃河西走廊，然后沿天山南麓一直向西行至喀什绿洲，最后翻越帕米尔高原来到费尔干纳盆地。这两条路线均是当时草原上较为畅通的交通路线，而第一条路线则是草原丝绸之路的主干通道。东汉建武二十四年（48年），匈奴分裂为南、北两部。东汉永元三年（91年），东汉大破北匈奴，余部向西北迁徙，后又遭鲜卑人逼迫，于是转向康居、奄蔡迁移。北匈奴在南匈奴、丁零、鲜卑及西域诸国围攻下，越过阿尔泰山进入乌孙，然后到达康居，最终抵达欧洲，其所经西迁路线疏通并拓展了草原之路。

草原丝绸之路不仅开通得比较早，在不同的历史时期也发挥了不同的作用，特别是当通往西域的河西走廊由于军事、政治等因素通行不畅时，草原丝绸之路往往要发挥更大的作用。北朝时期，崛起于北方草原地区的柔然很快占据西域，控制了草原之路。在吐鲁番文书中发现，有474—475年高昌王国护送各国使者出境的记载，来自南朝刘宋、塔里木盆地的焉耆和子合国、西北印度的乌苌和中印度的婆罗门国的使者们，要前往蒙古高原的柔然汗庭。②柔然为与突厥争雄，约于

①　《史记》卷123《大宛列传》，中华书局1959年版，第3173页。
②　荣新江：《阚氏高昌王国与柔然、西域的关系》，《历史研究》2007年第2期。

大统十二年（546 年）派遣虞弘出使波斯，[①] 说明当时占据草原地区的柔然与波斯保持着交通往来。439 年，北魏打败了河西地区的北凉政权，打通了河西经过夏州（统万城，今陕西靖边县统万城遗址），沿鄂尔多斯高原南缘的通道。4—5 世纪逐渐形成了一条以北魏都城平城（今山西省大同市）为中心，西接伊吾（新疆哈密），东至辽东（辽宁辽阳）的贯通中国北方草原地带的东西国际交通路线，在东面还与朝鲜、日本连接。[②] 突厥兴起后与西魏联盟共抗柔然，552 年，突厥首领阿史那土门大败柔然，自称伊利可汗，占领天山南北地带，建立了突厥汗国，旋即控制了汉代开通的河西走廊通西域的绿洲之路中段及欧亚草原地带通道的枢纽地段。控制草原丝绸之路的突厥汗国先后与北周、隋唐开展边境贸易，又与高昌、焉耆、龟兹、疏勒、于阗、坚昆、康国及波斯、东罗马等西域诸国保持密切交往。当时突厥汗国与波斯萨珊王朝在连通两国的草原通道上，设立了一系列用以开展商业贸易的驿站。北周对突厥"岁给缯絮锦彩十万段。突厥在京师者，又待以优礼，衣锦食肉者，常以千数。齐人惧其寇掠，亦倾府藏以给之"[③]。这一系列举措保证了草原丝绸之路的畅通，大批货物商品和人员通过突厥地带实现中转。

二　元朝草原丝绸之路的全盛

1206 年成吉思汗统一了北方草原上的诸部落，建立了蒙古汗国。蒙古汗国建立后在迅速向南扩张的同时，还对中亚、西亚和东欧地区发动了三次西征，极大地改变了欧亚内陆的政治格局，影响了世界历史的发展进程。成吉思汗西征时，曾告诉诸子："大地辽阔，江河众

① 罗丰：《胡汉之间——丝绸之路与西北历史考古》，文物出版社 2004 年版，第 414 页。

② 徐苹芳：《考古学上所见中国境内的丝绸之路》，《燕京学报》新 1 期，北京大学出版社 1995 年版。

③ 《周书》卷 50《异域传》，中华书局 1971 年版，第 911 页。

多，你们可以各自统治自己的封国。"西征归来，他为长子术赤、次子察合台、三子窝阔台划分封地，成吉思汗诸子及其后裔组成西道诸王。成吉思汗十分重视对中亚的贸易，他和蒙古贵族都渴望通过贸易来获得异国物品。由于成吉思汗商队在中亚的花剌子模进行贸易时在花剌子模边城讹答剌（今哈萨克斯坦齐穆尔）被劫持，货物被没收，引发成吉思汗的西征活动。花剌子模是中亚古国，国王是摩诃末，旧都玉龙杰赤（今土库曼斯坦库尼亚乌尔根齐），新都撒麻耳干（今乌兹别克斯坦撒马尔罕），其领土范围东北达锡尔河，东南抵印度河，西北至阿塞拜疆，西南为波斯湾。成吉思汗分兵四路大举进攻，1220 年攻占讹答剌城，随后攻占不花剌（今乌兹别克斯坦布哈拉）、撒麻耳干，1221 年攻取玉龙杰赤，横扫阿姆河以南的呼罗珊地区。1223 年，哲别、速不台军进入南俄，在伏尔加河大败斡罗思诸侯与钦察人的联军，然后回师。成吉思汗死后，1229 年窝阔台即位，成为大蒙古国第二代大汗。1231 年起大举伐金。1234 年灭亡金朝。1235 年起，遣拔都统军西征，以速不台为主将，先破不里阿耳、钦察，继陷斡罗思中部和南部所有城市。1240 年攻占基辅，由此进兵波兰、匈牙利、捷克及奥地利部分地区。窝阔台采用耶律楚材行"汉法"之策，定赋税，置仓廪，括户籍，行交钞，设驿站；在漠北创建和林城，于缺水处凿井。《元朝秘史》记载他评价自己的话："自坐我父亲大位之后，添了四件勾当：一件平了金国，一件设了驿站，一件无水处教穿了井，一件各城池内立探马赤镇守了。"在成吉思汗与窝阔台的经营下，西征不仅扩大了大蒙古的势力范围，同时也进一步打通了草原通往中亚和西亚的通道。

元朝建立之后，驿站的建立，进一步将草原上的通道完善、固定。1260 年，长期经营汉地的忽必烈即位称汗，建元中统，是为元世祖。汗廷以外产生了相对独立的四大汗国，钦察汗国、伊利汗国、察合台汗国和窝阔台汗国。蒙元帝国在欧亚草原上设立了大量的驿站，"北方立站，帖里干、木林、纳怜等一百一十九站"①，其目的是"盖以通达边情，布宣号令"，在客观上却对古已有之的草原丝绸之路起到了加强联系、促进沟通的重要作用。四通八达的驿站极大地促进了东西陆路交通的发展，保证了丝绸之路的畅通。有元一代，各路驿站始终处于政府的有效管辖之下，政府对驿站和驿道时时维护，并提供充足的财力、人力保障，使往来的行人安全和物资供给得到保证。正如《元史·兵志》"站赤"条所说："于是四方往来之使，止则有馆舍，顿则有供帐，饥渴则有饮食。"② 从中亚、欧洲来到中国的漫长路途上，使者和商人日夜通行都能够保证安全，这在许多中外游记文献中均有记述。蒙古时代草原丝绸之路路线主要有如下几条：以大都（今北京市）为起点，向北至上都（今内蒙古锡林郭勒盟正蓝旗境内），从上都分出三条道路，一条向东北至辽阳行省各地；一条向西经过丰州、东胜州，沿黄河河套折向南至甘肃河西走廊；一条从上都或经亦集乃路折向北进入漠北戈壁，或自丰州地区向北过汪古部地界进入漠北戈壁，这两条路均直达岭北行省哈剌和林，从哈剌和林继续向西经过天山以北，通往中亚、西亚和欧洲。

　　元朝通过草原丝绸之路开展的东西经济文化交流的实物证据非常丰富。例如：在亦集乃路故址额济纳旗黑城南墙外侧，保存有元代伊斯兰礼拜寺遗址；在内蒙古乌兰察布明水墓地中，出土有纳石失辫线锦袍和绣有狮身人面像的刺绣图案；在内蒙古赤峰地区发现元代伊斯兰教墓顶石和景教徒瓷质墓碑；在内蒙古包头燕家梁遗址、赤峰翁牛特旗等地发现的元代青花瓷器，所使用的青花颜料为西方产品。蒙古时代的四大汗国中的钦察汗国、伊利汗国均位于中西亚和东欧，在那里进行的考古发掘也能够证明当时存在非常频繁的物质文化交流。例如，从俄罗斯考古学家在钦察汗国境内的考古发掘来看，在新、老萨莱城曾有大量中国商品，如绸缎服装、经过装饰加工的青铜器、古钱

---

①　《元史》卷 58《地理志》，中华书局 1976 年版，第 1383 页。

②　《元史》卷 101《兵志四·站赤》，中华书局 1976 年版，第 2583 页。

币、青花瓷器、磁州窑系褐瓷器等遗留物。①

三　草原丝绸之路的延续——万里茶道

16 世纪末，沙俄殖民扩张势力，由西向东穿越亚欧大陆荒漠草原，向远东和西伯利亚东南内亚地区进军，在临近中国西北边境地区的鄂毕河、额尔齐斯河和叶尼塞河上游地区，修建了托博尔斯克、托木斯克、塔拉、纳雷姆和叶尼塞斯克等城堡。居住在这些城堡里的俄国哥萨克官兵、移民、商人和猎商等，经常用呢料、毛皮、火枪和野兽裘皮等物品与同中国内地有贡市贸易的蒙古、哈萨克、通古斯人交换丝绸、锦缎、瓷器、大黄等商品。② 明万历四十六年（1618 年），俄罗斯尼·加·斯帕法里使团，率领一批商人，从托博尔斯克（今俄罗斯秋明州地区）出发，经漠北唐努乌梁海、科布多地区，由蒙古人做向导，由新疆天山北部穿越河西走廊，北上进入归化城，再向东从张家口来到北京。"中国（明朝）万历皇帝晓谕俄罗斯人曰：为贸易而来，贸易可也。去后可再来，寰宇之内，尔大君王与朕大皇帝幅员广大，两国之间道路颇为平坦。尔等上下沟通，可运来珍品，朕亦将赐以上等绸缎"。③

17 世纪以后，清王朝实现全国大统一。清政府在蒙古地区及中俄边境设置了多处驿站，形成了覆盖蒙古草原的道路网络，既保证了军需，也为旅蒙商的发展创造了条件。

1654 年夏，一个俄国使团在费多尔·巴伊科夫率领下，从托博

---

① ［苏］鲍里斯·格列科夫、亚历山大·雅库博夫斯基：《金帐汗国兴衰史》，余大均译，商务印书馆 1985 年版，第 141 页。

② 卢明辉：《"草原丝绸之路"——亚欧大陆草原通道与中原地区的经济交流》，《内蒙古社会科学》（文史哲版）1993 年第 3 期。

③ ［俄］阿尔谢尼耶夫：《尼·加·斯帕法里使团赴中国出使报告》，圣彼得堡俄文版，1906 年，转引自卢明辉《"草原丝绸之路"——亚欧大陆草原通道与中原地区的经济交流》，《内蒙古社会科学》（文史哲版）1993 年第 3 期；欧阳哲生：《来自北极熊的窥探——十七世纪俄罗斯遣使的"北京经验"》，《中国文化》2013 年第 2 期。

尔斯克出发赴中国出使，同时负责探寻一条通向蒙古等地的"最为近便的路线"。这个使团在巴伊科夫的带领下，沿着额尔齐斯河向东南行进，通过准噶尔盆地北缘戈壁，接着绕过额尔齐斯河沿阿尔泰山南麓东行，一直到阴山以北，然后翻越阴山来到归化城（今呼和浩特）前往北京。欧洲和中亚各国商人与中国内地的商人，又沿着昔日亚欧大陆草原通道和蒙古高原通向中原的"草原丝绸之路"开通了由尼布楚（涅尔琴斯克）跨越额尔古纳河（河东西两岸设祖鲁海图和库克多博贸易市镇），经嫩江流域的卜奎（今齐齐哈尔）至北京的东线商路；由托博尔斯克和叶尼塞斯克，分别经塔尔巴哈台、科布多和古城等地，沿河西走廊入玉门关、宁夏至归化城、张家口、北京的西线商路；以及由伊尔库茨克、尼布楚，经恰克图、库伦来归化城、张家口至北京、天津海口的中线商路。在这些商路上都设有驿站，畅行无阻。来自俄罗斯、普鲁士和布哈拉的商人，将欧洲出产的毛料、呢绒等轻工业产品和中亚出产的香草、宝石、麝香等珍贵物品运到尼布楚、恰克图、祖鲁海图等地，与中国商人交换丝绸、绸缎、茶叶、大黄和瓷器等货物。1689—1762 年，沙皇政府还组织欧洲商团，派遣商队，由欧洲莫斯科、圣彼得堡等地出发，将货物运输至张家口、北京等地进行贸易，同时，中国内地的大盛魁等商号，也曾组织数以百计的驼队，驮载丝绸、茶叶等货物，沿"草原丝绸之路"的中、西驿道，由归化城、北京等地出发，取道科布多、塔尔巴哈台或恰克图、伊尔库茨克，抵莫斯科、圣彼得堡等欧洲城市，进行频繁的贸易活动。①

　　清代中期清政府重新统一了天山南北，中亚哈萨克、布鲁特中的部分部落归附清朝，并与清朝保持密切的贡使往来和贸易关系。清朝与哈萨克、浩罕之间的贸易对当时中亚地区经济发展和中亚与新疆地区的经济文化交流起到了重要作用。属于漠西蒙古的土尔扈特部从伏

---

　　① 卢明辉：《"草原丝绸之路"——亚欧大陆草原通道与中原地区的经济交流》，《内蒙古社会科学》（文史哲版）1993 年第 3 期。

尔加河流域，沿着草原丝绸之路辗转回归，清廷将其安置在阿拉善地区。山西籍旅蒙商通过"走西口"来到内蒙古以后，沿着草原丝绸之路继续向北走并西行，往返于内蒙古和漠北的乌兰巴托、科布多和莫斯科之间。

可见，尽管明清时期是世界资本主义兴起、海路兴盛的时代，但欧亚草原丝绸之路仍然保持畅通往来。直至 20 世纪，草原上的商队仍络绎不绝。20 世纪 20 年代，瑞典探险家斯文·赫定率领由中外学者组成的"西北科学考察团"，从内蒙古包头出发，经由百灵庙、五原向西北进发。考察团抵达额济纳旗后，在前往新疆哈密的途中，"12 月 5 日，赫定一行遇见了一支庞大的驼队，这支从归化前往巴里坤和奇台的驼队共有 1200 峰骆驼和 90 多个人，是几家商号联合起来贩运布匹、茶叶、香烟和日杂用品的"[①]。

归根结底，草原丝绸之路的兴起与传统绿洲丝绸之路的原理是相通的，都是基于物质产品的需求而产生了互通有无的商贸行为。商贸的繁荣往往是起因于各地区社会发展的不平衡，一地生产一种物品，另一地生产另一种物品，但由于人的需求是趋同的，所以需要交换，而交换就要涉及交通运输和商业买卖，由此产生了各种贸易之路，而这种贸易之路自古以来就存在于各个国家和地区之间。

纵观中国历史及其与周边国家和地区的关系史，中国历史上总共出现过三条有名的茶叶之路，即第一条是穿越云南、四川与西藏的"茶马古道"；第二条是唐、宋以来封建王朝在中国北方用茶叶与西北少数民族进行茶马交易的"茶马互市"；第三条就是始于汉口的"万里茶道"，本书重点关注的就是第三条。

万里茶道是以福建武夷山为起点，至俄罗斯圣彼得堡等地的一条漫长的丝茶贸易往来运输通道。在万里茶道这条漫长的国际贸易通道沿线上，许多城市和村镇因为这条通道而兴盛、发达。这条运输路线

---

① 李军、邓淼：《斯文·赫定》，中国民族摄影艺术出版社 2002 年版，第 167 页。

从福建武夷山下梅村起，沿西北方向穿江西、经湖南至湖北，然后自汉口一路北上，纵贯河南、山西、河北、内蒙古，入蒙古国境内，穿越沙漠戈壁。万里茶道经过的地域沿途有着丰富的历史文化资源，横跨 1 万多公里，经过了江南、中原北方、阴山漠南草原、蒙古国漠北戈壁、西伯利亚荒原。从广义来讲，万里茶道是丝绸之路（草原丝绸之路）的重要组成部分，途经我国福建、江西、湖南、湖北、河南、山西、河北、内蒙古 8 个省（区），再穿过蒙、俄等国，全长 1.3 万公里。其中，国内线路的长度为 4760 公里。

万里茶道，有时也称为"茶叶之路"，其内涵基本相同，只是表述不同。万里茶道虽然只是以茶叶命名，但是茶叶只是这条商贸道路上的主要的代表商品，而不是全部，其实通过这条通道运输的商品的数量和种类是非常多的，尤其是大量的日用百货，应有尽有，例如还有另一种大宗产品——丝绸，这始终是广义上的丝绸之路上最主要的、持续时间最为久远的商品之一。此外，还有粮食、生烟、陶器、瓷器、面粉、金属器皿和寺庙使用的供佛用品、蔗糖等。

万里茶道是继丝绸之路衰落之后在亚欧大陆兴起的又一条伟大的国际商道。它是现代历史上最具影响力的文化、经济交流之路，同时它也是连接中、蒙、俄三国各地区各民族文化友谊的桥梁和纽带，具有极为重要的文化价值。万里茶道是典型的大型线性文化遗产，时间上历史悠久，空间上跨越亚欧大陆，资源上涵盖了自然、文化和综合资源三大类别，它涵盖了自然遗产、物质遗产和非物质文化遗产等多种类型，是多种文化相互碰撞、融合的结果，也是一个极为庞大的文化复合体。万里茶道的悠久历史和灿烂文明，展示了万里茶道沿线各城市在文化产业大繁荣背景下的辉煌成就，也展示了万里茶道在经济、文化、社会和生态文明发展的时代潮流。探讨万里茶道文化发展所面临的共同课题，整合资源，对于增进万里茶道沿线各国人民之间的相互了解，促进"一带一路"的沟通和繁荣具有十分重要的现实意义。

第二节 北方草原游牧民族的历史概述

根据甲骨文的记载，商周时期，北方草原上生活着獯粥、猃狁、鬼方、土方、戎、狄等众多的古部族，他们过着随畜移徙的生活。春秋战国时期（公元前770年—前476年），林胡、楼烦、东胡、匈奴活动于北方草原。从公元前3世纪开始北方草原进入了匈奴统治的时代，从此开启了游牧民族在北方草原上建立政权的新纪元。

一 公元前3世纪到公元6世纪北方草原的主要游牧民族

匈奴是我国古代北方民族，分布在蒙古高原一带，过着游牧生活，以强悍和善骑射著称。周慎靓王三年（前318），匈奴最早出现于中国历史，到南北朝时期匈奴后裔逐渐消失，匈奴在蒙古高原活动了700多年。匈奴早期与赵国、燕国、秦国发生了疏密不同的关系。公元前209年，冒顿继立为匈奴单于，对内创建和逐步完善了匈奴的政治、军事各项制度，严格了祭祀、法律方面的要求；对外发动了征服周围邻族的战争，在中国北方建立了第一个统一的游牧民族政权，打破了北方草原内政治、经济、文化之间的壁垒，诸引弓之民并为一家，奠定了草原社会"百蛮大国"的基础。公元前60年前后，由于内部分裂，匈奴出现了五单于争立的情况，乱局最后演变为呼韩邪单于和郅支单于的相互攻伐。公元前53年，呼韩邪单于依附西汉，郅支单于经营西域，匈奴政权出现了第一次分裂。后郅支单于在西迁康居东部后被西汉斩杀，呼韩邪单于在汉朝的支持下，重新统一匈奴。48年，呼韩邪单于的两位孙子比和蒲奴之间发生矛盾，比效仿祖父率部依附东汉，匈奴再次分裂为南北匈奴。91年，北匈奴在东汉和南匈奴的连续打击下西迁，撤出了蒙古高原。南匈奴也被后起的鲜卑所压制，再没能够取得统一草原诸部的统治权。

　　匈奴南迁、西迁以后，鲜卑族成为北方草原新的主人。鲜卑是东胡族系的主要成员之一。东胡在西周时期已经活动于燕北地区西拉木伦河流域一带。东胡强盛之后，融合了燕北地区的山戎等部，建立了松散的联盟式统治。公元前3世纪末期，东胡被匈奴政权击败，东胡联盟随之瓦解，鲜卑在此时向东撤退到了鲜卑山（通辽市科尔沁左翼中旗）一带，并在这里生活了大约八九十年。鲜卑在鲜卑山活动期间，地接同是东胡族系成员的乌桓，与西汉王朝没有发生直接的关系。南北匈奴分裂之后，乌桓在帮助东汉防御北匈奴的过程中不断南迁，鲜卑也随之南迁至原乌桓居住的西拉木伦河流域。49年，鲜卑首次与东汉通驿使取得联系并受到东汉抚恤。此后，鲜卑诸部皆来归附。2世纪中叶，鲜卑历史上出现了一位杰出的首领——檀石槐。东汉桓帝时（146—167年），檀石槐在高柳北三百余里弹汗山（河北省尚义县南大青山）歠仇水上建立了以鲜卑为主体的部落联盟，这是鲜卑内部首次出现统一的联盟。鲜卑联盟占据匈奴故土，其统辖范围东西一万四千余里，南北七千余里，东接夫余、濊貊，西至敦煌、乌孙。鲜卑各部在檀石槐的统领之下，势力空前，兵利马疾，过于匈奴。光和中（178—183年），檀石槐去世，他一手创建的鲜卑联盟也随着继任者们的内讧而瓦解，鲜卑诸部又重新陷入离散状态。后经东汉末年、三国魏晋时期的割据混战，鲜卑又衍生出东部的慕容鲜卑和西部乞伏鲜卑、秃发鲜卑等部。鲜卑这种分立的局面最终是由拓跋鲜卑结束的。当东部鲜卑出现于史家的视野之时，活动于大兴安岭北麓的拓跋鲜卑也在经历了两次南迁之后，由蒙古高原腹地鄂尔浑河流域南线继续向南迁徙，进入阴山河套地区，悄无声息地出现在西部。拓跋鲜卑在258年建立了以其为统治核心的鲜卑大联盟。315年，拓跋猗卢以盛乐（今内蒙古自治区和林格尔县土城子古城）为北都，平城（今山西省大同市）为南都建立"代"政权。376年，代政权被前秦灭亡。十年之后，趁前秦淝水战败之际，拓跋鲜卑重新掌握了代北地区的统治区，并于牛川（今呼和浩特市东南）召开部落大会，即位为代王，不久改称魏王，是为北魏。

此后北魏通过连年战争，先后打败高车、柔然、库莫奚、刘库仁部、刘卫辰部，攻克后燕都城，又灭大夏、北燕、北凉等政权，统一黄河流域，与南朝刘宋政权形成南北对峙局面。

4世纪末，蒙古草原兴起了与鲜卑同源的另一支实力强大的民族——柔然。柔然，亦称蠕蠕、芮芮、茹茹、蝚蠕等。柔然的始祖在3世纪时是拓跋鲜卑的奴隶，因其首秃，故名曰木骨间。木骨间与郁久间声相近，所以柔然核心部落以郁久间为氏。拓跋猗卢时，木骨间摆脱拓跋鲜卑的控制，集合百余人逃亡至游牧于阴山北意辛山（今内蒙古自治区四子王旗西北边境）一带的纥突邻部。木骨间死后，子车鹿会始有部众，自号柔然，役属于拓跋鲜卑。车鹿会之后四传至地粟袁子时，柔然分为两部：地粟袁长子匹候跋继父居东边驻牧于今河套东北、阴山以北一带；次子缊纥提别居西边，驻牧于今河套向西一直到额济纳旗一带。374年，代国被前秦灭亡后，西部柔然温纥提依附于铁弗匈奴刘卫辰部。391年，北魏向柔然发动进攻，匹候跋和缊纥提率部先后降魏。4世纪末，温纥提子社仑杀匹候跋，尽并其部，远遁漠北。当时北魏忙于北方统一战争，柔然乘机在漠北进行军事扩张，先后征服了敕勒诸部、匈奴余部拔也稽，至此之后，柔然尽据鄂尔浑河、土拉河一带水草丰茂的地区，实力大增。其势力范围"西则焉耆之地，东则朝鲜之地，北则渡沙漠，穷瀚海，南则临大碛；……小国皆苦其寇抄，羁縻附之"[①]。402年，社仑自称丘豆伐可汗，建立柔然汗国。此后，柔然与北魏之间战争与和亲交替出现，双方在西域的争夺也异常激烈。487年，原属柔然的敕勒副伏罗部阿伏至罗与其弟穷奇率10余万落至车师前部西北，自立为王，建立高车政权，从此柔然与高车在西域战事不断，柔然对北魏边境的威胁逐渐减弱。北魏分裂后，柔然又周旋于东、西魏之间，占据了长城以北的漠南地区。但是不久之后，原本属于柔然锻奴的突厥部落在阿史那土门的领导下，脱离柔然统治，

---

① （北齐）魏收：《魏书》卷103《蠕蠕传》，中华书局1974年版，第2291页。

逐渐强大起来，最终在555年击败柔然最后一个可汗邓叔子，柔然汗国灭亡。

3—6世纪，活动在北方草原上的古族还有乌桓、敕勒、乌洛侯、库莫奚等。他们虽然在不同的地点驻牧、生活，影响有大有小，但都属于北方草原历史文化范畴。

二　6世纪到9世纪北方草原的主要游牧民族

6世纪到9世纪时，突厥和回纥先后崛起，并在蒙古高原上建立了游牧政权。

突厥早期生活在准格尔盆地之北、叶尼塞河上游，后部众逐渐迁移到高昌（今新疆吐鲁番）的北山（今博格多山）活动。5世纪中叶，柔然人征服了高昌，突厥人在同一时期沦为柔然的奴隶，此后柔然将突厥部落迁徙至金山（今阿尔泰山）南麓，为柔然冶铁，故被称为"锻奴"。6世纪初，突厥因为锻铁技术的发展势力不断壮大，552年，突厥与西魏联合攻破柔然，占领了柔然故地，突厥首领阿史那土门自号为"伊利可汗"，建政权于鄂尔浑河流域。此后，突厥先后征服了高车、契丹、契骨、吐谷浑等族。在西方，突厥政权不仅控制了葱岭以东的西域地区，而且挥师西征，与萨珊波斯联合消灭了嚈哒政权，势力日渐强大。在西征嚈哒和西域各国的过程中，土门的弟弟室点密成为实质上西部突厥的首领，但在政权形式上，突厥的东西部仍然是统一的。土门可汗的两个儿子木杆可汗和它钵可汗时期，突厥利用北齐和北周之间的矛盾，左右逢源、坐收渔利，成就了突厥历史上最强盛的时期。这期间，突厥汗国把中亚草原、西域诸城郭国家、蒙古草原统一起来，疆域东至辽海，西达西海，南到沙漠以北，北过贝加尔湖。

581年，突厥内部因继承问题引起的矛盾尖锐化，它钵可汗之后摄图继承突厥汗位，号沙钵略可汗，为突厥汗国之最大的可汗。同时突厥汗国内部经过"昆季相长，父叔相争"的继承纠纷后，还分化出其他四位可汗。分别是：它钵之子菴罗，被称为"第二可汗"，活动于土拉河一带；木杵之子大罗便，被称为"阿波可汗"，活动在于都斤山西北，阿尔泰山以东地区；室点密之子玷厥，被称为"达头可汗"，活动于草原西方的乌孙故地；沙钵略之弟处罗侯，被称为"突利可汗"，活动于草原东部地区。诸位可汗相互猜忌，自相残杀，严重削弱了突厥的实力。583 年，西突厥达头可汗拒绝承认沙钵略可汗名义上的宗主地位，突厥汗国因此正式分裂为东突厥和西突厥，双方以阿尔泰山为界，东突厥控制东起兴安岭西到阿尔泰山的蒙古高原大部分地区，西突厥则统治阿尔泰山以西的中亚地区。

突厥分裂后，东突厥与隋朝发生和战关系，并于585 年正式接受隋朝统辖，部分突厥人南迁到了漠南一带。618 年，隋朝覆灭，各割据势力战乱频繁，东突厥又逐渐强大起来，对中原王朝统辖地区发动过多次进攻。628 年，原役属于突厥的薛延陀在漠北建立政权。630 年东突厥在唐朝和薛延陀的联合进攻下灭亡。682 年，属于阿史那氏族旁系的骨咄禄在漠南起事，继而征服漠北的其他铁勒诸部，复兴了突厥汗国，史称为后突厥汗国或第二突厥汗国。745 年，后突厥被回纥灭亡。

早在东西突厥正式分裂之前，西部突厥就已经形成了一个独立的政治势力，频繁地与东罗马帝国和波斯帝国之间进行外交往来，并与东罗马帝国结成联盟，向波斯宣战。在这个过程中，西突厥控制了西域和中亚部分地区。唐灭东突厥后，与西突厥展开了对西域的争夺，先后占领了天山北麓各地及焉耆、龟兹。从628 年开始，西突厥爆发了内乱，各部纷纷独立。西突厥的内乱给唐军提供了可乘之机。657 年，西突厥可汗被唐朝俘虏，西突厥灭亡。唐朝先后在西域设置了龟兹、焉耆、于阗、疏勒四个军事据点和昆陵、蒙池两个都护府。

回纥是铁勒族的一支，后改名回鹘。铁勒，汉时称丁零，北魏时称赤勒、敕勒、高车。南北朝后期直至隋唐史书中统称为铁勒。突厥兴起后，铁勒种类繁多，凡十五部，分布于东至独洛河（今土拉河）以北、西至西海（今里海）的广大地区，分属东、西突厥统辖，其漠北十五部以薛延陀与回纥影响最大。隋朝末年，在共同反抗西突厥的残酷剥削和压迫过程中，以回纥为首联合附近仆固、同罗、拔野古等铁勒部落，成立了九姓铁勒部落联盟，回纥首领菩萨（约627—646年在位）为最高军事首领"阙俟斤"，通常这九部又被称为"外九姓"。回纥内部又由九个氏族组成，称为"内九姓"。"内九姓"中以药罗葛为首，后来的回纥历任可汗，大多出自这个氏族。

在反抗突厥奴隶主政权的斗争中，回纥逐渐强大。当时铁勒中另一大部落薛延陀也活跃于漠北，并于628年建立汗国。回纥一面依附薛延陀汗国，同时又在南面土拉河畔建立衙帐，自称"颉利发"，并于629年朝贡于唐朝。次年，薛延陀联合回纥，与唐军共同攻灭东突厥。此时回纥仍为薛延陀属部，与之分争漠北势力。646年，薛延陀内乱，回纥乘机与唐朝联合攻灭薛延陀汗国，占据了薛延陀统治故地。同年回纥派遣使者入唐，表达了愿归附唐朝，请置唐官的愿望，唐太宗有感于回纥的诚意，于647年在其地及其属部置六府七州，封回纥首领吐迷度为怀化大将军、瀚海都督，受唐朝北方羁縻府州——燕然都护府所管辖。此后，回纥统一于唐王朝，唐朝尊重他们的民族习俗，双方在政治、经济上均保持友好往来。

武则天时期，突厥在漠北复兴，建立后突厥汗国，漠北的回纥以及铁勒诸部又重受突厥统治。唐玄宗天宝初年，回纥联合葛逻禄、拔悉蜜等部攻杀了后突厥白眉可汗，灭亡后突厥，回纥尽有突厥故地，首领骨力裴罗自称"骨咄禄毗伽阙可汗"，设牙帐于鄂尔浑河流域，建立回纥汗国。骨力裴罗被唐朝册封为"怀仁可汗"，与先前拜封的"大将军"相比，唐朝在双方友好的前提下承认了回纥对漠北地区的统治，因此一般提到回纥汗国时期是以744年开始的。此时回纥汗国的统治范围为东极室韦（今额尔古纳河一带），占据呼伦贝尔草原；西面势力范围到达金山（今阿尔泰山）一带；南控大漠以长城为界，尽得古匈奴地。9世纪30年代，漠北草原自然灾害连年发生，社会生产力遭到了极大的破坏，同时回纥内部可汗和贵族内讧，彼此杀戮，回纥汗国的统治也走上了末路。840年，回纥西北部的黠戛斯乘机进攻回纥，回纥汗国灭亡。

回纥汗国灭亡后，庞特勤率回纥十五部分三路西迁，一支迁于河西走廊，在唐末五代初，建立了以甘州为中心的回鹘王国，称河西回鹘、甘州回鹘。另一支留居今吐鲁番盆地，10世纪初建立了以高昌为中心的高昌回鹘王国，称高昌回鹘或西州回鹘，1129年，曾隶属西辽，13世纪初归附蒙古，14世纪20年代起，地属察合台汗国，17世纪后期被准噶尔部占领，18世纪中叶归清政府管辖。还有一支迁入中亚帕米尔高原一带，称葱岭西回鹘，10世纪中叶建立喀拉汗王朝。回纥人还有一部分留居漠北草原，逐渐与契丹等民族融合，一部分南下归附唐朝，逐渐融合于汉族和其他民族中。

6世纪到9世纪，北方草原活动的少数民族除了强大的突厥和回纥外，还有铁勒诸部、薛延陀、黠戛斯、契丹、奚、霫、室韦等族。

三　9世纪到11世纪北方草原的主要游牧民族

突厥、回纥相继灭亡之后，具有悠久历史的契丹族逐渐壮大，成为北方地区新的强族。契丹，源于东胡族系，长期生息于西喇木伦河以南、老哈河以北地区。契丹族在389年始见于史籍，共有八个部落。隋唐时期，契丹部落渐众，分为十部，主要臣服于突厥。隋文帝时，契丹民众因不堪忍受突厥的严酷剥削而纷纷南下依附隋朝，隋文帝考虑到与突厥的关系，对于契丹时纳时拒。唐朝建立后，契丹举部内属，依附唐朝。时契丹力量开始逐渐强大，其势力范围北邻室韦，东接高丽，西毗奚族，主要活动在辽河以西，西拉木伦河以南的今内蒙古赤峰和通辽地区。唐廷以其地置松漠都督府（今内蒙古巴林右旗南），又置羁縻州十，各以其部落首领为刺史。唐朝末年，中原藩镇割据，契丹族乘战乱之际迅速强大。916年耶律阿保机建立政权，国号"大契丹"，兴建临潢府（今内蒙古自治区赤峰市巴林左旗林东镇南波罗城）作为皇都。947年，耶律德光率军南下中原，攻占汴京开封府（今河南开封）灭后晋，耶律德光于开封登基称帝，并改国号为

"辽"。契丹—辽政权时期，先后向燕云地区（今河北省、山西省北部）及其以东、以西扩大统治区域，与西夏、宋朝长期对峙。与宋先后签订"澶渊之盟""关南誓书"，盟约规定宋朝每年向辽朝输送银两、绢匹，以此达成双方和平相处的局面。同时，契丹还先后征服了奚族、乌古、敌烈、阻卜、室韦、回纥、党项、渤海等北方部族，使他们成为辽朝的属国，并向辽朝缴纳贡赋。辽朝极盛时期，统控区域"东至于海，西至金山，暨于流沙，北至胪朐河，南至白沟，幅员万里"①。1125 年，辽朝被女真所灭。此后，辽朝贵族耶律大石西迁，1132 年，耶律大石在叶迷立（今新疆额敏）称帝，史称西辽（西方称为黑契丹或哈剌契丹），首都虎思斡鲁朵。西辽曾一度扩张到中亚，成为中亚强国。1218 年西辽被成吉思汗的蒙古军队灭亡。

女真族，又称朱理真、虑真、主儿扯惕等。古称肃慎，三国、魏晋时期多称挹娄，南北朝时期称勿吉，隋至唐时期称黑水靺鞨，辽朝时期称"女真""女直"。辽朝时期的女真人大致可分为辽籍女真的"熟女真"和非辽籍的"生女真"。女真部落众多，彼此不相统属。辽朝末年，生女真完颜部强大起来，1115 年，完颜阿骨打统一女真各部，于按出虎水之畔（今黑龙江省哈尔滨市南阿什河地区）组建政权，定国号为"金"。1125 年，金朝联宋灭辽，两年之后，金朝又灭亡北宋，与南宋形成南北对峙局面。与此同时金朝与蒙古高原诸部经常发生战争，互有胜负。金世宗时，对蒙古各部采取"以夷制夷"的方针，利用蒙古、塔塔儿各部之间的矛盾，引发蒙古高原内部的竞争，以此减轻他们对金朝的威胁。1234 年，金朝在南宋和蒙古南北夹击下灭亡。金朝鼎盛时期统治疆域包括淮河北部、秦岭东北大部分地区和俄罗斯联邦的远东地区。

室韦族源于东胡，始见于《魏书》。最先分布于啜水（今霍林河）和捺水（今嫩江）一带，语言文化与鲜卑、契丹相近。隋朝时，分为

---

① （元）脱脱等撰：《辽史》卷 37《地理志》，中华书局 1974 年版，第 438 页。

南室韦、北室韦、钵室韦、深末怛室韦、大室韦五部,均役属于突厥。唐朝初期,室韦开始与唐朝建立朝贡关系。唐朝在室韦居住地设置室韦都督府进行管辖。其时,室韦又分为 20 多个部落(对此各书所列不尽相同,《新唐书》记载大致有 20 多部,《旧唐书》记载有 19 部,《通典》记载有 9 部之说),分布广泛,东至黑水靺鞨,西至突厥,南接契丹,北达贝加尔湖,活动区域包括了今天内蒙古自治区的东北地区、黑龙江上游南北、嫩江以西以及霍林河南北两岸。其中居住在今额尔古纳河一带的"蒙兀室韦",是蒙古部祖先。室韦人曾经臣服突厥,突厥人称室韦为"达怛"。8 世纪中叶以后,一些室韦人逐渐向西向南移动,进入阴山一带,在文献中也被称为阴山室韦、阴山达怛。回纥统治漠北时期,阴山室韦与奚联合,攻打振武节度使(今和林格尔县西北土城子古城),击败了回纥和唐的联军,之后,阴山室韦在阴山地区的势力逐渐增强,直到唐朝末年,阴山室韦仍然活跃于阴山地区。辽金时期,契丹、女真又称迁入蒙古高原腹地的室韦为阻卜、达怛、鞑靼。10 世纪到 13 世纪,这些室韦——达怛人已经遍布大漠南北。直到成吉思汗统一蒙古高原之前,蒙古高原上形成了塔塔尔部、克烈部、乃蛮部、蒙古部等大的部落集团。这些部落集团都与室韦达怛人有着直接或间接的血缘关系,他们先后臣服于金朝。金朝中后期,蒙古部在铁木真的率领下,逐渐兴起,经过多年的征讨,陆续灭掉其他部落,最终在 1206 年统一蒙古高原。

第三节　中蒙俄三国蒙古族历史

中蒙俄三国的蒙古族都源自我国的漠北草原上的游牧部落,蒙古部落是 12 世纪后期在我国漠北草原上诸多部落中的一个。蒙古部落的祖先是中国境内室韦的一支,室韦与鲜卑、契丹同为东胡之裔,在唐代被称为"蒙兀室韦",居住于今内蒙古自治区额尔古纳河流域。

一　大蒙古国与元朝

1206 年成吉思汗统一蒙古诸部，建立大蒙古国。成吉思汗和他的诸子、诸弟各支宗王，被称为"黄金家族"，他们是蒙古国的最高统治集团，他们可以完全支配属于自己的百姓和各级那颜。蒙古百姓即是大蒙古国的百姓，同时他们也是大蒙古国的军人，蒙古成年男子要自备马匹、武器和粮草，随时接受首领的征召出兵作战。所有的蒙古百姓都被纳入千户制度之中，在指定的牧地上屯聚牧养，"人们只能留在指定的百户、千户或十户内，不得转移到另一单位去，也不得到别的地方去寻求庇护。违反此令，迁移者要当着军士被处死，收容者也要受到严惩"①。成吉思汗将蒙古百姓划分为 95 个千户，任命千户长进行管理。千户是成吉思汗时期的基本军事行政单位。成吉思汗将被征服部落打散重新分为不同的千户进行管理，这样大部分千户都是由原属不同部落的人构成，瓦解了旧有部落势力的分裂力量，保障了可汗对集中权力的控制，改变了蒙古社会各部落各自为政的松散状态，促进了蒙古民族共同体的形成。可汗统治权力的加强为蒙古集中力量南下和西征提供了基础与保障。此后，蒙古汗国开始了开疆拓土的伟大事业，在成吉思汗及其兄弟子孙的共同努力下，在世界范围内先后建立元朝和四大汗国，震惊世界，影响至今。史学界将成吉思汗、窝阔台汗、贵由汗、蒙哥汗四位大汗统治时期，称作大蒙古国时期，将忽必烈建立元朝至元惠宗妥欢帖睦尔时期，称作元朝时期，大蒙古国与元朝总称为蒙元时期。元朝的皇帝同时还是大蒙古国的可汗，钦察汗国、察合台汗国、伊利汗国隶属于大蒙古国，也是元朝的藩国，其汗位继承必须取得元朝大汗的许可，诸藩宗亲要向大汗纳贡，并遣子弟入侍，大汗则以封邑方式或在朝会上分赐诸藩宗亲。

1227 年成吉思汗死于征西夏途中。成吉思汗是蒙古民族的缔造者，

---

① ［伊朗］志费尼：《世界征服者史》（汉译本），商务印书馆 2004 年版，第 34 页。

是世界征服者，成吉思汗所进行的伟大事业对中国历史和世界历史都产生过巨大的影响。成吉思汗死后，1229 年窝阔台即位成为大蒙古国第二代大汗。窝阔台汗继承了成吉思汗的遗志，继续西征南讨，1231 年蒙古军队大举进兵金朝，1234 年金朝灭亡。1241 年窝阔台汗去世后大蒙古国的汗位继承问题争持不下，汗权由窝阔台的妻子乃马真氏脱列哥那把持。直到四年后窝阔台长子贵由汗即位。1248 年贵由在横相乙儿（在今乌伦古河上游）病死，其妻斡兀立海迷失称制。直到 1251 年拖雷长子蒙哥被推举为大蒙古国第四代大汗，从此，汗位由窝阔台系转为拖雷系。成吉思汗去世后，由于汗位纷争，大蒙古可汗失去了对整个汗国的控制力。成吉思汗的子孙开始在自己的势力范围内建立独立王国。术赤之子拔都继续西征，于 1243 年在伏尔加河下游建立钦察汗国，建都萨莱城，钦察汗国东起也儿的石河，西抵斡罗思，南自巴尔喀什湖、里海、黑海，北到北极圈附近。窝阔台汗国为窝阔台之孙海都建立，盛时控制地域西至可失哈尔（今新疆喀什）与答剌速（今塔拉斯）河谷，南及天山南麓，东达哈喇火州（今吐鲁番），北抵也儿的石上游等地。忽必烈的汗位受到窝阔台、察合台与钦察汗国的联合反对，只有伊利汗国支持忽必烈。因此海都与元朝进行了长达 30 年之久的战争，直到 1301 年海都死。1309 年海都子察八儿降元，窝阔台汗国灭亡。其所控制领地一部分归元朝，大部分被察合台汗国占据。元朝为窝阔台后王保留了西北封地。察合台汗国为成吉思汗次子察合台建立，都城为阿力麻里（今新疆霍城县境内）。汗国最为强盛的时候疆域东至吐鲁番、罗布泊，西及阿姆河，北抵塔尔巴哈台，南越兴都库什山。察合台后王先与窝阔台汗国的海都联合反对元朝，海都死后，察合台与元朝和伊利汗国保持着时战时和的关系。随后察合台汗国统治中心逐渐西移，并开始接受伊斯兰教，至 14 世纪中叶，汗权旁落陷于分裂。蒙哥汗时忽必烈之弟旭烈兀继续西征，忽必烈即位后将其所占之地划归旭烈兀，由此形成伊利汗国。其领土东起阿姆河、印度河，西包小亚细亚大部，南抵波斯湾，北达高加索，先后以蔑剌哈（今伊朗马腊格）、桃里寺（今伊朗阿塞拜疆大不里士）为都城。伊利汗国后改信伊斯兰教，著名的《史集》就是伊利汗国宰相拉施特奉命编纂的。

1251 年，忽必烈的哥哥蒙哥继大汗位，以诸王大臣分镇各地，命令忽必烈总领漠南汉地军国事。忽必烈承命后由漠北南下，驻帐于桓州、抚州之间的金莲川，忽必烈在这里征召天下名士，广揽天下人才，建立了史上有名的"金莲川幕府"。1256 年大举伐宋，蒙哥汗亲自率兵进四川，1259 年在攻打钓鱼山（今重庆合川境内）时，死于军中。忽必烈正处在前后受敌的不利形势下，阿里不哥北据大漠南北，西跨河西、陇右及中亚、西南的巴蜀也有拥护阿里不哥的联合势力，南面还有兵精粮足、凭长江天堑的南宋。察必皇后力劝忽必烈北上，以争取在汗权争夺上的有利形势。忽必烈开始不愿意放弃大好的战略优势，希望打败南宋再北上，经过再三考虑最终听取了察必的正确主张，与南宋停战议和，率军北归。1260 年忽必烈于开平城召集诸王贵族召开选汗大会，推举自己为蒙古大汗。同时阿里不哥在哈刺和林宣布即大汗位，结果形成了南、北两汗争立的局面。忽必烈凭借开平的地理优势，逐步扭转政治局面和军事形势。开平地处中原通往哈刺和林的要道上，而哈刺和林对中原的物资又有很大依赖性。经过五年的争战，终于击败阿里不哥，在汗位之争上获得胜利，最终成为元代的一位杰出君主。至元八年（1271）十一月，诏告天下，取《易经》中"大哉乾元"之义，建国号"大元"。元朝将大漠南北都分给诸王、贵族为封地，漠北中部地区主要是拖雷系诸王，东部是成吉思汗诸弟及其后裔组成东道诸王的领地，阿尔泰山以西至额尔齐斯河地区为窝阔台后王封地。漠南为汪古部、弘吉刺部以及亦乞列思、兀鲁等部的封地。东道诸王主要有合撒儿、合赤温、别里古台、斡赤斤家族，他们的后裔在元朝分别被封为齐王、济南王、广宁王和辽王。元朝在这些王的封地内也设置了行政机构，有德宁路、净州路、集宁路、沙井总管府、应昌路、全宁路、宁昌路、上都路等。此外，在今鄂尔多斯、贺兰山、额济纳、河西走廊、青海等地也有诸王、驸马的封地，这些地方有亦集乃路、永昌路、沙州路、山丹州、西宁州等行政建置。

元朝末年，朝政不稳，官员腐败，军备松弛，民怨沸腾，阶级矛盾与民族矛盾交织。贵族官僚地主趁机大批兼并土地，众多农民失去土地沦为流民。再加上连年的自然灾害，王朝内部的阶级矛盾和民族矛盾不断激化，整个元朝摇摇欲坠。最终爆发了大规模农民起义，结束了元朝在中原地区的统治。朱元璋建立的明政权在中原迅速站稳脚跟，并于公元1368年攻下大都。丧失大都的元顺帝（元朝庙号为"惠宗"，明朝谥号为"顺帝"）妥懽帖睦尔于1368年7月退守上都城。实际上，元上都在十年前已被"红巾军"焚毁，已不再适合作为王廷。元顺帝在元上都的瓦砾中坚持了一年，在明军强大的军事压力之下，被迫放弃元上都迁往弘吉剌部的应昌府（今赤峰市克什克腾旗达里诺尔应昌古城遗址）。当时驻牧于应昌的弘吉剌部，作为元朝后族，是元朝政府最坚定的支持者。此时的应昌也就成了元顺帝的临时皇宫。弘吉剌部本来就是元朝重要的军事基地和军粮储备基地，这里兵精粮足，既是反攻明军的进攻基地，也是蒙古在漠南地区防御明朝进攻的最后防线。

元顺帝迁居应昌，其目的是希望凭借弘吉剌部的地理优势和丰富的后勤保障，来"恢复旧疆"。因此，在元顺帝的努力下，蒙古军队多次南下进攻明军。针对蒙古军队频频举兵南下、蒙古汗廷要收复河山的明显意图，明太祖朱元璋于洪武元年（1368年）下诏徐达等北征蒙古。明朝展开了针对北元政权的大规模的军事行动，旨在消灭蒙古势力，统一全国。为了征讨蒙古汗廷，洪武二年（1369年）常遇春、李文忠曾以步兵八万、骑兵一万的兵力，从北平出发，向元上都进攻，在全宁（今赤峰市翁牛特旗乌丹镇）遭到元朝丞相也速的阻击，元军不敌明军的强大攻势，也速兵败，逃往辽东。明军退兵之后，全宁重又回到蒙古控制。之后，从洪武三年（1370年）到洪武二十九年（1396年），在这二十余年之中，明太祖朱元璋曾先后八次出征漠北，打击北元势力。而蒙古人凭借自身的军事优势,在漠北的广大地域之中坚持反击明军,双方互有胜负,两股强大的军事力量在北方草原上演了一幕又一幕惊心动魄的宏大战争场面。

洪武三年(1370年)正月,朱元璋任命右丞相徐达为征虏大将军、浙江行省平章李文忠为左副将军、都督冯胜为右副将军、御史大夫邓愈为左副将军、中山侯汤和为右副将军率军出征北伐,这是明政权首次大规模地出征漠北,打击北元势力。明军兵分两路,矛头直指扩廓帖木儿(王保保)。左副将军李文忠北上上都,直捣蒙古汗廷。此时元顺帝已病死应昌,汗廷出现动荡,获此消息,李文忠当即率军袭击应昌,五月即攻破应昌,元太子不得已仅带十数骑逃走。明兵俘获爱猷识礼达腊幼子买的里八剌(又作"买的礼八剌")及后、妃、宫人、诸王以及众多官属。此次明军北征沉重地打击了北元,横扫开平、应昌一带。逃往漠北的太子爱猷识礼达腊在蒙古汗国时期所建的首都哈剌和林(今蒙古国乌兰巴托西南附近)即位,即昭宗。昭宗嗣位之后,重建了自己的统治机构,史称"北元"。蒙古贵族退回北方草原后继续保持着政权,史称"北元",但其大元国号只保持了20年,此后蒙古政权主要称大蒙古国,不再一直坚持其是元朝的继续。此政权基本上与明王朝相始终,所以史学界一般以时间概念比较清楚的"明代蒙古"称之。

二　蒙古政权的灭亡与清朝对蒙古诸部的统治

居住在大漠南北以大汗为中心的蒙古本部,因地处西蒙古之东,史学界称作东蒙古,明朝称为"鞑靼"。居住在今蒙古西部和俄罗斯境内萨彦岭、唐努山一带的是瓦剌,史学界以其所居位置称作西蒙古。1388年,阿里不哥后裔也速迭儿杀死脱古思帖木儿,成为蒙古大汗。在此之前汗权一直是掌握在忽必烈家族中。当东蒙古大汗因遭受明朝的打击及统治集团内讧而日益衰败时,瓦剌趁机崛起,企图夺取整个蒙古地区的统治权。在这场斗争中,瓦剌和东蒙古是对立的两方,而明朝扶此抑彼，起着推波助澜的作用。东北地区的兀良哈三卫是明朝为降附的蒙古人设置的，包括泰宁卫、福余卫、朵颜卫。从15世纪三四十年代起，三卫逐渐由北向南迁移，成为明辽东、蓟州二镇的紧邻。三卫是与明朝始终进行通贡互市的特殊的东蒙古人，同明朝及蒙古本部和瓦剌都有密切的关系，在政治上常常周旋于各派力量之间。

到了17世纪，中原的明朝朝政混乱、民不聊生，刀兵四起。蒙古草原上的情势也十分严峻，蒙古各部互不统属，诸部内部也纷争不已。公元1603年，蒙古布延薛禅汗去世，其长子莽骨速早死，内忧外患之际，十三岁的长孙林丹于1604年即位。汉文史籍中称其为虎墩兔哈，《明史》中记为，"虎墩兔者，居插汉儿地（即察哈尔），亦曰插汉儿王子，元裔也"。历史上又称库图克图汗。

林丹汗即汗位之时，已经丧失了号令全蒙古的能力，同当时众多的可汗一样，林丹汗只是察哈尔汗而已。为了稳定蒙古草原的形势，重新实现对蒙古各部的有效控制，林丹汗采取了一系列措施维护自己的统治。在他即汗位不久，即以其领地之三万兵（察哈尔八鄂托克）为基础，开始了其统一蒙古的事业。平息察哈尔部内部的分裂，吞并石抹明安部；在巴林部境内的阿巴噶哈喇山修建了瓦察尔图察罕浩特（亦称白城，今赤峰市阿鲁科尔沁旗罕苏木苏木察罕浩特古城遗址），作为整个蒙古的政治、军事、经济、文化中心。在林丹汗的努力下，蒙古的统治秩序得以重建。蒙古各部的汗，都定期前往察罕浩特朝见林丹汗，与大汗共同商讨政务，朝献贡物，并且都遵照图们札萨克图汗大法的规定，约束各部治下的诸鄂托克。林丹汗在全蒙古重新树立起了蒙古大汗的威望，势力发展迅速，完成了从其初即位时被讥笑为"穷饿之虏"到被盛赞为"虏中名王"的转变，还自称"神中之神全智成吉思隆盛汗"，力图恢复其祖达延汗的事业。

后金在东北崛起，势力发展迅速，意图吞并蒙古，从而打破了原有的平衡。16世纪末，居于东北地区的女真各部已经完成了局部的统一，明万历四十四年（1616），建州女真杰出的首领努尔哈赤，建立了后金政权。1616 年努尔哈赤建立后金国，大力扩展势力，其战略是先征服蒙古，再入主中原。林丹汗统一蒙古诸部的活动一直同其与东北新兴势力后金的战争交织在一起。林丹汗屡犯辽东边境，明朝此时希望通过怀柔蒙古大汗以对抗日渐强大的后金女真，给予林丹汗很多奖赏。随着后金与明政权战争的升级，努尔哈赤对蒙古则采取联姻、结盟等方法进行拉拢。实际上蒙古科尔沁部、喀尔喀部早在万历二十二年（1594 年）就曾派遣使者与努尔哈赤通好。① 万历四十年（1612 年），努尔哈赤娶科尔沁明安台吉之女为妃，之后努尔哈赤家族中的许多人都与蒙古联姻。万历四十二年（1614 年），皇太极娶科尔沁部莽古思之女哲哲为妻，② 科尔沁部与女真努尔哈赤之间的关系进一步密切。

　　明政府意识到如果努尔哈赤与林丹汗联合，必使明朝东、北两面同时受敌。而此时林丹汗也趁明政权和努尔哈赤在辽东交战之际，率察哈尔和内喀尔喀五部，于 1619 年 6 月攻占领明朝的广宁城。③ 为了拉拢林丹汗，明朝不断派人到林丹汗的驻地察罕浩特城（遗址在内蒙古赤峰市阿鲁科尔沁旗罕苏木苏木），承诺诸多利益，希望他能与明朝保持友好的同盟关系。林丹汗希望利用明朝牵制女真势力，以便能专心消除蒙古各部内部的矛盾，决定与明朝建立联盟，并从明蒙贸易中获取经济利益，以解决察哈尔部的困境。明万历四十七年（1619年），林丹汗与明朝廷达成协议，共同对抗后金，明朝许诺给"白金四千"。到"泰昌元年（1620 年），加赏至四万"。④ 在后金的战略面前，林丹汗采取"先处里，后处外"的方针，致力于重新统一蒙古。1625 年征伐叛离的好儿趁（科尔沁）部，因好儿趁得到后金的援助，未能成功。1627 年至 1628 年，他率部进入蒙古右翼地区，击溃哈剌嗔、土默特诸部，占据归化城，此后又与朵颜卫、应绍不、土默特部

①　赵尔巽：《清史稿》卷 1《太祖纪》，中华书局 1977 年版，第 5 页。

②　同上书，第 8 页。

③　《皇清开国方略》卷 12《蒙古族通史》，民族出版社 1991 年版，第 185 页。

④　（清）张廷玉：《明史》卷 329《鞑靼传》，中华书局 1974 年版，第 8492 页。

作战，取得胜利，再进入袄儿都司部和外哈喇哈部。林丹汗虽然在军事上取得了不少成功，在政治上却遭到很大的损失，诸部纷纷离他而去，多数降附了后金。1628 年，皇太极进军察哈尔，势力渗透到喀喇沁部。林丹汗发兵攻打喀喇沁部所在地，掠夺畜产，俘 11200 人还。① 喀喇沁部因此联合土默特、鄂尔多斯、阿苏特、永谢布等部分台吉，打败了驻守赵城（呼和浩特市一带）的林丹汗的军队后归降皇太极。1630 年，阿鲁科尔沁部部分台吉先后归顺皇太极，被安置在西拉沐沦河游牧。②

1625 年努尔哈赤迁都沈阳，此时，明王朝在辽东的势力已经荡然无存。于是后金政权与蒙古诸部之间的矛盾凸显出来。而在努尔哈赤的离间、拉拢、威胁等手段之下，林丹汗的势力也在一步步被孤立、瓦解。1632 年，皇太极率领大军越过大兴安岭征讨林丹汗，林丹汗率十万大军败退至鄂尔多斯。皇太极进驻呼和浩特，得知林丹汗已经渡过黄河而去，遂停止追击，收拢了林丹汗遗留的余部数万人。林丹汗率十万大军从鄂尔多斯渡过黄河向西进入青海。1634 年，林丹汗在青海打草滩因病去世，漠南蒙古各部全部归附后金。1635 年，多尔衮与岳托等人领兵万人渡河，招降了林丹汗的部众。林丹汗的儿子额哲交出可汗印信，受封为亲王。黄金家族的汗位至此断绝，蒙古汗国不复存在了。1636 年 4 月，清太宗皇太极在盛京（今沈阳）召开大会，漠南蒙古十六部四十九名封建主参加大会，上书共推皇太极为"博格达彻辰汗"，承认皇太极为蒙古的共主。同时，皇太极改国号为大清，建元崇德。

卫拉特在清代又称厄鲁特，16 世纪末 17 世纪初居住在漠北西部，包括和硕特、准噶尔、杜尔伯特、土尔扈特、辉特等部。卫拉特长期同喀尔喀冲突，后成功地抵制喀尔喀的持续西进。1628 年土尔扈特在和鄂尔勒克的率领下迁往伏尔加河下游，1637 年和硕特在固始汗的率

---

① 赵尔巽：《清史稿》卷 2《太宗纪》，中华书局 1977 年版，第 24—25 页。

② 同上书，第 33 页。

领下迁至青海地区，进而控制西藏，准噶尔成为卫拉特势力最大的蒙古部落。准噶尔在巴图尔珲台吉时开始崛起，康熙二十七年（1688），准噶尔部在首领噶尔丹用武力迫使喀尔喀迁入漠南蒙古境内。为平定准噶尔部，清军先后于康熙二十九年（1670）在乌兰布通，康熙三十五年（1696）在昭莫多打败噶尔丹的军队，击溃分裂势力的阴谋，维护了祖国统一。乾隆二十七年（1762），清朝在伊犁设置总统伊犁等处将军。

和硕特部首领为成吉思汗长弟合撒儿后裔，长期居卫拉特盟主地位。为扩大牧地和援助西藏佛教格鲁派（黄教），1637 年固始汗率部到青海打败盘踞在这里的喀尔喀蒙古绰克图台吉，1642 年击败西藏藏巴汗，在西藏建立起蒙藏僧俗封建主联合统治政权。顺治十年（1653 年）固始汗被清朝封为"遵行文义敏慧固始汗"。和硕特同清朝互相承认彼此的政权，同时清朝邀请达赖喇嘛进京，并予以册封。1717 年准噶尔军进袭西藏，拉藏汗兵败被杀，和硕特汗政权灭亡。清朝出兵准噶尔，青海和硕特台吉罗卜藏丹津从清军入藏，事后欲掌管西藏政权，被清廷拒绝。罗卜藏丹津在雍正元年（1723 年）反清。清军平定罗卜藏丹津后在青海设四部二十九旗进行统治。

三 俄罗斯境内的蒙古人

在俄罗斯联邦的布里雅特共和国、卡尔梅克共和国、图瓦共和国、阿尔泰边疆区的阿尔泰共和国等地生活着布里雅特人、卡尔梅克人、图瓦人、阿尔泰人，他们与蒙古族有着亲近的族源、相同的语言、宗教信仰、风俗习惯和生活方式，是蒙古民族中的一些部族演变而成的。

卡尔梅克人是欧洲人对厄鲁特蒙古人即卫拉特的称呼。迁至伏尔加河的土尔扈特对沙俄的侵略予以坚决的抵制，努力与清朝建立联系，康熙四十八年（1709 年）首领阿玉奇使者赴京，康熙五十三年（1714年）清朝图理琛使团回访，就土尔扈特东返的可能性进行了谈判。乾隆二十六年（1761 年）渥巴锡继承土尔扈特汗位，其时俄国采取压迫政策，企图将土尔扈特变为臣属。于是在乾隆三十六年（1771年）初渥巴锡毅然率领居住在伏尔加河东岸的所部十七万人回归东方。沿途冲破俄军的重重堵截，经历千辛万苦，于同年中抵达伊犁河流域，人口只剩四万之众。

土尔扈特东归的正义之举，得到清朝的重视和赞扬。乾隆帝在木兰围场、避暑山庄会见渥巴锡等土尔扈特首领，封渥巴锡为乌讷恩素珠克图旧土尔扈特部卓哩克图汗，其他首领也被授予官爵，同时赈济土尔扈特部众。乾隆三十六年（1771年）冬，清朝分配土尔扈特牧地，渥巴锡所领土尔扈特称旧土尔扈特，分设四盟十旗，归伊犁将军管辖；舍楞（原附牧准噶尔，后投奔土尔扈特汗国，一同东返）所领土尔扈特称新土尔扈特，设一盟二旗，归科布多参赞大臣管辖。其他未能东归的人留在伏尔加河下游地区继续受到沙俄的统治。卡尔梅克人至今还信奉藏传佛教，讲卫拉特蒙古语。卡尔梅克共和国位于俄罗斯联邦欧洲部分的伏尔加河下游地区，首都为埃利斯塔，是欧洲唯一的佛教国家。

布里亚特人从种族上属厄鲁特蒙古人近支，原游牧于外贝加尔地区，向北发展至叶尼塞河与勒拿河之间地区。布里亚特共和国位于贝加尔湖以东，南同蒙古国接壤，首都为乌兰乌德。

图瓦人或译作土瓦人，我国史籍称为唐努乌梁海人。唐努乌梁海，清代乌梁海三部之一。在喀尔喀蒙古西北部，萨彦岭以南，唐努山之北，叶尼塞河上游流域。以居住唐努山一带的乌梁海人而得名。明代为西北兀良哈人所居，清代前期分属喀尔喀蒙古和厄鲁特蒙古，清军平定准噶尔部后，乌梁海归乌里雅苏台定边左副将军统辖，设有五旗四十六佐领。1864年俄国通过《中俄勘分西北界约记》割去西北十佐领。1911年中部二十七佐领为俄国强占，东部九佐领为当时宣布"独立"的喀尔喀封建领主占领。俄国十月革命后，中东部三十六佐领一度由中国政府收复，并派专员驻扎其地，后被迫撤退。东部九佐领之地今属蒙古国库苏古勒省。1924年中部为俄国强占的二十七佐领之地宣布成立"乌梁海共和国"，1926 年改称"唐努图瓦人民共和国"。1944 年被并入苏联版图，称"图瓦自治共和国"，1948 年又改为"图瓦自治州"。

第四节　"中蒙俄经济走廊"的历史基础

中蒙俄传统的经济往来为建设"中蒙俄经济走廊"打下了坚实的历史基础。16 世纪初，蒙古地区在经过了达延汗的统一、分封之后，基本形成了漠南蒙古、漠西蒙古和漠北蒙古三大集团，它们与明朝之间保持着密切的贸易关系。1547 年，莫斯科大公伊凡四世加冕称沙皇，在他的领导下，罗斯公国逐渐摆脱了蒙古人的控制，俄罗斯成了一个独立的国家。此后，俄罗斯致力于开拓与蒙古的贸易市场。在明蒙贸易、俄蒙贸易的推动下，中俄边境贸易也发展起来。

一　明蒙贸易和俄蒙贸易

1368 年明朝建立，蒙古贵族退回蒙古高原，中国形成了明朝与蒙古南北比肩并存的局面。明初，明朝对蒙古实行经济封锁，加之蒙古内部瓦剌和鞑靼争霸，致使蒙古地区的经济如雪上加霜。14 世纪初，为了摆脱经济的困境，蒙古瓦剌与鞑靼先后与明朝建立了朝贡关系，双方展开了以朝贡和回赐为主要形式的经济往来。蒙古每年朝贡明朝一次或数次，每次几千人，进贡牲畜、兽皮、猎物等，明廷回报以粮食、丝织品、生活用具、医药、佛经等。由于朝贡的次数和人数都受到限制，所以朝贡贸易并不能满足蒙古地区实际的经济需要。因此除了朝贡贸易外，明朝还在双方边界地区设立马市。15 世纪后期，达延汗统一蒙古，通过分封制度，蒙古基本形成了漠南蒙古、漠西蒙古和漠北蒙古三大集团。在此期间，三部与明朝之间都有贸易往来，南北地区和平贡市和贸易长达十余年，后因明蒙关系恶化，贸易一度中断。

俺答汗时期,又多次向明朝提出了通贡贸易的需求,明朝方面亦认为"许以市易,以有易无,则和好可久,而华夷兼利"。在这种背景下,明蒙双方于1571年达成和平互市协议,明朝方面开放在大同、宣府、山西、延绥、宁夏等地的11处边境马市,也称为官市,主要交易是以银换马或以布、缎等折价易马。同时受到中原和蒙古人民贸易增长的需要,民间也准许开设民市。民市的交易范围非常广泛,蒙古牧民以牲畜、皮毛、柴草、木材等换回中原的粮食、布匹、衣物、颜料、纸张、茶叶以及各种生活用品。在明朝和蒙古贵族的支持下,明蒙贸易在16世纪70年代到17世纪初期异常活跃和频繁。贸易的和平开展,不仅加强了明蒙之间的政治关系,也繁荣了中原和蒙古地区的经济生活,使得北部边疆安定——"戎马无南牧之儆,边氓无杀戮之残",长城沿线出现了"六十年来,塞上物埠民安,商贾辐辏,无异于中原"的兴旺景象,实为两地民心所向。

明蒙贸易繁荣发展的同时,西方的俄罗斯在沙皇伊凡四世的领导下,也加紧了对东方的征服和扩张活动。1552年,俄罗斯灭亡了蒙古后裔建立的喀山汗国,进而为俄罗斯越过乌拉尔山脉,向西伯利亚扩张扫清了道路。16世纪后期,俄国人开始了对西伯利亚的全面扩张和征服,最终于1598年彻底征服西伯利亚汗国,并继续向远东和西伯利亚东南亚地区进军,以夺取当地的皮毛,打通东西方的贸易通道。在征服西伯利亚的过程中,俄国修建了彼雷姆城、图林斯克城、别列佐夫城、曼加结亚城、托博尔斯克、托木斯克、塔拉、纳雷姆和叶尼塞斯克等城堡。居住在这些城堡里的俄国哥萨克官兵、移民、商人和猎商等,经常用呢料、毛皮、火枪和野兽裘皮等物品同与中国内地有贡市贸易的蒙古、哈萨克、通古斯人交换丝绸、锦缎、瓷器、大黄等商品。[①] 为进一步鼓励东西贸易的发展,1574年沙皇下令准许突厥人、卡尔梅克人、哈萨克人免纳税金进行贸易。大概在同一时期,蒙古各部

---

① 卢明辉:《"草原丝绸之路"——亚欧大陆草原通道与中原地区的经济交流》,《内蒙古社会科学》(文史哲版)1993年第3期。

也往来于中亚市场，它们用牲畜、皮毛和从明朝那里换回的丝绸、茶叶等换取俄国的火枪、工业品。

　　在俄蒙贸易开展之前，俄国人对明朝知之甚少。随着俄蒙贸易的开展，俄国商人多次从蒙古商人那里得到明朝的商品，这些物品物美价廉，受到俄国人喜爱。他们希望以俄蒙贸易为桥梁搭建起与明朝直接的贸易关系。蒙古方面也主动将与俄国的贸易情况向明朝驻蒙官员进行汇报，并从中联络俄商和明朝的商人直接接触，增强彼此的了解，进行集市贸易。1618 年，俄罗斯派遣尼·加·斯帕法里使团，率领一批商人，从托博尔斯克（今俄罗斯秋明州地区）出发，经漠北唐努乌梁海、科布多地区，由蒙古人做向导，由新疆天山北部穿越河西走廊，北上进入归化城，再向东从张家口来到北京。这次俄罗斯商队来华，带回了万历皇帝致俄罗斯的国书，国书提到"尔等即为通商而来，则通商可也。归去后仍可再来"，"愿两国之间的道路畅通无阻，尔等可常相往来。尔等进贡珍品，朕亦以优质绸缎赏赐尔等"。[①] 同时国书中也强调，明朝方面希望俄罗斯商人下次再来，应携带"大君主之国书"。从这份国书中可以看出，明朝方面对于与俄罗斯的经济交往也保持了积极的态度。次年，俄国再派使团出使中国，沿途与蒙古和汉族商人贸易，并详细了解了明朝开设马市的情况。此后，俄国商人和明朝的商人在蒙古地区互市贸易增多，以明蒙贸易和蒙俄贸易为桥梁的中俄边境贸易逐渐开展起来。

二　清朝时期中俄贸易的发展

　　17 世纪初，中国的政治局势发生了重大的变化。1616 年，与蒙古各部邻近的女真部落在努尔哈赤的领导下，建立后金。后金建立之后，通过联姻等策略积极联合漠南蒙古与其结盟。1632 年，漠南各部名义上的宗主林丹汗被后金打败，被迫西走。1636 年，皇太极在盛京会盟，

---

① ［俄］尼古拉·班蒂什 - 卡缅斯基编著：《俄中两国外交文献汇编（1619—1972）》，中国人民大学俄语教研室译，商务印书馆 1982 年版，第 21 页。

改国号为清，漠南蒙古十六部臣属于清朝。漠南蒙古归附清朝之后，漠北蒙古也遣使修好，与清朝纳贡通商，1688年，准噶尔部噶尔丹攻打喀尔喀各部，漠北三部南下投清。1691年，康熙帝亲自前往多伦与喀尔喀蒙古三大部、内蒙古四十九旗王公进行会盟，会盟规定了喀尔喀蒙古各部结束内部纷争，均须遵行清廷的法令，废除喀尔喀三部旧有济农、诺颜等名号，实行盟旗制度。此次会盟，改善了喀尔喀蒙古各部与清朝之间的关系，并使清王朝对漠北地区的管辖得到加强。1696年，清朝平定了准噶尔部的叛乱，统一蒙古地区。与此同时，17世纪中期，俄国也基本完成了对西伯利亚的征服，控制了西伯利亚全境。至此，俄国中亚和西伯利亚地区与中国北方和西北方直接相接。中俄贸易进入了新的历史时期。

1653年，俄国官方首次派出以巴伊科夫为代表的使团兼商队出访中国，巴伊科夫一行由托博尔斯克出发，沿额尔齐斯河抵达塔拉城，经张家口来到北京。此次出访，俄国方面带来了沙皇的国书，表达了准许和欢迎中国商人与俄罗斯商人进行贸易的意愿。此后直到1676年，俄罗斯方面又三次派出使团到清朝，并携带大量货物进行贸易。康熙皇帝对此给予了积极的回应，并准许他们同中国自由贸易。与此同时，清朝政府也组织商人在长城沿边与蒙古人做生意，中国历史上的旅蒙商人应运而生。旅蒙商人大部分是晋商，他们早期受政府指派，或者在政府的约束和规定下从事边境贸易。在这个过程中，蒙古商人继续充当着中介人的角色，蒙古地区仍然是主要的贸易区域。往返于各地的蒙古人、汉人、俄国人、哈萨克斯坦人等各族商人在归化城、张家口、托木斯克、塔拉等地进行以物易物的互市。1685年，由于俄国与中国在黑龙江地区的军事冲突，清政府下令停止中俄边境商民贸易。1686年，清朝政府和俄国停火，双方就边界问题进行谈判。1689年，双方代表在尼布楚谈判，并签订了《尼布楚条约》。条约除了划定中俄边界之外，还规定"两国人带有往来文票（护照）的，允许其边境贸易",这是双方第一次以国家名义正式承认边境贸易的合法性,① 明确了两国可持执照进行贸易互市,尼布楚地区则为主要的贸易市场。此后,俄国和中国在互惠互利的基础上开展了广泛的贸易往来,中俄边境贸易得以恢复和发展。1691 年,多伦会盟之后,清政府明令允许旅蒙商人进入蒙古地区与蒙古人和俄国人交易货物。双方交易的主要物品是,俄罗斯方面以西伯利亚的皮革制品和欧洲的玻璃制品换取中国的茶叶、丝绸、布帛、瓷器、大黄等物。在贸易交换中,俄罗斯方面获得了巨大的利益,因此沙皇积极鼓励对华贸易,并从 1699 年起,由俄国政府垄断了对华贸易。

1703 年,俄方向清政府请准,除原先由尼布楚出发,跨越额尔古纳河、海拉尔河,沿嫩江流域来北京贸易的东路商道外,又开辟由托博尔斯克出发,经蒙古塔拉、西蒙古地区和归化城、张家口来北京贸易的西路新商道。② 1720 年,清朝又准许在库伦开设中俄贸易市场。库伦市场的开辟进一步为旅蒙商人和俄国商人提供了便利。1722 年,俄国策动准噶尔部叛乱,康熙皇帝下令全面禁止俄国人在蒙古地区进行贸易,并关闭了库伦贸易市场。为了保住对华贸易利益,俄方于 1725 年派代表来北京谈判,双方先后签订了《布连斯奇条约》和《恰克图条约》,条约规定俄国商队每三年来北京一次,恰克图为边界贸易地点,俄国商人可以在恰克图自由贸易,恰克图从此成为 19 世纪中叶以前中俄边境上最重要的贸易市场。

三　中俄恰克图贸易

恰克图的具体位置在今天的俄罗斯布里亚特自治共和国与蒙古国的边境线上,是今日俄蒙边境重镇。《恰克图条约》签订之后,中俄确定了恰克图互市商圈,同时俄国在清政府的允许下确定了从恰克图经库伦、张家口到达北京的贸易路线。此后,这条商道迅速取代了其他

① 米镇波:《清代中俄恰克图边境贸易》,南开大学出版社 2003 年版,第 11 页。
② 卢明辉:《中俄边境贸易的起源与沿革》,中国经济出版社 1991 年版,第 49 页。

传统商道，成为 18—19 世纪中俄贸易最繁荣的商道，其沿途的库伦、张家口也吸引了大批的商人，中俄贸易日益活跃。1730 年，清朝在恰克图对面建立买卖城，各地商人来此设立固定的店铺，内地很多旅蒙商人也在此建立了商号，买卖城街头，满载货物的牛车络绎不绝，被西方誉为"沙漠中的威尼斯"。至 18 世纪末期，恰克图的商号有 200 多家，其中晋商商号已达 60 多家，为中俄两国的贸易交往做出了巨大贡献。在恰克图贸易中，俄罗斯输入中国的产品多是来自西伯利亚的皮毛、皮革和俄国生产的呢绒、亚麻制品、铁制工具等。中国的产品主要是茶叶、丝绸、棉布、瓷器、大米、大黄、蜡烛、麝香、水果、生姜等商品。到 18 世纪中期，中俄恰克图贸易已经达到 1417130 卢布，19 世纪中期，这里的贸易额达到 1600 万卢布。有学者评价彼时"中俄商务集中于恰克图，遂日渐繁盛，蔚为两国通商之咽喉；与广东之垄断贸易，可谓南北辉映也"[1]。

在恰克图贸易中，茶叶尤其受到欢迎，这也催生了万里茶道的兴旺和发达。早在明朝时期，山西商人已经北上向大同、居庸关等几大边关要塞输送粮食，从而获得了合法贩卖"官盐"的资格，并穿越长城，到达中俄边境恰克图，[2] 这成为后来中俄著名的商道——"万里茶道"的前身。"万里茶道"从中国福建崇安（现武夷山市）起，经江西、湖南、湖北、河南、山西、河北、内蒙古，进入今蒙古国境内，到达中俄口岸恰克图—买卖城，经由此又传入欧洲各国，全程 13000 余公里。[3] 恰克图商圈形成之后，恰克图成为俄罗斯内地甚至欧洲地区获取中国茶叶的重要转运站。[4] 到 19 世纪初期，茶叶成为恰克图贸易中

---

① 刘选民：《中俄早期贸易考》，载包遵彭、李定一、吴相湘编纂《中国近代史论丛》第 1 辑第 3 册《早期中外关系》，南京：正中书局 1956 年版，第 38 页。

② 杨永生、李永宠、刘伟：《中蒙俄文化廊道——"丝绸之路经济带"视域下的"万里茶道"》，《经济问题》2015 年第 4 期。

③ 刘晓航编著：《穿越万里茶路》，武汉大学出版社 2015 年版。

④ 陈昭明：《试析清代中俄恰克图互市贸易及其历史启示》，《呼伦贝尔学院学报》2010 年第 1 期。

最抢手的产品，一度占据恰克图贸易95%的份额，俄国也成为中国茶叶最大的进口国。19世纪50年代以后，俄国开始入侵中国，并与清政府先后签订了《天津条约》《瑷珲条约》《北京条约》《中俄陆路通商章程》，中俄贸易全面开放，恰克图贸易也由此衰落。

四　中俄陆路贸易

第二次鸦片战争之后，清政府与俄、美、英、法各国代表分别签订《天津条约》。同年，俄国以武力迫使黑龙江将军奕山签订《瑷珲条约》，1860年俄国又胁迫清政府签订中俄《北京条约》。根据以上条约，清政府向俄国开放张家口、库伦、喀什噶尔为商埠，俄国在库伦、喀什噶尔设立领事馆。1862年，俄国又迫使清政府签订《中俄陆路通商章程》，这个通商章程规定俄商可在蒙古各地免税自由贸易；俄商货物从陆路运至天津，进口正税"按照各国税则三分减一"；运往天津、通州的俄国商货，经张家口时可留1/5在当地销售，一方面免纳子税，另一方面进口正税同样三分减一；俄商从张家口贩运土货回国只纳子税2.5%，免纳出口正税。① 通过这一系列的条约，俄国取得了来华陆路通商特权，从此中俄贸易不再局限于边境互市贸易，而且俄商可深入中国汉口、福建、武汉、九江等地开设公司，设立茶叶基地，中俄陆路贸易形成。

中俄陆路贸易中，俄罗斯商人可以直接从内地城市进口货物，这不仅大大地减少了清政府的关税收入，也严重地损害了中国商人的利益，万里茶道开始衰落。之后，俄国商人基本垄断了中俄陆路贸易。有学者统计"道光十七年至十九年每年输入俄国的茶叶平均为8071880俄磅，到了同治六年已增到8659501俄磅，30年时间，年增近600000俄磅"②，俄国从中获取了巨大的经济利润。1904年，西伯

---

① 《中俄陆路通商章程》，1862年3月4日。
② 冀福俊：《清代山西商路交通及商业发展研究》，硕士学位论文，山西大学，2006年。

利亚大铁路开通，"张家口税务向以南茶并恰克图皮毛等货为出入大宗，次则进口牲口，均系内地商贾往来贩运，是以从前税课丰旺。及至俄国通商后，所有大宗茶货俱由俄国自行贩运，照章免税。内地商贾渐多歇业，因之每岁征额均属短绌。万里茶路的贸易量日渐萎缩"①。

俄国通过对中俄陆路贸易的垄断，也逐渐控制了蒙古地区的经济，为蒙古国独立埋下了伏笔。1915 年外蒙古实行"自治"，但实际上被沙俄控制。1917 年，俄国爆发十月革命，建立了苏维埃政权。其间中国和俄国国内政治发生了重大的变化，中苏也建立了新的贸易关系。

综上所述，中俄历来有经济交往，这种经济交往在大部分时间是在平等互利的基础上展开的，促进了两国边境地区的经济开发，增强了两国人民的相互了解和文化交流，为中俄两国人民带来了福祉，也为今天我们提倡"中蒙俄经济走廊"打下了坚实的历史基础。

---

① 李现云：《概述清代中俄四个贸易阶段的演变——以万里茶道河北段为例》，《农业考古》2017 年第 5 期。

第 三 章

中蒙俄三国生态环境和自然资源状况

　　中蒙俄三国在地理位置上相邻、山水相连，在自然生态、地理环境、生产生活方式上接近。生态环境是经济社会发展的物质基础和先决条件，无论是推进"中蒙俄经济走廊"的发展，还是对接蒙古国提出的"发展之路"（"草原之路"）和俄罗斯的"欧亚经济联盟"，共建绿色"一带一路"，生态环境具有重要的意义。但在各国生态环境恶化的总体趋势下，中蒙俄三国面临着许多共同的生态环境问题，如荒漠化、草原退化、自然灾害、气候变化等。这些生态环境问题共同制约着中蒙俄三国的生态文明建设和绿色发展。中蒙俄三国在生物多样性、自然保护区、湿地保护、森林防火及荒漠化领域的合作，为中蒙俄三国共建绿色经济走廊带来了新的机遇，不仅会给中蒙俄三国带来巨大的生态效益，也会为中蒙俄三国带来潜在的经济效益和社会效益，进一步推动"中蒙俄经济走廊"的建设和"一带一路"的高质量发展。

第一节　中蒙俄三国生态环境状况

一　与俄蒙毗邻的中国内蒙古地区的生态环境状况

　　内蒙古是全国生态最脆弱、荒漠化和沙化土地最集中的地区之一，全区重度和极重度生态脆弱区域占全区国土面积的 36.7%，中度以上生态脆弱区域约占62.5%。① 内蒙古第五次荒漠化和沙化土地监测数据显示，截至2014年，全区荒漠化土地分布在12个盟市的79个旗县，均有不同程度的荒漠化，面积为60.92万平方公里，占全区总面积的51.50%。其中草原牧区和农牧交错带，如阴山北麓农牧交错带，这些地区荒漠化最突出，荒漠化还进一步强化了大风灾害、沙尘暴、火灾、蝗灾、旱灾、雪灾等生态灾害链的发生。除了荒漠化，全区沙化土地总面积为40.78万平方公里，占全区总面积的34.48%，还有约17.40万平方公里的土地有明显的沙化趋势。乌兰布和沙漠每年有近1.8亿吨泥沙侵入黄河，阿拉善盟境内的三大沙漠有"握手"之势，呼伦贝尔沙地每年侵吞草原近5万亩。① 生态环境问题已成为突出问题。

经过多年坚持不懈的治理，内蒙古的生态环境取得了"总体恶化趋势趋缓，重点治理区生态明显改善"的效果。连续15年全区荒漠化和沙化土地面积持续"双减少"，截至2015年，荒漠化和沙化土地面积与2009年相比，分别减少41.67万公顷和34.34万公顷。② 森林覆盖率由"九五"时期末的13.8%提高到21%，全区森林面积是2487.9万公顷，其中天然乔木林的面积是1393万公顷，居全国第二位；灌木林面积是793万公顷，居全国第二位。③ 2015年，水土流失等综合治理面积达到12767万亩，全区建立自然保护区182处（其中国家级29处，自治区级60处），有森林生态系统、湿地生态系统、草原生态系统、荒漠生态系统等类型，占全区总面积的11.68%。十多年来，全区颁布了《实施〈野生动植物保护法〉办法》《湿地保护条例》《珍稀林木保护条例》等多项保护条例和办法，有效地保护了全区85%的陆地生态系统类型、85%的野生动物种群、65%的野生植物群落和濒危珍贵野生动植物，自

① 艾丽华主编：《打造祖国北疆亮丽风景线》，人民出版社2014年版，第263页。
② 陈永胜、韩国栋：《筑牢祖国北疆生态安全屏障》，内蒙古人民出版社2017年版，第65页。
③ 内蒙古自治区环境保护厅编：《内蒙古自治区环境状况公报》，2015年。

然生态环境在不断地改善和恢复，草原生态环境建设效果显著。[①]

二　蒙古国整体生态环境状况

（一）蒙古国的地理特质及特点

蒙古国位于亚洲中部的蒙古高原，处于中俄之间，东部、南部、西部三面与中国接壤，北面与俄罗斯的西伯利亚相邻，边境线总长 8219 公里，其中中蒙边境线长 4700 多公里，蒙俄边境线长 3500 多公里，是连接欧亚大陆的重要通道，地缘战略地位突出。蒙古国总面积 156.65 万平方公里，东西最长处 2368 公里，南北最宽处 1260 公里，其大部分地区为高原和山地，平均海拔 1580 米，蒙古国北端是蒙古萨彦岭，南端是宝日陶勒盖鸣沙山，西端是玛尼特山，东端是毛德泰哈木尔，其中，西部为山地，阿尔泰山自西北向东南蜿蜒，东部为地势平缓的高地；南部是占国土面积 1/3 的戈壁地带。位于中蒙边界上的辉腾山（友谊峰）海拔 4374 米，为全国最高峰。东部平原的呼和湖盆地海拔 532 米，为全国陆地最低点。

蒙古国地广人稀，自然条件差，气候较恶劣。蒙古国的地质结构复杂，地形以高原为主，山区众多，平原面积相对较少，西部地区主要以山区和森林为主，中东部以草原和沼泽为主，南部地区以戈壁荒漠、草原和半荒漠草原为主，主要有森林地带、草原地带和荒漠地带三类，由北向南大体可划分为高山草地、原始森林草原、草原和戈壁荒漠等植被带。[②]蒙古国由于气候与地貌的特征，水资源分布很不均匀，河流与湖泊的来源主要是靠春、夏、秋三季的雨水补给。

（二）蒙古国的生态环境状况

蒙古国的天然草原面积大，是世界上重要的草原畜牧业生产国之

---

① 内蒙古自治区环境保护厅编：《内蒙古自治区环境状况公报》，2015 年。

② 李晶主编：《"一带一路"国家国情·蒙古国》，经济管理出版社 2018 年版，第 2 页。

一。首先,蒙古国的牧户一直采取传统的粗放式饲养模式,在没有充分考虑草场承载能力的情况下盲目扩大牲畜饲养量,导致草牧场退化严重;其次,受干旱、虫害、火灾等自然灾害的影响,加上人为地对草原盲目、不科学地开发利用和破坏,而政府没有及时进行保护和治理,导致草原荒漠化、土壤退化沙化、湿地面积缩减、风蚀沙化和水土流失加剧等,因此草原对防止土地沙化退化的屏障作用在减弱,生态系统平衡受到严重威胁。

蒙古国是世界第二大内陆国家,干旱带约占90%的土地面积,蒙古国是亚洲荒漠化现象较严重的国家之一。蒙古国自然环境和旅游部提供的数据显示,2016年蒙古国76.8%的土地遭受了不同程度的荒漠化、沙化,南戈壁、中戈壁、东戈壁等地区已经是干旱荒漠地区,而且荒漠化以较快的速度向包括东方省、肯特省等优良草原地带在内的其余地区蔓延。[①] 如果再不加强治理,有进一步扩展的趋势,将可能与内蒙古的锡林郭勒乌珠穆沁沙地、呼伦贝尔沙地,浑善达克沙地相连,构成蒙古高原东部大面积的沙地,将会带来跨境地区的重大生态安全隐患。有蒙古国专家提出,如果不加大防治荒漠化工作力度,除北部库苏古尔省和东部肯特省的少部分地区外,蒙古国其余地区将面临严重荒漠化威胁。因此加强生态治理,有效遏制荒漠化,减少荒漠化面积是蒙古国目前亟须解决的生态环境问题。

三 俄罗斯整体生态环境状况

(一) 俄罗斯的地理特质及特点

俄罗斯是世界上领土面积最大的国家,总面积为1707.5万平方公里,位于欧亚大陆的北部,其中1/4部分位于欧洲,处于欧洲的东半部;3/4部分位于亚洲,处于亚洲的北部,以西伯利亚的乌拉尔山脉作

---

① 杨涛:《近八成土地遭受不同程度荒漠化,蒙古国防沙治沙遇瓶颈》,《人民日报》2017年6月26日。

为两大洲的分界线，东西跨度最长 9000 多公里，南北跨度最宽达到 4000 多公里。①

俄罗斯的地理位置处于北纬 70 度—北纬 50 度，从最西北地区的海洋性气候，到西伯利亚的强大陆性气候和远东的季风气候，全国自北向南依次位于寒带、亚寒带和温带气候带，俄罗斯大部分地区属于四季分明的北温带，属于温带大陆性气候，年温差大，冬冷夏热，降水集中。② 但水资源总体分布不均匀，北部人口稀少地和东部寒冰地区密布着众多的河流，约占俄罗斯水资源分布总量的 88%，而南部和西部集中了全国大部分人口和工农业，水资源却只占了 12%。③

俄罗斯的地形以复杂多样为特点，绝大部分以平原地形为主，占国土面积的 3/4，大部分被森林所覆盖，国土总面积的 60% 是丘陵、低地和平原，高原、山脉分别占 20%。高原和山脉蕴藏着非常丰富的矿藏资源，也是众多河流的发源地。地势东高西低，南部和东部为高山地带，东部的草原和山地主要有中西伯利亚高原、南西伯利亚山地、东西伯利亚山地和远东山地，有三大平原，分别是东欧平原、西西伯利亚平原和中西伯利亚高平原，乌拉尔山将俄罗斯平原同西西伯利亚平原分开。东西伯利亚和远东地区以丘陵和山地为主。④

俄罗斯的气候差异表现在气候类型上，自北向南是逐渐变化的，自然带依次分别为北极荒漠带，苔原带（冻土地带）、森林冻土带、森林带、森林草原带、草原带、半荒漠带、沙漠带、亚热带。⑤ 北极荒漠带位于北冰洋诸岛，冬季漫长而寒冷，这里的植被极其稀少，只有很少的苔藓和地衣。有的地方甚至寸草不生，没有灌木，海豹、海象和

①　李晶主编：《"一带一路"国家国情·俄罗斯》，经济管理出版社 2017 年版，第 2 页。

②　同上。

③　同上书，第 12 页。

④　李英男：《俄罗斯地理》，外语教学与研究出版社 2005 年版，第 99 页。

⑤　李晶主编：《"一带一路"国家国情·俄罗斯》，经济管理出版社 2017 年版，第 4 页。

白熊在这里生存。冻土带苔原带几乎占俄罗斯领土面积的 1/5，属于亚寒带气候，大部分地区被冰雪覆盖，地表为苔原沼泽，在湿润的地方有各种苔藓、云莓、沼泽草生长。森林带位于冻土带以南，北极圈至北纬 50 度，从西部边界几乎绵延至太平洋沿岸的广大地区，占俄罗斯领土面积的 60% 以上，是俄罗斯面积最大的自然带，也是世界上面积最大的森林区之一。① 森林草原带和草原带分布在俄罗斯欧洲部分南部和西西伯利亚南部，面积相当于冻土带和森林冻土带面积的总和，森林草原带和草原带的土壤是肥沃的黑土，草原带的大部分土地都已经被开发成农田，粮食产地集中在这里，俗称"俄罗斯的粮仓"。半荒漠带和沙漠带位于里海沿岸和前高加索东部地区，气候特点是气候干燥，雨水稀少，冬季短暂而寒冷，夏季异常炎热，植物稀少，多为矮小灌木。

（二）俄罗斯生态环境状况

近十年来，俄罗斯生态环境状况不容乐观，污染和破坏加剧。俄罗斯是世界上最大的森林国家，占世界森林面积的近 20%，但近年来森林资源不断减少，特别是针叶树的蓄积量正在快速减少，乌拉尔山脉和远东地区减少趋势更为明显，主要原因是人为采伐和森林火灾。进入 20 世纪 90 年代，有些森林遭到集中采伐，在哈巴罗夫斯克地区较早进行采伐的地方，森林资源枯竭加剧，陷入不能持续采伐的困境。再加上受火灾频繁的影响，森林资源受到极大破坏。2006 年俄罗斯林业部门登记了 2.5 万多起森林火灾，受灾面积达 130 万公顷。2007 年 8 月，赤塔州因森林大火，宣布进入紧急状态。仅 2007 年这一年俄罗斯森林发生火灾的受灾面积就超过了 5 年来的平均水平。②

河流湖泊也遭受了不同程度的污染。俄罗斯河流污染严重，河流中的铜、铁浓度严重超标，其中鲁德纳亚河污染程度最为严重，主要是采矿业产生的废水未经排污处理，就直接排入该河造成的水质污染。

---

① 李英男：《俄罗斯地理》，外语教学与研究出版社 2005 年版，第 101 页。
② 范纯：《俄罗斯的环境危机与法律对策》，《俄罗斯中亚东欧研究》2008 年第 2 期。

由于受船舶废油、有机物和金属化合物等污染物的影响，哈巴罗夫斯克南部地区的河流水质也受到不同程度的污染，达不到环境检测标准。贝加尔湖因富含生物的多样性而著称。但目前的状况也令人担忧。受贝加尔湖周边水力发电、森林采伐、农业移民和工厂的影响，生态环境发生破坏性变化。[①] 俄罗斯欧洲部分人口分布较为密集的地区，河流的污染较严重。《2015 年俄罗斯联邦环境状况与环境保护国家报告》的数据显示，伏尔加河流域水质处于重度污染水平，个别的支流还存在极重度污染情况，主要超标污染物有亚硝态氮、铜、铁和锰等。主要河流水质类别呈"污染"至"重度污染"的断面比例较大。此外，俄罗斯还存在排污量大、污水处理效率低、污水处理的基础设施老化且更新慢、流域管理不集中等突出问题。[②]

亚洲区域大气污染严重。从俄罗斯空间分布看，亚洲区域尤其是远东地区与乌拉尔地区，污染现象最为典型，但从全球来看，俄罗斯的空气质量并不是很严重。空气污染严重的城市，大多以石化、冶金、化工等作为支柱产业。污染来源主要是工业气体排放和汽车尾气。2015 年，俄罗斯城市污染程度排名中，在亚洲区域的 11 个城市中污染程度最高。二氧化硫、固体悬浮颗粒、一氧化碳、二氧化氮等比较典型的污染物的影响程度相对减少，新型污染物如甲醛、炭黑等对大气污染的影响越来越突出。俄罗斯大气污染在污染物浓度上总体呈现下降的趋势。《2015 年俄罗斯联邦环境状况与环境保护国家报告》显示，2011—2015 年，悬浮物、二氧化硫、二氧化氮和一氧化氮的总排放量都有所减少，浓度有所下降。[③]

---

① 范纯：《俄罗斯的环境危机与法律对策》，《俄罗斯中亚东欧研究》2008 年第 2 期。
② 张扬、谢静、李菲：《俄罗斯：多领域多手段抓环境治理》，2017 年 8 月 29 日，中国环境网（https://www.cenews.com.cn/news/word/201708/t20170829_848831.html）。
③ 同上。

第二节 中蒙俄三国自然资源状况

本节将分别介绍中国的自然资源状况、蒙古国的自然资源状况、俄罗斯的自然资源状况。

一 中国的自然资源状况

（一）土地资源

我国国土空间大，但其中 2/3 的国土为承载力差的山地，适宜人居发展、工业城市建设和耕地的土地空间仅为 180 多万平方公里。耕地面积从 1996 年的 19.51 亿亩减少到当前的 18.26 亿亩，呈现出"一多三少"的特征，即总量多、人均耕地少、高质量的耕地少，可开发后备资源少。根据全国第二次土地侵蚀遥感调查，我国水土流失面积为 356 万平方公里，沙化土地 174 万平方公里，每年流失的土壤总量达 50 亿吨，荒漠化土地面积大、分布广、危害严重。北方地区沙漠、戈壁、沙漠化土地已超过 149 万平方公里，约占国土面积的 15.5%。[①]

（二）森林资源

《2015 年中国环境状况公报》的数据显示，我国现有森林面积 2.08 亿公顷，森林覆盖率为 21.63%，活立木总蓄积量 164.33 立方米。我国的森林覆盖率是全球平均水平的 2/3，排在世界第 139 位，人均森林面积 0.145 公顷，不足世界人均占有量的 1/4，人均森林蓄积量 10.151 平方米，只有世界人均占有量的 1/7。我国森林草原植被覆盖率整体不高，许多主要林区森林面积大幅度减少，全国森林采伐量和消耗量远远超过林木生长量。特别是长江流域的森林资源锐减，上游森

---

① 邬晓燕：《中国生态修复的进展与前景》，经济科学出版社 2017 年版，第 11 页。

林覆盖率由新中国成立初期的30%—40%，下降到现在的10%左右。[①]

（三）水资源

我国的江河、湖泊众多，根据国务院第一次全国水利普查的结果，流域面积在50平方公里及以上的河流共45203条，总长度达150.85万公里，湖泊水总面积7.80万平方公里。我国人均水资源量2173立方千米，仅为世界人均的1/4，比人均耕地占比还要低12个百分点。水资源的供需矛盾比较突出，全国年平均缺少量500多亿立方千米，2/3的城市缺少水资源。由于粗放式地利用水资源和对水资源的过度开发，引发了一系列生态环境问题。水体污染严重，水功能区水质达标率仅为46%，2010年2/3的湖泊富营养化。[②] 因此人多水少、水资源时空分布不均是我国的基本国情和水情，水资源短缺、水污染严重、水生态恶化等问题突出。随着工业化、城镇化的深入发展，水资源需求量将在较长一段时期内持续增长，水资源供需矛盾将更加尖锐，我国水资源面临的形势将更为严峻。

（四）植物资源

我国是世界上生物多样性最为丰富的国家之一，拥有森林、灌丛、草甸、草原、荒漠、湿地等地球陆地生态系统，以及黄海、东海、南海等海洋生态系统，拥有高等植物34984种，居世界第三位。其中特有植物种类17000余种，种类繁多，例如银杉、珙桐、银杏、百山祖冷杉、香果树等均为我国特有的珍稀濒危野生植物。有药用价值的植物种类11000余种，又拥有大量的作物野生种群及其近缘种，是世界上栽培作物的重要起源中心之一，还是世界上著名的花卉之母。但由于长期以来对于野生植物资源的过度开发利用，加之环境变化等多种因素的影响，使我国野生植物面临资源锐减、生境恶化、分布区域萎缩、部分物种濒危程度加剧等严峻形势，有关资料显示，我

---

① 邬晓燕：《中国生态修复的进展与前景》，经济科学出版社2017年版，第10页。

② 同上书，第14页。

国目前已有4000多种植物生存受到各种威胁，其中1000多种处于濒危态势。①

（五）野生动物资源

我国野生动物资源不仅种类丰富，还具有特产珍稀动物多和经济动物多两大特点。陆生脊椎动物种类达2100多种（哺乳类450多种、鸟类1180多种、爬行类320多种、两栖类210多种），占世界这类动物种数的10%以上，是世界上拥有野生动物种类最多的国家之一。有关数字统计：我国有大熊猫、金丝猴、白鳍豚等特产珍稀动物100多种；有熊、猕猴、马鹿、麝、狍子、野猪、黄羊等经济动物400多种。② 种类繁多的野生动物是我国一项宝贵的自然资源。但由于资源过度利用、栖息地破坏、外来物种入侵、环境污染等因素，使生物多样性破坏的程度不断加剧。

（六）矿产资源

我国矿产资源丰富，种类较为齐全，已发现矿种171种，已探明储量的有156种，中国有45种优势矿产，有25种矿产储量居世界前三位。其中8种矿产储量更是世界第一。如稀土、钨、锡、钼等的储量相当丰富，处于世界前列，钨资源量占世界总量的43%，主要集中在华南地区。中国也是世界上铜矿较多的国家，总储量居世界第7位。铅锌矿资源储量也比较丰富，都居世界第4位。我国也是一个能源生产大国和消费大国，拥有丰富的矿产资源和化石能源资源。煤炭的探明剩余可采储量约占全世界的13%，列世界第3位。石油资源总量达到1257亿吨，已探明储量34.3亿吨左右，占全球储量的1.01%，已探明储量在世界上排名第14位。

---

① 《中国野生植物资源》，2006年9月24日，中国林业网（http：//www.forestry.gov.cn/portal/main/s/58/content－92.html）。

② 《我国野生动物资源的现状》，2016年5月13日（http：//uzone.univs.cn/special/2129/176/show/5668.html）。

二　蒙古国的自然资源状况

（一）土地资源

蒙古国地处中国和俄罗斯之间，东、西、南三面与中国接壤，北邻俄罗斯，土地辽阔，总面积 156.65 万平方公里，是位于亚洲中部的一个中纬度国家。人口密度低，每平方公里 1.47 人，土地利用总面积为 15646.64 万公顷，其中农牧业用地占 80%。[①]

（二）森林资源

蒙古国的森林资源主要分布于肯特、库苏古尔、杭盖、阿尔泰、汗呼赫山脉等地区。森林面积达 15.3 万公顷，占国土面积的 10% 左右，全国树种达 140 多种，主要是落叶松，约占 72%，雪松占 11%，松树占 6%，其余还有桦树、杨树、红杨树等。蒙古国的森林资源在过去 20 年里减少了 120 万公顷，约占总面积的 8%，火灾是导致森林资源减少的主要因素。病虫害也是造成森林资源减少的原因。每年由于病虫害大约造成 0.4 万—15 万公顷的森林资源损失，年平均森林资源损失约为 8.2 万公顷。[②]

（三）水资源

蒙古国的水资源比较缺乏，属于世界上水资源缺乏的国家之一，每平方公里的平均水资源在世界平均水平之下，仅为 2.2 万立方米。蒙古国境内河流 88% 为内流河，总长约 6.7 万公里，河流的平均年径流量为 390 亿立方米。湖泊水资源量达到 1800 亿立方米，地下水资源量为 120 亿立方米，地下水资源是主要水源，蒙古国用水量的 20% 是来自地表水源，80% 来自地下水源。[③] 但由于自然和人为因素的污染破

---

① 李晶主编：《"一带一路"国家国情·蒙古国》，经济管理出版社 2018 年版，第 7 页。

② 同上书，第 12 页。

③ 同上书，第 7 页。

坏，水资源一直在快速减少，再加上水资源不连续、不均衡的分布，水资源不足成为制约经济社会发展的一大问题。

（四）植物资源

蒙古国的植被主要有北部的西伯利亚针叶林、南部的中亚草原和荒漠植物，植物种类数量较少，高等种子植物共计2251种，苔藓植物共计293种；地衣植物共计570种；蘑菇植物共计218种；藻类植物共计574种。[①] 山地泰加林带的植物基本上由雪松、落叶松组成，荒漠地带主要植物有蒙古茅草、科尔金斯基茅草、戈尔嘎诺夫旋花、格鲁保夫针叶棘豆等独特品种。戈壁绿洲只分布在阿尔泰、前戈壁、东部荒漠。这里胡杨、山川柳、沙枣、菖蒲、芨芨草、看麦娘等植物占生存优势。

（五）野生动物资源

蒙古国辽阔的国土分为森林地带、草原地带、荒漠地带，各地带野生动物的种类和数量互不相同，具有捕猎价值的有将近60种哺乳动物、50种鱼类、90种鸟类，哺乳动物中70%为毛皮动物，受到国家保护的珍稀动物也不少。从20世纪90年代开始，蒙古国采取措施拯救濒危的野生动物，致力于保护本国的自然资源。目前蒙古国国内已建立自然保护区49个，总面积达1800多万公顷，覆盖率达12%。其中面积最大的达530多万公顷，最小的也有1600公顷。[②]

（六）矿产资源

蒙古国是矿产资源大国，矿藏蕴藏量排在世界前20位，且未进行过大规模的勘探开发。已经探明的有铜、钼、金、银、铀、铅、锌、铁和煤等80余种矿产，煤蕴藏量约为500亿—1520亿吨，萤石蕴藏量约为800万吨，铁为20亿吨，磷为2亿吨，铜为800万吨，钼为24万吨，锌为6万吨，金为3000吨，银为7000吨，石油为15亿桶。金矿

---

① 李晶主编：《"一带一路"国家国情·蒙古国》，经济管理出版社2018年版，第12页。

② 同上书，第9页。

主要是砂金矿，藏量较丰富。黑色金属和耐高温金属矿藏已经查明的品类有铁、锰、铬、钨、钼等。主要的铁矿产地有特术尔陶勒盖、巴彦高勒、塔米尔河地区。蒙古国萤石矿产地较多，其中最大的是贝尔赫萤石矿区，磷矿大多分布于库苏古尔山脉以南至库苏古尔山脉以西几百公里，还有丰富的稀有宝石矿藏，目前已被开发的有水晶、绿宝石、紫晶、绿松石等。另外，还有部分石棉、石墨、云母的矿产地分布。在燃料资源方面，石油、煤、油页岩的产地分布较为分散，南戈壁省和东戈壁省的大湖谷地区都是石油储量丰富的地带，已探明的煤矿矿藏有数百处，其中包括塔本陶勒盖、哈尔塔尔巴嘎泰、阿其特诺尔、巴嘎诺尔、奥乌都格胡达克、乌拉瑙窝等几大煤田。

三　俄罗斯的自然资源状况

（一）土地资源

俄罗斯是世界上国土面积最大的国家，并且大部分都处于北纬50—70度的范围之内，土地面积占地球陆地面积的1/7，俄罗斯人均土地占有量是11.5公顷，在世界排第一位。俄罗斯的平原面积大，约占全俄罗斯面积的一半，农业用地平坦、肥沃、规模大，并且国土跨三个气候带，广袤的土地和多样的气候为俄罗斯农业发展提供了重要的自然物质基础。俄罗斯农业用地面积为2.2亿公顷，占俄罗斯土地的13%；其中耕地面积约为1.34亿公顷，占全国土地面积的6%。[①] 俄罗斯的耕地主要分布在俄欧部分和乌拉尔山南部以及西伯利亚南部地区。西伯利亚南部地区包括伏尔加河流域区的东北部、乌拉尔区的南部、西西伯利亚的南部，其土壤为肥力较高的黑钙土和栗钙土，是俄罗斯主要的商品粮基地，也是俄罗斯主要的畜牧基地之一。

（二）森林资源

俄罗斯的森林资源丰富，覆盖率达43.9%，森林面积达到7.49亿

---

① 李英男：《俄罗斯地理》，外语教学与研究出版社2005年版，第101页。

公顷，约占世界森林总面积的 1/5，植被种类繁多。① 繁茂的森林资源带来了丰富的木材资源。俄罗斯的木材蓄积量占世界总量的 1/4，仅西伯利亚和远东地区就达 600 亿立方米，居世界首位，尤以西伯利亚、远东地区和欧洲北部的森林资源最丰富。在南部山区，种类繁多的植被依纬度走向分布。

（三）水资源

俄罗斯拥有各种内陆水形式的水资源，河流、湖泊、地下水、冰川、多年冻土、沼泽、水库、运河等共同构成俄罗斯丰富的水资源，最主要的水资源是河流。俄罗斯境内河流总长度为 960 万公里，流量仅次于巴西，居世界第二位。俄罗斯境内共有河流 250 万条，湖泊 300 万个，拥有世界上最大的湖——里海，最深的湖——贝加尔湖。水资源虽然从数量上遥遥领先，人均占有量是中国的 12 倍，但是分布不均衡。人口稀少的北部和东部寒冰地区分布着众多的河流，约占俄罗斯水资源总量的 88%，而南部和西部，虽然集中了全国大部分人口和工农业生产，水资源却只占了 12%。②

（四）植物资源

俄罗斯远东地区的草本植物种类最为丰富，有 1900—2000 种，木贼纲、石松纲、真蕨纲等植物有 2.5 万—3 万种，还有遍布森林、沼泽和苔原中的苔藓植物。③ 在俄罗斯平原，特别是乌拉尔山以东地区，自东向西划分为 4 个植被区，其中 3 个针叶林带，占全球森林面积的 1/3，大约有 5000 公里长、1000 公里宽，分布着云杉、落叶松和白桦林之类的典型俄罗斯植物。

---

① 李晶主编：《"一带一路"国家国情·俄罗斯》，经济管理出版社 2017 年版，第 7 页。

② 同上书，第 12 页。

③ 同上书，第 8 页。

（五）野生动物资源

俄罗斯广袤的国土，多样的气候和复杂的自然带，为野生动物的栖息提供了天然的条件。各自然带之间逐渐过渡，动物繁衍生存。像北极荒漠带，常见的动物有白熊、海豹和海象等；冻土带的动物种类丰富，北方鹿、北极狐和极地猫头鹰比较常见；俄罗斯的原始森林，是熊、狼、鹿、狐狸、北极狐的栖息地；草原带的动物与森林带的截然不同，主要是各种小型啮齿动物（黄鼠、原仓鼠等）和草原鸟类；半沙漠带是绵羊、骆驼和马匹等的良好牧场，大型动物常见的是羚羊等。

（六）矿产资源

俄罗斯的矿产资源种类多，蕴藏量大，俄罗斯是世界上少有的几个资源自给自足的国家之一。矿产的分布与俄罗斯的地形特征紧密相关，俄罗斯广阔的面积、复杂的地形为丰富的矿产提供了条件。在这个天然的矿产仓库中，俄罗斯的矿产资源潜力巨大，拥有世界上37%的矿产资源，已发现和探明的矿产地有2万多处。俄罗斯的矿产资源如煤、石油、天然气、铁、锰、铜、锌、镍、钴、钒、钛、铬等的储量均名列世界前茅。多数矿产储量居世界前列，铁矿、金刚石和锑矿、锡矿探明储量居世界第一位，铝矿储量居世界第二位，金矿储量居世界第四位。其他的一些矿产储量也占世界总量较大的份额。俄罗斯的矿产资源绝大部分集中分布在东部的西伯利亚与远东地区，该地区蕴藏着全俄罗斯80%以上的矿产资源，是俄罗斯主要的矿物原料基地。俄罗斯主要的煤炭资源分布在库兹巴斯、坎斯克—阿钦斯克煤田和伯朝拉煤田，主要的冶金基地在库尔斯克地磁异常区、乌拉尔基地和西伯利亚基地。石油探明储量65亿吨，占世界探明储量的12%—13%，天然气已探明蕴藏量为48万亿立方米，占世界探明储量的1/3，居世界第一位。

第 四 章

发掘蒙古族游牧文化生态思想,助力中蒙俄草原生态文明建设

　　游牧文化是一种生产生活方式,也是与此相适应所形成的思想观念。蒙古族游牧文化的精髓,是遵循自然规律,实现人与自然的和谐相存。蒙古族游牧文化中的生态思想内容非常丰富,蒙古族牧民在生产中有四季草地的利用标准,有转场中的环保习俗,有畜群结构和家畜数量的控制;生活中有对水体保护、树木资源保护和野生动物保护的习俗;狩猎活动中有狩猎目的、狩猎时间、狩猎对象和狩猎活动的管理的习俗和禁忌;蒙古族丧葬习俗表现为对草地资源的保护等。总之,蒙古族在衣、食、住、行等方面的最大特点是讲求实用,力求做到“取之有道,用之有度”,有限度地向自然索取是维护生态平衡的前提。蒙古族在游牧生产生活中领悟到,大自然是包括人类在内的万物赖以生存的摇篮,人与自然水乳交融、密不可分。这一切可概括为蒙古族尊重自然、敬畏生命、以环境为根、生命为本、人与自然和谐共存的生态思想理念。

　　蒙古高原包括蒙古国全部、俄罗斯南部和中国北部部分地区。蒙古高原居住的主体民族是蒙古族,蒙古族作为一个游牧民族,其人民有着共同的经济生活基础,在这种经济生活基础上形成的伦理道德、宗教、哲学、从习惯法到成文法都是类同的。内蒙古与蒙古国文化背景、风俗习惯有历史和现实的多元联系,且共同生活在一个“草原经济带”。蒙古族历史以来形成的游牧经济本身是生态化的经济生活,在

这种生态化的经济生活基础上生成的意识形态、上层建筑都是围绕保护生态发挥作用的。在蒙古族整个文化体系中，生态文明是其核心，环境是其生存的生命线。在他们长期的适应环境过程中形成了根深蒂固的生态环境保护思想。如游牧民族信奉的萨满教就崇拜自然，认为"长生天"是自然界最高的神。人们敬畏大自然，忌讳任何伤害神灵和大自然的行为。蒙古国的宪法在 20 世纪 90 年代就明确了公民环境权，赋予公民参与环境事务、保护环境的法律权利，民众的环境意识与权利意识也极强。因此，中蒙俄三国都有着传承下来的、根深蒂固的、极其强烈的环保意识，发掘蒙古族游牧文化生态思想，助力开展草原生态文明建设为中蒙俄人民的共同夙愿。

第一节　蒙古族游牧文化生态思想的发掘

2013 年习近平总书记提出了"一带一路"的建设构想，借用古代丝绸之路的历史符号，积极发展与沿线国家的经济合作伙伴关系，共同打造政治互信、经济融合、文化包容的利益共同体、命运共同体和责任共同体，构建合作共赢的世界经济新秩序。在"一带一路"建设中，基于地缘格局的草原丝绸之路演进成"中蒙俄经济走廊"。草原丝绸之路，是古丝绸之路四条通道之一，是蒙古草原地带沟通欧亚大陆的商贸大通道，在它的发展过程中，曾经对东西方之间的经贸文化交流、民族融合等方面产生了深远的影响。纵观历史，草原丝绸之路的形成是北方草原游牧文化在特定历史条件下的产物。独特的文化空间，为最早向西开启草原丝绸之路提供了优越的自然条件；特定的文化特征，为最早向西拓展草原丝绸之路奠定了文化交流基础。同时，草原游牧民族具有宽广豁达和兼容并蓄的民族性格，在草原丝绸之路上曾经担当文明的使者，为草原丝绸之路的开通做出了极大的贡献。

蒙古族作为蒙古高原分布最广、影响最深的游牧民族，在其长期的游牧生产中，为被动适应和主动应对蒙古高原非平衡生态系统而形成的生态思想是蒙古族游牧文化的核心内容。游牧是一种生产方式和生活方式，更是一种文化形态，是生活在蒙古高原上的游牧民族，为了适应蒙古高原非平衡生态系统而不断做出选择和调整的生产生活方式，以及由此产生的文化形态的汇总。蒙古族游牧文化"崇尚自然、践行开放"，坚持"开放、包容、透明"，是一种开放性的理念。这种理念同构建人类命运共同体的生态文明思想具有完整的逻辑统一性。蒙古族游牧文化的显著特征之一为游牧民族的生产、生活中处处体现着人与自然环境的和谐一体。蒙古族游牧文化生态思想的现代价值，并不是它创造了先进的工具、技术等，而是在于它为世界提供了人与自然和谐共处的思维方式与价值理念。

一 蒙古族游牧生产方式中的生态思想

游牧业，或传统草原畜牧业，是指"居无定所，带着畜群逐水草而游动放牧"的畜牧业，是草原民族在驯化和经营草原"五畜"实践中不断摸索和完善的，适合北方干旱半干旱草原生态特点的生产方式，是游牧生产方式的最集中体现形式。它是一种以牧民、家畜和自然三要素构成的特殊的生产方式，这种生产方式通过家畜对自然的适应程度来协调人与自然的关系。[1] 草原牧民在经营畜牧业生产过程中，不断摸索草地生态系统变化规律和草原五畜自然生产规律，发展出草牧场利用和保护、牲畜放养和管理，以及人—畜—草相互和谐共处的复杂而有效的畜牧业生产制度，并使其升华为生态思想。

(一) 草牧场保护中的生态思想

草原生态是蒙古族游牧生产的基础。蒙古族经营的游牧业（或称草原游牧业）与草的关系犹如鱼水关系，没有了广阔草原提供的牧草，

---

① 宝力高编：《蒙古族传统生态文化研究》，内蒙古教育出版社 2007 年版，第 21 页。

草原游牧业就不可能存在。因此，保护草原生态，保证牧草供应源源不断是经营草原游牧业的根本，何况在蒙古族牧民眼里草原不仅是牧场，更是家园，是生育养育他们的母亲，是神圣的，是不可侵犯的，是他们的世界，他们只是其中一分子。所以，保护草原、合理利用草地资源成为蒙古族游牧民的一种职责，是其与生俱来的本性。

（二）草牧场利用中的生态思想

游牧生产中，草牧场的利用方式不是盲目的、随机性的，而是有计划、有规律地利用。在长期游牧实践中，蒙古族游牧民根据草场类型、年景、生产需要总结出了一整套井然有序、颇有效率的草牧场利用方式，从而达到对草牧场的充分利用和有效保护，其中包括对草牧场的分季利用、走敖特尔利用、撂荒和永久性禁牧、开发新牧场、预留打草等不同的利用方式，形成了错综复杂且行之有效的生态思想，是蒙古族游牧文化之生态思想的核心部分。

其中，根据季节更替、草场类型，实行季节性轮牧是蒙古族游牧生产方式的核心思想。在游牧生产活动中，蒙古族牧民根据不同草场在气候、牧草、地形、降水及盐、碱等地貌特点上的不同，把放牧场分成春、夏、秋、冬四季营盘，并随着年景不同、季节不同在四季营盘之间选择不同的游牧时间、游牧路线和游牧地点。在这种游动放牧的生产经营活动中，牧民一方面注重草原"五畜"的发展，充分利用草场、水资源等自然资源；另一方面保护生态、珍惜资源，重视自然资源的可持续利用。牧民的这一双重目的的生产实践活动，对善待自然、珍惜资源、保护生态的基本理念的形成以及生态观的构建起到了重要作用。[①] 有专家甚至认为"四季游牧就是为了减轻草原和草场的人为压力的一种文化生态样式，它确保了牧草和水源的生生不息和永不枯竭"[②]。

① 宝力高编：《蒙古族传统生态文化研究》，内蒙古教育出版社 2007 年版，第 18 页。

② 李·吉尔格勒：《游牧民族传统文化与生态环境保护》，《广播电视大学学报》（哲学社会科学版）2001 年第 4 期。

除此之外，在蒙古族游牧生产方式中还有预留打草场、撂荒和永久性禁牧等草牧场利用过程中必然遵循的生态觉悟。比如在游牧生产中，打草是草牧场利用的另一种方式，往往从春末夏初开始，预留的打草场禁止牧民放牧。由于草场类型不同、气候条件不一，各地打草时间略有不同，但一般都在牧草开花却未结籽以前打草，以保证牧草营养价值。同时，为了保护牧草长势和种类，打草时会留一部分地上根基，每年也会轮耕打草场。

再如，游牧生产活动中时有草牧场"撂荒"现象。"撂荒"是指临时放弃原放牧场的使用，游牧到他乡或附近可放牧的草场，使原放牧场自然恢复。其中临时弃牧并非指一个季度或几个月的时间，而是指两年及以上时间内在原放牧场不得放牧。在游牧生产过程中撂荒现象时有发生，但由于四季轮牧一般只是局部放牧场而非全部放牧场。当然，也有永久性禁牧现象，某些水源地、敖包、山岩等周围四季禁止放牧、打猎，或某些草场为王公贵族专门狩猎场而不得放牧等。然而因宗教、信仰或权力等原因永久性禁牧的这些草场得到了特殊保护，当遇到特大旱灾、雪灾或其他特殊灾难时，得到王公贵族、喇嘛的批准后方可利用，以解一时困难。这种有戒尺的利用草牧场的生产方式，既给草牧场提供了休养生息的机会，也给畜牧业发展提供了应有的保障，充分体现了人与自然的和谐发展的生态观。

总之，保持动态平衡和适度利用是传统草原畜牧业草牧场利用过程中始终坚持的两条原则，是草原牧民在与草原生态千百年的相互影响、相互适应过程中总结出来的最根本的生态思想。

（三）牲畜放养管理中的生态思想

在游牧生产的"人畜草"相结合的生产体系中，牲畜占据着非常重要的位置。对蒙古族游牧民而言，牲畜既是其生产资料，也是其生活资料；对草原而言，牲畜既是草原生态系统的组成单元，也是牧人与草场物质与能量交流的媒介。在数千年的游牧生产活动中，蒙古族游牧民积累和总结了分群管理、适宜性放牧、目标性放牧等许许多多的牲畜放牧管理方面的技术和方法，其中渗透着蒙古族游牧民最深厚的生态理念。

在畜牧业发展初期，牲畜基本上是随机的、混合放牧。而随着牲畜头数和种类的增多，随机的、混合放牧不能满足各种牲畜之间的差异性需求，蒙古族游牧民开始观察并逐步掌握了他们所饲养的"五畜"之间不同的采食要求和采食习性，采取了不同牲畜之间的分群管理方式，按不同畜种、成幼、公母、膘情和特殊需要把牲畜分成不同的群。

适宜性放牧是根据牲畜对不同环境的适应性、采食习惯、生产特点等，选择不同的草牧场和不同的放牧方式。比如根据牲畜对不同环境的适应性选择不同的放牧场：马适合放养在以禾本科植物为主的高岗草场；牛适合放养在以芨芨草为主的谷地草场；绵羊适合放养在以细嫩草为主的平坦的草原；山羊适合放养在以灌木丛为主的土壤层薄且植物稀疏的荒漠戈壁草地；骆驼则适合放养在以纤维多的植物为主的沙地或干旱的戈壁滩。

蒙古族游牧民这种分群管理、适应性放牧和目的性放牧组成了传统游牧业经营管理的核心，它遵循了大自然的生态位法则，也发挥了游牧民掌握自然规律、生物特点的主观能动性，是自然规律与人类认识高度结合的产物。

二　蒙古族游牧生活方式中的生态思想

生活方式的形成和改变，离不开其生产方式。"逐水草而居"的蒙古族游牧生产方式决定其与之相适应的衣、食、住、行等物质生活方式，以及消闲娱乐、社会交往、待人接物等精神生活方式。其中蒙古族游牧民衣、食、住、行等物质生活作为精神生活的基础，也蕴含着丰富多样的生态知识和生态智慧。蒙古族不焚烧草木，而是就地取材，捡拾动物的粪便来生火做饭，或者燃烧取暖来度过严寒的冬天；喜欢居住在环保而又方便转场的蒙古包，出行时尽量避免践踏草场。水源在草原上十分宝贵，游牧民族素来有保护水资源的习惯，在文献典籍中有明确的记载，比如禁止人们直接把手浸入水中，取水时必须使用器皿，禁止在水源中便溺，违者给以严厉的惩处。由此可见，在蒙古族的日常生活中存在着很多保护生态环境的习惯或者民族禁忌。

(一) 蒙古族获取食材方式中蕴含的生态思想

蒙古族传统饮食主要分为肉食、奶食和谷物类食品三大类，尤以肉食和奶食为主。其中，肉食主要以牛、羊肉为主，不同区域也有食用驼肉、马肉的习惯。同时，也以猎获物，如兔、鹿、野猪、黄鼠、黄羊、野马等为食。在获取上述肉食的过程中，蒙古族游牧民很少食用未成年的牛羊幼崽，更不食用骑乘、役用多年的牛马，甚至摘其套索，放归自然，不得任何人再骑乘、役用、伤及。而在野生动植物资源的获取上更是如此。早期，蒙古族游牧民的狩猎方式大致分为集体围猎和个人打猎两种，无论是哪一种狩猎方式都不允许乱捕滥杀，都有严格详尽的规定和守则。从不猎取皮毛未长成或受胎及哺乳期的雌性动物。夏季一般不会进行围猎。进行围猎时不会赶尽杀绝，而故意放走适量的雌性动物和崽畜，即使没有崽畜或受胎及哺乳期的雌性动物，也会放走一部分动物，以保证野生动物的繁衍，保持一种生态平衡，等等。

受特殊的生态条件所限，蒙古高原不适宜发展农耕生产，除了蒙古糜子等谷物通过漫撒子形式种植获取外，更多的食品是通过交换获得。为调节单一的饮食结构，蒙古族游牧民会采集野生植物作为辅食，比如沙葱、野韭（多种）、蘑菇、黄花葱、麻叶荨麻、野蒜、沙芥、沙蓬、锁阳、地皮等几十种。在采集食用这些野菜野果的过程中，蒙古族游牧民有十分严格的规矩规则，对什么时节采集、如何采集才既不浪费自然资源也有利于资源再生等都有不成文的法则。这种草原生态系统中的万物相互依存的知识和相关规矩代代相传，贯穿蒙古族游牧民日常采集、饮食习惯上，并在实践中不断得到丰富和完善，对保护蒙古高原脆弱的生态环境起到了重要作用。

（二）蒙古袍与蒙古高原生存环境的适应

蒙古袍是蒙古族游牧民最具特色且最实用的服饰。蒙古袍肥大的下摆一直垂到靴子，骑乘时可以起到护腿的作用；宽松的上身部位，穿着时与身体分离，形成封闭的小气候，在温差大的北方草原上能很好地调节人体温度，在野外露宿或在条件不好的地方借宿时，蒙古袍还可以当作被褥使用；腰带紧，避免在坐骑上颠簸造成对内脏的损害。而蒙古袍上还佩带各种配饰，如蒙古刀、火镰、荷包、鼻烟壶等。蒙古刀具有多种功能，吃手扒肉、宰杀牛羊及防身等都可以使用，充分体现了蒙古族生态文化的简约功能；[1] 在辽阔的草原上人烟稀少，人们相见不易，见面时倍感亲切，交换鼻烟壶更会增加见面时的亲切感，使气氛更加温馨融洽，因此可以说鼻烟壶及其交换礼节是古代蒙古人对特定环境的适应方式以及一种特殊的情感表达工具。[2] 可见，蒙古袍是蒙古族游牧民适应高原气候和游牧生涯的一种文化创造，其样式完全是针对特殊的高原生态环境而设计的，其形制、款式等处处体现着对游牧生活及草原生态的暗合与顺应，具有极强的实用性。[3]

（三）蒙古包构造与搭拆中蕴含的生态思想

蒙古族游牧民大部分居住在蒙古包，它是游牧民族创造的一种既适应蒙古高原生态环境又极具使用价值的伟大杰作。蒙古包的构件除了支撑架子用木头制作外，其余部分用毛毡、毛绳、毛带等畜产品做成，并且具备了符合游牧生活方式的功能：容易拆卸、搬运、重新搭建，根据人口数量的多少随意变大变小（加减哈那），根据冷暖情况加厚变薄（加减围毡），下圆上斜的整体设计，对外减轻了风暴阻力，其内部扩大了有效使用面积，而且形成筒状上升气流，保持空气新鲜。

---

①　乌云巴图、葛根高娃：《蒙古族传统文化论》，远方出版社2001年版，第307页。

②　葛根高娃、乌云巴图：《蒙古民族的生态文化》，内蒙古教育出版社2004年版，第49—50页。

③　陈寿朋：《草原文化的生态魂》，人民出版社2007年版，第92页。

搭建蒙古包的材料都是就地取材的,非木即毛,不用任何金属。其主要构件有天窗、椽子、支架、门、檩毡、毡盖、围毡、底围等。蒙古包的天窗是用一块毡子来控制的,不仅可以调节包内的温度使其冷暖适中,还可以挡风、避雪、遮雨,可以说是以简约的形式而集多种功能于一身。蒙古包的哈那,即整个蒙古包的支架,则是用粗柳条制成,分片组成,可根据需要增减哈那数量扩大和缩小空间。上方则用木棍制成的乌尼连接天窗和哈那建成房顶。而蒙古包最外围为用来覆盖整个蒙古包的不同部位的围毡。围毡的厚薄同样是可以控制的,冬天多围上二三层,夏天一层即可;围毡是用羊毛手工擀制而成的,大小厚薄非常适中,并且在有破损时容易修补,可以说能够经得起草原上风霜雨雪的侵袭。蒙古包建造材料来自草原深处生长的柳条等木材,以及牧业生产自产的绒毛等,而其构造结构科学合理,适应蒙古高原严酷的自然环境。更可贵的是蒙古包搭建过程中几乎不动草原上的一粒土,不破坏草原单薄的土壤层。当牧民倒场搬迁后,搭建蒙古包的营盘植被迅速恢复。一年四季不断迁徙的游牧生活中,蒙古族牧民可以迅速拆除蒙古包,随牲畜迁移,却对草牧场植被不造成践踏和破坏。从蒙古包这一物质化的文化成果中我们看到,游牧民族以自己特有的聪明才智将对于草原生态环境的适应、保护与利用发挥到了极致。①

(四) 蒙古族勒勒车与草原生态的协调

勒勒车是蒙古高原上一种历史悠久的独特的交通工具,诸游牧先民们都曾使用过它。以榆木或桦木制作的勒勒车车轮高大,结实耐用,适用于各种地形,而且载重量大,牧民们用它来拉水及各种物资,尤其是在迁徙时,它已经成为游牧民"游动的家"。② 这些车最大的优点是适宜在草原上运输,对草地破坏力极小,有利于草原生态

---

① 葛根高娃、乌云巴图:《蒙古民族的生态文化》,内蒙古教育出版社 2004 年版,第 57—58 页。

② 同上书,第 59—60 页。

环境的保护。

三　蒙古族游牧精神追求中的生态思想

蒙古族信仰萨满教，后来接受了喇嘛教的信仰，也进行图腾崇拜、自然崇拜，认为长生天是所有神灵的最高崇拜对象，实际上是对天体宇宙的自然崇拜，大自然和社会都要屈从于长生天。"草原游牧民族认为，河流、山川、树木等自然物是天神派到人间监督人的行为的，它们与天最接近，河流蜿蜒曲折流向遥远，与状似穹庐的天汇合；高山耸入云端，是天的支撑；树木傲然屹立于草原，伟岸无比，可接近天，天一弯腰就可与树对话。这样，人就可以通过祭拜这些自然物来间接地与天沟通，把自己的愿望传达给天。而那些被列为与天沟通的自然物就是神圣不可侵犯的。"① 万物都是天神赋予的神灵，人类必须敬畏客观存在的高山、草原、河流等自然物。尽管这种"万物有灵"的宗教观是在科学有限的情况下出现的，含有一定的迷信色彩，零星而分散，缺乏理论支持和系统性等，但瑕不掩瑜，它恰似远古时空中透射的阳光，引导人们敬畏自然，尊重自然，要像爱护父母那样爱护自然环境，用自己真挚的心与自觉的行动回报大自然。

蒙古族祭祀活动中蕴含着许多生态理念。比如敖包祭祀，蒙古族往往选择地势较高的地方，用石块垒成圆锥形的塔状物，每年定期进行祭祀，祈求神灵保佑风调雨顺、草木繁盛、牛羊肥壮；他们认为敖包是神灵栖息之所，对敖包周边生长的草木倍加保护，绝对禁止破坏等行为。祭火活动是蒙古族游牧民的传统习俗，认为火能净化万物和人的灵魂，对火非常崇拜，同时也有敬畏之心。忌讳向火中吐痰，不能在火盆上烤脚，不能用铁器触碰火，更不能用火烧荒，保证了草原的生生不息。"敬畏自然作为蒙古草原人的一种心理特征和行为方式，反映了他们最基本和最深刻的道德要求，也可以说是生态伦理的最早

---

① 崔艳军：《蒙古族游牧文化与草原生态文明建设研究——以包头市达茂旗为例》，《科学时代》2015 年第 1 期。

实践。"① 同样值得我们借鉴。

四　蒙古族游牧制度构建中的生态思想

蒙古族有完整而又严苛的法律来规范人们的行为，通过制定法律和行政制度来保护草原，保护动植物，保护水资源，这对我们保护生态环境和适应气候变化具有现实意义。成吉思汗时期的《大扎撒》规定"禁草生而擢地，禁遗火而燎荒"，保护草原，禁止在草地上掘地挖土，放火焚烧草原者，将面临严刑酷法。元朝时期的《元典章》中规定，草原上的牧场要划定禁猎区和狩猎期限，对禁止猎杀的动物种类有明确的说明，对私自盗采砍伐森林树木者要严惩。清朝时期的《喀尔喀法典》中规定："强占别人新挖或修缮的水源者，罚四岁马；自己饮完牲畜不让别人饮者，罚马；故意或戏耍而污染水源者，罚牛、马二只，给证人赏牛。"② 由此可见，蒙古民族崇尚自然，深谙人与自然之间的关系，制定专门的法律制度来规范人们的行为，保护草场、动植物、水资源等生产、生活资料，对改变人类对自然的态度，规范人类的环境行为起着积极的作用。

第二节　草原生态文明的概念、类型与愿景

一　生态文明和可持续发展

文明，是人类改造世界的物质成果和精神成果的总和。③ 人类文明的变迁史就是人与自然关系的发展史。人类经历了渔猎文明、农业文

---

① 马桂英：《蒙古族草原文化生态哲学论》，《理论研究》2007 年第 4 期。

② 崔艳军：《蒙古族游牧文化与草原生态文明建设研究——以包头市达茂旗为例》，《科学时代》2015 年第 1 期。

③ 刘宏钊：《生态文明建设的路径选择研究》，硕士学位论文，云南师范大学，2009 年。

明、工业文明。工业文明主要以人类征服改造自然为主要特征。随着全球生态破坏、环境污染、资源浪费的加剧，20 世纪 60 年代以来部分有识之士开始探讨这样的问题并寻找出路，人类对生态文明的选择就是在这样的探索过程中逐渐明确下来的。《寂静的春天》（蕾切尔·卡逊，1962）在当时是非常有争议的一本书，一经出版便立刻引起轰动，主要探讨农药污染等问题，唤醒民众环保意识。《增长的极限》（"罗马俱乐部"，1972）揭示了"征服自然"的经济增长是会崩溃的，如果不能有效地限制人口增长和改良工业发展，这样的悲剧将在现实中上演。在 1987 年世界环境与发展委员会《我们共同的未来》报告中，把可持续发展定义为："既满足当代人的需要，又不对后代人满足其需要的能力构成危害的发展"，这一定义在 1992 年联合国环境与发展大会上取得共识。[1] 1992 年联合国环境与发展大会召开后，可持续发展的思想开始由理论付诸实践，[2]《21 世纪议程》（联合国环境与发展大会，1992），是人类建构生态文明的一座重要里程碑。

　　生态文明是遵循人与人、人与社会、人与自然和谐的规律所取得的物质文明与精神文明成果的总和。[3] 改革开放特别是 21 世纪以来，我国越来越重视生态保护及生态文明建设。党的十八大报告独立成篇地系统论述了生态文明建设，将生态文明建设提到一个前所未有的高度，[4] 形成了国家"五位一体"总体战略布局。党的十八大报告提出："建设生态文明，是关系人民福祉、关乎民族未来的长远大计。面对资源约束趋紧、环境污染严重、生态系统退化的严峻形势，必须树立尊

---

① 谷树忠、胡咏君、周洪：《生态文明建设的科学内涵与基本路径》，《资源科学》2013 年第 35 卷第 1 期。

② 国家林业局编：《中国森林可持续经营国家报告》，中国林业出版社 2013 年版，第 2 页。

③ 周宏春：《生态文明建设的路线图与制度保障》，《中国科学院院刊》2013 年第 28 卷第 2 期。

④ 彭志中：《中国共产党生态文明建设思想的形成及其意义》，《党史文苑》2013 年第 18 期。

重自然、顺应自然、保护自然的生态文明理念，把生态文明建设放在突出地位，融入经济建设、政治建设、文化建设、社会建设各方面和全过程，努力建设美丽中国，实现中华民族永续发展。"建设生态文明，实质上就是要建设以资源环境承载力为基础、以自然规律为准则、以可持续发展为目标的资源节约型、环境友好型社会。建设生态文明是涉及价值观念、生产生活方式以及发展格局的变革。[1] 生态文明建设需要全民的广泛参与，建设主体分为政府、企业、家庭、非政府组织（NGO）、混合主体等各种主体；从建设领域看，分为多个层次，包括全球尺度、国家尺度、区域尺度、地区尺度和社区尺度；从建设内容看，涉及生态系统的各种类型，分为水生态文明建设、森林生态文明建设、草原生态文明建设、农田生态文明建设、荒漠生态文明建设和城镇生态文明建设等；从建设手段看，分为意识手段、规划手段、制度手段、科技手段和资金手段。[2]

生态文明一般而言是人类文明发展的一个高层次阶段和一种新的形态，可以说是原始文明、农业文明、工业文明后的第四文明。[3] 它以人类伦理价值观和生产、生活方式的根本性转变为目标。从更广义的角度来讲，生态文明是人类文明起源的基础，也是人类文明的归宿。[4]

生态文明，要求我们改变以往对自然界的片面的、错误的认识，是对传统文明形态特别是工业文明深刻反思而进行的理性选择；要求批判极端人类中心主义的价值观，重新审视人与自然的关系，确立与之相适应的自然资源价值观，特别是要重估自然资源的价值；强调人与自然的协调和谐，重视生态效益、社会效益和经济效益的全面

---

① 黄勤、曾元、江琴：《中国推进生态文明建设的研究进展》，《中国人口·资源与环境》2015 年第 25 卷第 2 期。

② 谷树忠、胡咏君、周洪：《生态文明建设的科学内涵与基本路径》，《资源科学》2013 年第 35 卷第 1 期。

③ 余谋昌：《生态文明是人类的第四文明》，《绿叶》2006 年第 11 期。

④ 王玉玲：《生态文明的背景、内涵及实现途径》，《经济与社会发展》2008 年第 9 期。

提升。

对于生态文明建设与可持续发展的联系，简单来说有以下几点：可持续发展和生态文明都是在资源环境约束和经济社会发展矛盾日益突出的背景下提出的。① 生态文明的提出是人们对可持续发展问题认识深化的必然结果，② 生态文明以可持续发展为核心观念，③ 可持续发展也正是生态文明建设的目标。厘清生态文明建设与可持续发展的内在联系，对于明确国家或地区的发展思路，选择科学的发展方式和路径具有重要意义。

二　草原生态文明的内涵与特质

（一）国内关于草原牧区生态文明建设的相关研究情况

对于草原牧区生态文明建设，敖仁其等④认为汲取了游牧文明合理内核的生态文明是草原牧区可持续发展不可或缺的内容。张建新等⑤对内蒙古牧区生态文明建设进行思考，分析了内蒙古生态文明发展历程、内蒙古草原生态持续恶化的深层因素，指出加强完善法律制度和监督机制，重新合理地制定草原生态建设制度，实施草原生态文明战略、大力弘扬生态文明教育等政策。马瑶等⑥构建了农牧区县域生态文明建设指标体系，并借助该指标体系评价了霍城县生态文明建设状况。马

① 张永亮、俞海、高国伟等：《生态文明建设与可持续发展》，《中国环境管理》2015 年第 5 期。

② 赵其国、黄国勤、马艳芹：《中国生态环境状况与生态文明建设》，《生态学报》2016 年第 36 卷第 19 期。

③ 国家林业局编：《中国森林可持续经营国家报告》，中国林业出版社 2013 年版，第 2 页。

④ 敖仁其、达林太：《草原牧区可持续发展问题研究》，《内蒙古财经学院学报》2005 年第 2 期。

⑤ 张建新、白永萍：《对内蒙古牧区生态文明建设的思考》，《前沿》2014 年第 6 期。

⑥ 马瑶、何秉宇、马佐等：《农牧区县域生态文明建设指标体系研究——以新疆霍城县为例》，《新疆大学学报》（自然科学版）2017 年第 34 卷第 1 期。

林等①分析了草原牧区可持续发展的独特内涵，指出草原牧区可持续发展的独特内涵源于草原牧区的生态功能和产业功能的双重地位；指出草原牧区作为一个具有特定生态意义的区域，在我国的可持续发展中具有重要战略地位，我国草原牧区可持续发展要兼顾畜牧业生产方式转变、民生改善和生态恢复三系统的动态平衡。魏虹②认为制约五大草原牧区可持续发展总能力的重要因素主要是经济成本、基础设施、经济规模、气候资源、水资源、农业劳动者素质、土壤侵蚀、生态脆弱、人口发展和科技贡献率等。邓艾③认为构建以牧区生态牧业、牧区生态工业、牧区生态旅游业为主体框架的生态经济模式，是加快牧区经济发展与治理草原退化的有效途径。王亮等④认为首先要加快发展现代生态畜牧业，巩固和加强草原保护力度，转移牧区剩余劳动力，积极发展草产业，创新畜牧业发展方式，激活政策支持效果等。

（二）草原生态文明的概念与特质

草原生态文明是人类文明的一种形态，是人类在处理与草原自然关系时所达到的文明程度，⑤是人类社会与草原生态环境和谐共处、良性发展的状态；主要是人们致力于促进人与草原协调和谐、草原资源永续利用、草原生态环境世代美好的过程中，取得的物质、精神、制度等方面的成果。就其基本内容来说，主要包括以下三个方面：其一，草原生态意识文明，指人们在对待草原生态问题时所表现出的一种先进的价值观念形态，如所体现出的人与草原自然平等、和谐的价值取

---

① 马林、王亮、张扬等：《中国草原牧区可持续发展论》，民族出版社 2014 年版，第 33—38 页。

② 魏虹：《五大牧区草畜业结构优化与可持续发展能力建设》，博士学位论文，中国农业科学院，2005 年，第 3 页。

③ 邓艾：《可持续发展的草原生态经济模式——甘肃牧区生态经济问题研究》，《西北民族学院学报》（哲学社会科学版）2002 年第 6 期。

④ 王亮、马林：《中国牧区可持续发展：模型推演、路径选择与对策建议》，《大连民族学院学报》2012 年第 4 期。

⑤ 洪雨：《部分专家学者关于生态文明的论述》，《政策瞭望》2008 年第 2 期。

向的草原生态意识、草原生态心理和草原生态道德等。其二，草原生态行为文明，是指人们在生产生活中推动草原生态文明建设的各种活动及行为。其三，草原生态制度文明，是人们在生产生活中形成的保障草原生态文明建设的法律制度与经济制度等。[①]

草原生态文明是我国生态文明的重要组成部分，建设草原生态文明是草原牧区全面建成小康社会和全面振兴的主要奋斗目标。遵循习近平生态文明思想，贯彻落实党中央、国务院关于生态文明建设"四个一"的战略部署和总体要求，立足草原牧区的客观实际，探索生态优先、绿色发展的草原生态文明建设新路子。人类进入工业革命后，由于过度开发自然资源，破坏了自然环境，造成了生态失衡，如草原退化加剧、草原生态环境恶化、草原生态系统逆行演替、草原生态功能显著下降等，这些促使人们重新思考人与自然的关系，呼唤回归自然和生态文明建设。无论是新时代党和国家关于生态文明建设的战略定位，还是对以往生态失调问题的反思等，都需要我们高度重视草原生态文明建设，大力弘扬崇尚自然、保护环境、维持生态平衡、"生态兴则文明兴，生态衰则文明衰"等的生态文明思想理念。

草原生态文明的核心内容是人、社会和草原生态和谐共生。草原生态系统是一个极具包容力的重要生态系统，人、草及其他生物、环境等都是草原生态系统的组成部分，草原生态系统整体的完整和统一、稳定和优化，比系统中任何一种有机体组分都更加重要。草原生态文明认为在草原生态系统中不仅人是主体，有价值、有能动性，草原生态环境也是主体，也具有价值和主动性。[②] 以往曾经只关心人及人与人关系的价值观是存在缺陷的，会缺失向善的动力，只有立足"敬畏生

---

①　王正平：《提倡生态文明就是否定工业文明吗》，《解放日报》2007 年 11 月 13 日。

②　陶海南：《鄱阳湖生态环境保护与生态文明建设》，《中国环境科学学会 2009 年学术年会论文集》第 3 卷，2009 年 6 月 1 日。

命",我们才能与这个世界的其他生命建立一种灵性的、人性的关系。①
人类应与草原上的其他生命共享、共护、共荣这个草原生态系统。草
原生态文明认为人与草原生态环境是平等和谐、相互尊重的,杜绝对
草原生态系统征服与掠夺式的摄取。人与草原不应是征服与被征服的
关系,而应是和谐共处的关系。我们的一切生产生活行为,都要在承
认草原生态系统价值、尊重草原生态系统规律、与草原生态和谐共处
的基础上展开。"人同自然界完成了本质的统一,是自然界的真正的复
活"②,草原生态文明就是要在尊重、珍爱草原生态环境的价值观念下,
认识草原生态系统的价值与规律,把人与草原生态放在同等重要位置
上,形成人与自然的和谐统一、本质统一,使草原生态系统得到充分
有效的维护、修复,实现草原生态系统永存永续、良性循环、进展
演替。

当然,我们与草原自然和谐共生,不是要"退回到被动适应自然
的道路上去"③,而是要依靠人的主动性和创造性力量,依靠现代科技、
信息和文明成果,去追求人与草原自然新的和谐。④

草原生态文明与可持续发展、绿色发展理念融合。草原畜牧业的
生产劳动以及草原能源、矿产资源的开发利用等要遵循草原生态系统
有弹性和有限性及不可完全预测的规律,以草原生态环境容量为依据
确定草原经济发展的方向和规模,维护、节约和综合利用草原资源。
现代草原生态文明是天人合一与可持续发展、绿色发展的整合,是人
性与生态性全面统一的社会形态,追求以人为本的生态和谐原则下的
可持续全面发展。

以往人们更多地把草原的经济价值作为生产生活等的基点,过

---

① 刘文霞、陈黎明:《对生命教育理论与实践的反思》,《内蒙古师范大学学报》(教育科学版) 2010 年第 1 期。

② 《马克思恩格斯全集》第 42 卷,人民出版社 1979 年版,第 122 页。

③ 路甬祥:《关于统筹人与自然的和谐发展》,《中共中央党校报告选》2006 年增刊,第 112 页。

④ 吴团英:《草原文化对生态文明建设的启示》,《思想工作》2008 年第 4 期。

分陶醉于对草原自然的改造和摄取，而忽视了大自然对人类的报复，乱垦滥采、过牧超载、破坏性开采草原矿产资源等行为与草原生态系统自身规律相违背，对草原生态造成严重的破坏，使人类的生产生活等经济活动与草原生态环境之间的矛盾变得日益尖锐。人类同草原自然生态发生"对抗"，无法"和解"，从而遭遇草原严重退化等的困境。因此，不管人类的能力有多大，都要尊重草原自然，都要遵循草原自然规律，都必须走生态优先、绿色发展的草原生态文明建设之路。

三　草原生态文明的类型

文明也在发展、演替，草原生态文明可划分为传统草原生态文明与现代草原生态文明等类型。

（一）传统草原生态文明

游牧文明可以说是传统草原生态文明。在气候干旱寒冷、水源匮乏、土壤沙化及单位面积牧草产量较低且变率较大的草原地区，只有通过逐水草的家畜迁移——游牧业才能更好地利用草地资源，才能获得稳定的经济收益。在草原植被与放牧家畜的长期互动中形成的游牧业，随季节变化按区域周期性轮牧利用草原资源，可以使牧草得到有效的生长和恢复，[①] 而不引起草原退化，草原生态系统保持良性循环、进展演替；虽然单位面积草场载畜量较少，但是总体的经济功能仍可观，特别是生态屏障功能强大。游牧业可追溯到公元 12 世纪，游牧劳动与游牧生活方式，是人类劳动与自然界的对象性关系和在其生态环境基础上产生的社会生存方式之一，也是同农业一样古老的历史文明范畴之一。[②] 李·吉尔格勒在《游牧文明史论》一书中写道："游牧文

---

① 包玉山：《内蒙古草原畜牧业的历史与未来》，内蒙古教育出版社 2003 年版，第 15—19 页。

② 满都夫：《蒙古游牧文明与生态经济哲学思考，游牧文明与生态文明》，内蒙古大学出版社 2001 年版，第 75 页。

明不仅是一种生产方式，而且还是一种文化模式，它不仅与游牧民族的经济生活紧密联系在一起，而且还是游牧人价值观、生活方式、思维方式、审美取向、传统习惯、精神和心理构型的文化载体。"游牧文明的特性主要取决于游牧生产方式的基本特征，游牧生产方式需要游牧人把人与自然放在平等的地位、人与自然和谐共处，这样逐步形成崇尚自然、敬畏自然、顺应自然、师法自然的文化理念。随着人均草场面积减少等，大多草原地区丧失了游牧的条件，游牧文明也逐渐消失，但游牧文明中传统的"草原生态文明、可持续发展"思想理念，需要我们当代人很好地研究和借鉴、提炼与升华，从而促进草原生态文明更好的发展。

（二）现代草原生态文明

所谓现代草原生态文明，[①] 是在草原生态危机的基础上，反思传统发展观念等而进行的理性选择，可以促进草原文明形态和草原文明发展理念、道路和模式有重大进步的高级文明形态，是以草原生态保护、生态修复、生态补偿及生态产业为主要特征的文明形态。[②] 它以人与自然、人与社会和谐共生、持续繁荣为宗旨，以建立可持续的发展模式、健康合理的消费模式以及和睦和谐的社会关系为主要内涵，推进人与草原共生、共存、共荣及协同、和谐发展。随着经济社会的发展，人们越来越清醒地认识到以污染草原环境和破坏草原生态换取一时的经济增长的危害性，越来越希望深刻了解草原生态文明建设的内涵与品格，以及经济活动对草原生态及其变化的影响等，从而不断增强草原生态文明建设的有序性、自觉性等。

四　草原生态文明建设的愿景

草原"三化"以及沙尘暴、水资源枯竭等，是 21 世纪草原生态系

---

①　张光义：《生态文明的概念、特征与基本内容》，《黄河报》2009 年 7 月 9 日。

②　荣开明：《论生态文明建设的三个基本问题》，《孝感学院学报》2011 年第 1 期。

统向我们发出的警示。不能很好地顺应草原生态的自然规律，以经济增长作为衡量草原价值的标准，甚至将草原当成某些人贪婪地索取经济利益的工具，不仅会造成草原地区生态环境的损害，破坏广大牧民的基本生产生活资料，也会削弱草原生态系统生态屏障的作用，影响国家的生态安全。可见，真正使草原牧区走上生态优先、绿色发展的道路，是草原生态文明建设重中之重的工作。要遵循习近平生态文明思想，在草原生态文化所蕴含的优秀的生态伦理、简约的消费观念等传承与发展的基础上，特别是应用现代科学技术知识、可持续发展的原理原则等，切实地创造和维持草原生态系统的完整、有序、稳态与高效，推进人与草原自然和谐共生、协调共荣。

要致力于草原生态环境的恢复建设以及对生态破坏和环境污染的治理，也要努力避免农业与工业文明的某些弊端，要使经济发展、社会进步与草原生态环境、草原资源相适应，逐步实现草原生态经济良性循环。要致力于传统精华的与现代优秀的草原生态思想观念的传承与发展、延伸和物化，不断提高人们的生态意识及生态文明素养。要逐步完善草原生态文明建设的制度体系和工程体系等，保护、改善草原生态环境，提高草原资源利用效率，增强草原生态经济的可持续发展能力，[①] 促进草原生态系统的生态功能及经济功能、文化功能高效发挥，筑牢祖国北方的生态安全屏障。

（一）草原生态文明建设生态层面的愿景

第一，最大限度地恢复已遭受破坏的草原生态，主要依靠大自然的自我修复能力，逐步恢复草原自然植被；把保护和建设草原牧区的草场、河流水体、土壤等作为草原生态建设的重点，保障其生态质量和数量，防止新的人为因素造成草原生态退化；某些草原生态区域，在经济社会发展过程中，受人为因素干扰或破坏后已难以恢复到原有的状态，如部分湿地的萎缩、一些河流水系流量流态的改变、部分因

---

① 陈寿朋：《论生态文明建设》，《人民日报》2008 年 1 月 8 日。

开采业的兴起所造成的对草原植被的破坏等，要采取有效措施，控制其生态的恶化，形成新的生态平衡系统；从而有效改善草原地区人与动植物群落生活和生存条件，满足人们美好生活对优秀生态环境质量的需要，为人与自然的和谐协同发展提供良好的草原生态环境基础。

第二，草原资源短缺和掠夺式开发利用草原资源是我国草原地区现阶段的突出问题，也是草原生态退化的重要原因，而草原生态退化又严重加剧了草原资源的短缺，制约了草原地区经济社会的发展；以草原资源的承载能力等为依据，合理调整生产方式和产业结构，防止乱垦滥挖、超载过牧等不合理开发利用行为，走生态优先、绿色发展的新路子，施行产业生态化与生态产业化，实现草原资源的可持续利用及草原资源的有效扩展等，逐渐减缓草原资源及其生态环境对社会和经济发展的制约，达到人、经济、社会和自然持续协调发展，是草原生态文明建设长期的任务。

第三，在对草原生态系统科学认知和对人与草原自然关系经验总结的基础上，从人类生存和发展的高度来定位草原生态维护在国家和地区发展战略中的重要地位，加快草原生态环境保护的法律制度和监管考评机制的建立完善，调控、顺应影响草原生态系统的人为及自然因素，适度调节人们生产生活活动的强度和模式以及活动的地域范围和分布等，倡导、推进生产、交换、运输、消费等各环节对草原资源的维护、节约和高效利用，大大减少经济社会活动对草原生态环境的负面影响，最大限度地恢复草原资源、改良草原生态环境，使草原生态系统的生态功能不断增强，实现草原生态系统的良性循环及人与草原自然和谐一致。

(二) 草原生态文明建设经济层面的愿景

第一，经济活动要遵循人、自然与经济和谐统一的原则，要实现草原生态环保的产业化和规模化，推行经济活动（包括一、二、三产业经济活动等）的绿色化和生态化，从而达到草原生态经济可持续发展。

第二，发展循环经济，提高资源的利用效率。利用先进适用技术，循环利用、节约利用草原资源，并有效治理草原退化、沙化、水土流失以及开采业对草原生态环境的破坏等问题，建立科学合理的草原区域能源矿产资源利用体系，全面推行循环经济、清洁生产。把建设资源节约型、环境友好型社会理念深入每个单位、家庭和个人，使节约草原资源、预防和降低草原破坏和污染成为政府、企业、社会的自律行为。

第三，依靠科技创新，推进产业结构调整，大力发展生态产业、绿色产业。根据草原资源、科技、经济、草原人文基础，科学规划引导产业结构合理布局。依靠科技创新，延长产业链，提高产品的附加值，从而降低草原牧区的单位能耗，提高产出效率。推动草原环保产业的快速发展，提高对草原环保产业及产品的社会认同意识，积极支持并使用其产品和服务；发展草原牧区高新技术产业、草原文化旅游产业等。形成草原生态技术体系和环境监测体系，提高草原环境风险预测、预防和治理能力。

（三）草原生态文明建设社会层面的愿景

第一，在草原地区形成良好的社会和人居生活环境。形成以草原生态文明为基础，科学、健康、和谐的生产生活方式为主导的社会意识形态，以及民主、法制、安定的社会秩序等。加强草原生态意识或草原形象的示范区建设，努力构建牧区与周边城市自然和谐、良性循环的生态社区、绿色园区，逐步实现生态型社会的发展目标。

第二，倡导草原生态化的消费模式。大力弘扬简约型的消费方式，改变"一次性消费"，拒绝挥霍铺张等的不良消费行为，[1] 减少或杜绝对草原生态环境的污染与破坏以及对草原资源的浪费，逐步形成适度消费、绿色消费模式。

第三，注重人的全面发展。要加快政府职能转变，推进体制机制

---

[1]　秦福荣：《加快景区生态文明建设　提高世界遗产保护水平》，《中共乐山市委党校学报》2008 年第 9 期。

完善，坚持以人民为中心的发展，将公共资源优先安排到促进人的全面发展方面。

第三节 中国草原生态系统功能 多样性和生产力潜在性

草原生态系统是我国面积最大的陆地生态系统，全国有天然草原近4亿公顷，约占国土总面积的41.7%，居世界第二位；草原具有非常大的生态功能、经济功能、文化功能等，是长江、黄河等重要江河的发源地和水源涵养区，是我国"三北"地区的主要生态屏障，是草原牧区广大人民群众赖以生存发展的基础资源，是肉、乳、毛、绒、皮等绿色优质畜产品生产、加工、输出的重要基地，对于维护国家生态安全、食物安全等具有重要的作用。

以往由于人为的不合理利用和自然的干旱化等的影响，使草原生态系统退化加剧，生态功能、经济功能等呈现下降的趋势。我国草原退化率20世纪70年代为15%，80年代中期达到30%以上，21世纪初期上升到57%左右；内蒙古草原退化率由20世纪60年代的18%扩大到80年代的39%，21世纪初期达到70%左右，全自治区沙漠、沙地、沙漠化土地有5.4亿亩，其中2/3源于草原沙漠化。2000年以来，国家相继实施了退牧还草工程、京津风沙源治理工程、草原生态保护补助奖励政策等，拉开了草原生态系统保护修复的大幕；如2018年国家投入草原生态保护补助奖励187.6亿元，支持实施禁牧面积12.06亿亩、草畜平衡面积26.05亿亩等。随着诸多草原生态系统保护修复工程项目的深入实施，治理区的草原生态环境出现了一定的好转，草原退化有所减缓、生态功能得到增强；如内蒙古草原平均植被盖度目前达到44%，比2010年的约37%提高近7个百分点，比2000年的30%提高14个百分点。然而，草原生态系统退化的势头没有得到根本扭转，草原生态赤字仍然存在，与草原生态环境持续好转、草原质量明显提升、草原生态系统良性循环等的草原生态系统保护修复目标相比还存在一定差距，草原生态文明建设任重道远。

由于以往对草原生态系统的功能及价值认识不足，其多种资源及综合效能没有被充分利用及发挥出来，单纯利用牧草资源、单纯挖掘草原牧养牲畜的经济功能及价值，使人口增加、经济增长的压力主要集中在"草"上，势必对草原生态造成巨大压力，使草原生态赤字产生并加大、草原退化不断加剧。事实上草原生态系统作为一种自然资本，具有多种服务功能，不仅具有经济功能及价值，还具有巨大的生态、文化功能及价值，只有涵养、修复、发挥其多种功能，实现其多种价值，才能推进草原生态、经济、文化等和谐一致、良性循环、协调发展。

草原生态系统具备生态保护、食品保障、原料供给、观光休闲、文化传承等多种服务功能，不仅为人类社会经济的发展提供必需的畜牧产品、植物资源等，更重要的是支撑与维持了人类赖以生存的生态环境。草原生态系统保持水土、涵养水源、防风固沙、调节气候、净化空气、土壤碳固定、维持生物多样性等的生态服务功效，对于维护生态环境、保障生态安全的作用及价值巨大。根据陈仲新等专家的研究，我国陆地生态系统服务的总价值为 6508.92 亿美元，其中草原生态系统服务的价值最大，约为我国陆地生态系统服务总价值的 63.21%；[①] 根据谢高地等专家的研究，我国草原生态系统服务的总价值中生态价值占 80.09%、经济价值占 19.91%。[②]

近年来，我国草原生产力呈现不断增长的态势。所谓草原生产力，主要是指单位草原单位时间里为人类提供特定服务的能力，一般包括草原产草量（第一性生产力）和家畜生产力（第二性生产力）。[③] 近年

---

① 陈仲新、张新时：《中国生态系统效益的价值》，《科学通报》2000 年第 1 期。

② 谢高地等：《中国自然草地生态系统服务价值》，《自然资源学报》2001 年第 1 期。

③ 侯扶江等：《我国草原生产力》，《中国工程科学》2016 年第 1 期。

来由于草原生态系统保护与修复工程项目的有效实施，我国的草原生产力水平逐渐提升。2010 年，全国天然草原鲜草总产量 97632.21 万吨，折合干草约 30549.71 万吨，载畜能力约为 24013.11 万羊单位；2015 年，全国天然草原鲜草总产量 102805.65 万吨，折合干草约 31734.30 万吨，载畜能力约为 24943.61 万羊单位；2018 年，全国天然草原鲜草总产量 109942.02 万吨，折合干草约 33930.75 万吨，载畜能力约为 26717.12 万羊单位。[①] 全国天然草原鲜草总产量，2018 年比 2010 年、2015 年分别增长 12309.81 万吨、7136.37 万吨；载畜能力，2018 年比 2010 年、2015 年分别增长 2704.01 万羊单位、1773.51 万羊单位。全国天然草原鲜草总产量从 2011 年到 2018 年连续 8 年超过 10 亿吨，实现稳中有增。

近年来，我国草原的牲畜超载率下降，综合植被盖度上升，生态功能有所恢复。2010 年，全国重点天然草原的平均牲畜超载率为 30%，其中牧区、半牧区县（旗、市）天然草原的平均牲畜超载率为 44%；2015 年，全国重点天然草原的平均牲畜超载率为 13.5%，其中牧区、半牧区县（旗、市）天然草原的平均牲畜超载率为 17%；2018 年，全国重点天然草原平均牲畜超载率为 10.2%，其中牧区、半牧区县（旗、市）天然草原平均牲畜超载率为 12.6%。[②] 全国重点天然草原的平均牲畜超载率，2018 年比 2010 年、2015 年分别下降 19.8 个百分点、3.3 个百分点。全国草原综合植被盖度，2011 年为 51%，2015 年增加到

---

① 《2010 年全国草原监测报告》，《2015 年全国草原监测报告》，农业部畜牧业司、农业部草原监理中心；《2018 年度中国林业和草原发展报告》，国家林业和草原局政府网（http://www.forestry.gov.cn/2020 – 04 – 27）；《2018 年全国林业和草原发展统计公报》，国家林业和草原局规划财务司，2019 年 5 月 22 日。

② 《2010 年全国草原监测报告》，《2015 年全国草原监测报告》，农业部畜牧业司、农业部草原监理中心；《2018 年度中国林业和草原发展报告》，国家林业和草原局政府网（http://www.forestry.gov.cn/2020 – 04 – 27）；《2018 年全国林业和草原发展统计公报》，国家林业和草原局规划财务司，2019 年 5 月 22 日。

54%，2018年达到55.7%。① 局部地区草原生态环境有所改善，草原涵养水源、防风固沙等生态功能呈现逐步恢复的态势。

然而，当今我国草原生产力水平与国际先进水平相比还有一定的差距。其实我国未退化天然草原第一性生产力与世界草原第一性生产力的平均水平基本相同，与美国、加拿大、蒙古、俄罗斯等国家也十分相似，温带草原植物生产力均在每年50—1400克/平方米，对有效太阳辐射的利用率为0.1%—1.4%。② 只是由于草原退化、沙化还较为严重，才使得现今我国草原的第一性生产力水平较低，也就是说草原的第一性生产潜力没有有效发挥出来。只要有效保护草原、科学修复草原、适度利用草原，使草原休养生息、恢复改良，草原生态系统就会逐步走向良性循环、进展演替，我国草原的第一性生产力水平就会有一定程度的提高，逐渐接近甚至达到未退化的水准。

同时与国际先进水平相比，我国牲畜对饲草的转化率也较低，草原第二性生产力水平不高，但可以提高的潜力较大。我国草原放牧系统第二性生产力水平与美国、澳大利亚等高收入国家相比，荒漠不到1/3，典型草原为1/3—2/3，草甸草原不到2/3，差距十分明显。③ 只要改进放牧管理办法、选育引进优良品种、适当加速畜群周转等，我国的牲畜对饲草的转化率就会有较大的提高，草原的第二性生产潜力就会有效地释放。据测算，我国草原生产力水平如果接近国际先进水平，其增产潜力为50%—200%，即年增产牛羊肉218.4万—873.4万吨。④ 据研究，草原面积与国内生产总值、肉产量等呈现显著的正相关，一般草原面积每增加1×10^8公顷，国内生产总值平均提高1.22万亿美元，

① 《2011年全国草原监测报告》，《2015年全国草原监测报告》，农业部畜牧业司、农业部草原监理中心；《2018年度中国林业和草原发展报告》，国家林业和草原局政府网（http://www.forestry.gov.cn/2020-04-27）。

② 李博、孙鸿良：《论草原生产潜力及其挖掘的途径》，《中国农业科学》1983年第3期。

③ 侯扶江等：《草原放牧系统的类型与生产力》，《草业科学》2016年第3期。

④ 侯扶江等：《我国草原生产力》，《中国工程科学》2016年第1期。

肉产量平均上升 1.897×10^7 吨。[1]

可见，只要有效地保护、修复草原生态系统，我国草原的生产力就会逐渐接近正常水准，这样我国 60 亿亩草原的总体生产力水平将会大大提高，草原生态系统所具有的潜在的巨大生态、经济等功能就会有效发挥出来。

第四节　中国草原生态文明建设存在的问题

一　草原生态保护建设任重道远

我国是一个草原资源大国，拥有各类天然草原面积近 4 亿公顷，覆盖 2/5 的国土面积。然而，由于过度开发、不合理利用草原资源等人为因素及自然气候因素的影响，我国草原退化、沙化、盐渍化现象严重。据报道，中国 90% 左右的草原存在不同程度的退化、沙化。[2]

"21 世纪以来，国家陆续实施了退牧还草、京津风沙源治理等重大草原生态工程。退牧还草工程从 2003 年开始实施，通过安排禁牧、休牧、划区轮牧围栏，建设人工饲草地，治理石漠化草地等，在保护草原生态环境、改善牧区民生方面成效显著。京津风沙源治理工程于 2000 年全面启动实施，工程通过采取多种生物措施和工程措施，有力遏制了京津及周边地区土地沙化的扩展趋势。"[3] 此外，《2015 年全国草原监测报告》指出，"十二五"期间，主要草原牧区实施草原补奖政策，草原禁牧休牧、划区轮牧和草畜平衡制度不断落实，人工种草面积逐年增加。草原生态保护政策深入实施，全国草原牧区生态持续向

---

① 侯扶江等：《草原放牧系统的类型与生产力》，《草业科学》2016 年第 3 期。

② 《中国 90% 左右的草原存在不同程度退化、沙化》，2015 年 8 月 7 日，http：//society. people. com. cn/n/2015/0807/c136657 - 27425708. html。

③ 《2014 年全国草原监测报告》，2015 年 4 月 14 日，http：//www. moa. gov. cn/zwllm/jcyj/zh/201504/t20150414_4526567. htm。

好。但由于草原生态系统功能的恢复是个长期的过程，目前还只是处于起步阶段，草原生态环境仍很脆弱。[①]

全国草原生态总体恶化局面尚未根本扭转，中度和重度退化草原面积仍约占草原总面积的 1/3，[②] 而且已恢复的草原生态仍很脆弱。对于内蒙古来说，草原资源调查显示自治区有草原"三化"面积 6.96 亿亩，占全区草原面积的 61.16%；其中重度"三化"面积 0.8 亿亩，中度"三化"面积 2.69 亿亩，轻度"三化"面积 3.47 亿亩，分别占全区草原总面积的 7.03%、23.64% 和 30.49%。[③] 可见，草原生态保护建设仍然任重道远。

二 经济发展与生态保护之间的矛盾依旧突出

（一）矿产资源开发过程中带来的生态问题

草原牧区通过资源开发尤其是矿产资源开发，推动了经济快速发展，但是欠合理地开发利用矿产资源，已对牧区造成一定程度的资源破坏与环境污染。如在矿产资源的采掘、洗选、冶炼及矿产品生产、运输、加工和利用过程中，带来草原地形地貌改变，水源和空气污染等诸多问题。《内蒙古自治区地质环境公报（2015 年度）》显示："全区分布广、影响大、最为突出的矿山地质环境问题主要是矿业开发占用及损毁土地资源、破坏地貌景观，其次是矿业活动引发的地面塌陷、崩塌、滑坡等地质灾害，以及固体废弃物排放对环境的影响和矿业开发对地下水系统的影响与破坏等问题。"《全国土壤污染状况调查公报》显示："对于采矿区，在调查的 70 个矿区的 1672 个土壤点位中，超标点位占 33.4%，主要污染物为镉、铅、砷和多环芳烃。有色金属矿区

---

① 《2015 年全国草原监测报告》，2016 年 3 月 1 日，http：//www. grassland. gov. cn/grassland－new/ShengCheng/Article/gzdt/2016/03/01/1109487913. htm。

② 杨振海：《加强草原保护 建设美丽中国》，《农村工作通讯》2014 年第 9 期。

③ 《内蒙古自治区"十三五"时期草原保护建设规划（2016—2020）》，2017 年 3 月 2 日，http：//www. nmagri. gov. cn/zwq/ghjh/645579. shtml。

周边土壤镉、砷、铅等污染较为严重。"

　　草原牧区矿产资源开发过程中引发的生态问题主要有：首先，矿产资源开发会占用一定量的草地，破坏原有的地貌；而且占用草原植被遭到破坏，导致草原生产力下降，土壤侵蚀加剧等。与此同时，矿山开采过程中产生的废弃物（如尾矿等）需要面积较大的堆置场地，导致对土地的过量占用和对堆置场原有生态系统的破坏。[①] 截至 2015 年年底，内蒙古全区矿山开采累计占用损毁土地面积 18.35×10^4 公顷，其中采矿场、固体废弃物占用损毁土地面积 13.16×10^4 公顷，占总面积的 71.72% 。

　　其次，在矿山开采过程中，会产生大量的废石、尾矿等固体废弃物，带来一系列环境污染问题。《内蒙古自治区地质环境公报（2015 年度）》显示，"截至 2015 年底，全区矿山固体废弃物累计积存量 125.95×10^8 t，其中废石（土）占总积存量的 87.80%；煤矸石占总积存量的 9.34%；尾矿占总积存量的 2.86% 。矿山固体废弃物的大量堆存，不仅污染土壤、空气、地表水和地下水，而且易造成滑坡和泥石流等地质灾害"。据不完全统计，"矿产资源开发利用过程中产生的尾砂、煤矸石、粉煤灰和冶炼渣已成为我国排放量最大的工业固体废弃物。而目前我国矿山固体废弃物的综合利用率仅为 7% 左右"[②]。

　　矿区水均衡也受到一定的影响。在开采过程中，井坑需要疏干排水，致使矿区地下水水位下降，打破了整个地表水、地下水的均衡系统，[③] 使缺水地区供水更为紧张，以致影响当地居民的生产和生活。《内蒙古自治区地质环境公报（2015 年度）》显示，截至 2015 年年底，全区累计矿坑

　　① 胡明安：《鄂东南大型矿业基地资源开发的环境影响评价指标体系及生态重建示范工程调研》，中国地质大学出版社 2004 年版。

　　② 都沁军：《矿产资源开发环境压力研究》，北京大学出版社 2012 年版，第 8—14 页。

　　③ 包歌根塔娜：《内蒙古矿产资源开发生态补偿研究》，硕士学位论文，内蒙古大学，2009 年，第 25 页。

排水量 213.27×10^8 吨，累计影响地下水均衡面积约 1.31×10^4 公顷。

此外，矿业废物中的酸性、碱性、毒性、放射性等成分，会通过大气飘尘、地表径流，污染周围的大气、土地和水域，[1] 损害周围居民的身体健康。矿产资源开发还带来了一定的噪声污染，给矿区周围居民的生活带来不便。

最后，矿业开发会引发地面塌（沉）陷、地裂缝、滑坡、崩塌、泥石流等地质灾害，造成经济损失甚至人员伤亡。《内蒙古自治区地质环境公报（2015 年度）》数据表明，全区共发生突发性地质灾害 70 起（包括矿山地质灾害 67 起），其中崩塌 2 起、滑坡 8 起、泥石流 1 起、地面塌陷 59 起，直接经济损失约 3411.16 万元。

（二）经济结构单一，草原畜牧业生产经营方式粗放等问题依然存在

牧区经济结构单一，草原畜牧业生产经营方式粗放和基础设施落后的情况仍然存在。[2] 牧区畜牧业生产经营方式还未能根本转变，仍以粗放型、数量型为主导，存在管理落后、经济效益低等问题。这些问题容易造成对草原生态的压力加大，而且有限的草原载畜能力和环境承载能力客观上也限定了草原牧区经济粗放增长的空间。[3]

三 对草原生态系统资源的价值和功能认识不足，生态意识有待提高

重视草原经济价值，忽视草原生态功能，超载过牧掠夺式利用草

---

① 包歌根塔娜：《内蒙古矿产资源开发生态补偿研究》，硕士学位论文，内蒙古大学，2009 年，第 25 页。

② 《杨振海：加快推进草原牧区绿色发展》，2016 年 2 月 6 日，http://www.grass-land.gov.cn/grassland - new/Item/7889.aspx。

③ 马林、王亮、张扬等：《中国草原牧区可持续发展论》，民族出版社 2014 年版，第 87 页。

原的现象依然存在。① 首先,草原生态系统生态功能的基础作用不能忽视。草原生态系统有防风固沙、水土保持、水源涵养、固碳减排、调节局部小气候、吸收空气中的有毒有害气体、吸附粉尘、减缓噪声等多种生态功能。② 其次,草原还具备食品保障、原料供给、观光休闲、文化传承等多种功能。草原风能资源十分丰富,草原太阳能资源丰富、生物质能源丰富。草原还拥有丰富的野生动植物资源。对草原的多种功能认识不足,单纯利用牧草资源,给草原生态造成较大压力。资源合理利用和生态环境保护相协调才是可持续的,应重视这些功能的开发利用。

对于矿产资源,存在资源利用效率低等问题。采矿企业比较缺乏合理利用矿产资源的意识,相当部分的矿产资源还采取粗放式开发、初级水平利用。再加上很多矿业企业生产技术、设备相对落后,采富弃贫、采易弃难的现象普遍存在,从而造成了矿产资源的浪费,③ 多数共(伴)生资源得不到回收利用,不仅中、低品位的矿石大多被抛弃,甚至有些富矿也被抛弃,浪费比较严重。其实,加强固体废弃物、废水、废气的循环利用,可使资源利用最大化和废物污染最小化。"例如利用煤炭生产和加工过程中产生的煤矸石生产建筑材料,制取化工产品,制成微生物肥料改良土壤,对于含碳量高的煤矸石还可以用于发电;再如对于尾砂,回收利用其中的有用成分,可做建筑材料或制品也可做充填材料等;矿区废水也可回收利用;尾气中的一些成分如二氧化硫可回收处理,回收硫,回收瓦斯气体可以作为燃料。"④

---

① 《内蒙古自治区"十三五"时期草原保护建设规划(2016—2020)》,2017年3月2日,http://www.nmagri.gov.cn/zwq/ghjh/645579.shtml。

② 《草原生态系统的作用》,2011年7月13日,http://www.nmagri.gov.cn/fwq/syjs/njbs/27027.shtml。

③ 高宾:《社会主义生态文明建设的制约因素及对策分析——以内蒙古自治区为例》,硕士学位论文,内蒙古大学,2009年,第20页。

④ 张钦礼、朱永刚:《循环经济模式下的矿产资源开发》,《矿业快报》2006年第5期。

人们的观念和利益取向与推进草原牧区生态文明建设，促进草原牧区可持续发展仍有一定的距离。一是一些决策机构和领导的观念有待转变，重追求经济增长速度，轻考虑生态环境质量，把追求 GDP 当作"硬任务"，把生态环境保护当作"软任务"的观念依然突出。二是牧民在牧区生态文明建设中的主体作用发挥不够，保护生态环境的主体意识不强。三是企业环保责任意识比较薄弱，节约集约利用资源的意识不够。

四　适应草原牧区生态文明建设的制度体系尚不完善

在资源制度方面，资源性产品的价格未能全面反映资源的稀缺程度。在环境制度方面，环境污染付费制度仍未全面落实；环境信息公开机制不健全。生态补偿制度不完善，存在生态服务定价机制不完善、补偿方式单一、补偿渠道主要依靠中央财政等问题。此外，在体制机制方面，环境管理机制不健全，特别是在干部考评机制方面，经济指标是硬性指标，环境指标显示出弱性。对于环境方面的工作，部门之间协调须进一步加强，同时区域间要建立健全环境保护合作机制。

五　草原牧区科技力量薄弱，科技水平比较落后

草原牧区科普和技术推广的力度不够，一些先进的经营理念和环保技术不能得到有效应用，技术水平低仍是制约牧区畜牧业等的重要因素。例如，靠天养畜的生产方式、自繁自衍的饲养技术及依靠资源换数量的发展模式是粗放畜牧业的主要表现形式，[1] 粗放畜牧业易造成牲畜品质下降、草原退化、沙化和荒漠化等，要实现牧区可持续发展，需实现牲畜良种化、饲养科学化，提高牲畜质量，这需要科技支撑，需要现代畜牧业发展观念和技术。

---

① 马林、王亮、张扬等：《中国草原牧区可持续发展论》，民族出版社 2014 年版，第 94 页。

六　草原处于生态赤字状态

所谓草原生态赤字，就是对草原生态足迹和草原生态承载力的测算结果进行比较分析，如果一定草原区域的生态足迹超过其能够提供的生态承载力，则草原生态赤字存在，表明该草原区域的人类负荷超过了其生态容量，该草原区域发展是不可持续的；如果草原区域的生态足迹在其生态承载力的范围内，表现为草原生态盈余，说明该草原地区处于可持续发展状态。如内蒙古 2012 年草原生态足迹为 1.3900 公顷／人，草原生态承载力是 0.2955 公顷／人，草原生态足迹是其生态承载力的 4.7 倍，人均草原生态赤字达到 1.0945 公顷。党的十八大以来，随着诸多草原生态保护建设工程项目的深入实施，取得了一定成效，治理区的草原生态环境出现了一定的好转，草原生态足迹有所减少，但草原生态环境总体恶化的势头还没有得到根本遏制，草原生态赤字仍然存在，草原生态文明建设任重道远。

草原牧区生产方式相对粗放，劳动生产率偏低，单位 GDP 的资源消耗较高；这样，一方面人类生产对草原的压力增大，在一定程度上耗竭草原资源、破坏草原生态，使草原生态承载力下降，另一方面生产是用来满足人类需求的，生产对草原资源的耗损相对增多，那么可以说其单位人对草原资源的需求也增大，草原生态足迹就间接地增加了。草原生态承载力下降，而其生态足迹增加，这样生态赤字就逐渐产生了。草原牧区传统精华的理念、技能和现代先进的意识、科技结合得不够紧密，生态经济欠协调，产业结构不合理，发展模式及经济增长方式仍然比较粗放落后。草原畜牧业是草原牧民生产的主要对象、生活的主要依托，然而现实的草原畜牧业生产经营比较粗放，既在一定程度上丢弃了传统游牧业对草原资源的合理利用及对草原生态环境的有效保护，也缺乏现代草原畜牧业的集约化、规模化、标准化经营，草原畜牧业的发展还遭遇草原退化加剧等瓶颈的制约。草原牧区的二、三产业一方面表现为发展不足，另一方面又呈现出产业结构的扭曲与不合理，"一煤独大"，采矿业等的掠夺式扩展，不仅损耗草原资源及矿产资源，也破坏草原生态、污染草原环境。草原畜产品的多层次开发、利用和深度加工还很不够，牧区畜产品加工业拓展不足等。

草原退化加剧，草原的品质不断降低，使草原生态承载力下降，草原生态足迹也往往增加，这样草原生态赤字便产生了，并且日趋加大。草原是广大牧民赖以生存的基础，是我国"三北"地区的主要生态屏障。然而，由于开垦、开矿及不合理利用草原资源等因素的影响，使我国的草原退化严重，内蒙古草原目前的退化率在70%以上。草原退化引起的草原产草量和牧草饲用价值等的下降，使草原畜牧业等的发展受到严重制约。草原退化也使草原生态环境恶化，草原生态系统的生态功能变弱。这样，既使草原的生态承载力降低，也使草原的生态足迹增大，因为草原品质劣化，单位人维持一定的生活标准所需要的草地面积就要增加。

草原多种功能开发不足，综合效能没能充分发挥，既影响草原生态承载力的放大，也制约其生态足迹的缩小，使草原生态赤字向生态盈余转变遭遇瓶颈。草原具备生态保护、食品保障、原料供给、观光休闲、文化传承等多种功能。我们可以依托草原的生态保护功能，打好绿色牌、生态牌、特色牌，发展特色产业、绿色产业。草原能够提供牛羊肉、羊绒、牛奶等大量的优质畜产品，满足人们的日常生活需要，而且畜牧业发展的同时，能带动饲料业、食品业、生物制药、皮革、乳品业、服装业等相关产业的发展，从而有效推动草原牧区产业化进程。草原还拥有丰富的野生动植物资源，天然草原上拥有野生植物1.5万种，野生动物2000多种，但目前仅有少数种类被开发利用，且多数被利用的植物资源收获仍采用原始的采摘和挖掘方式等，这样的粗放方式不利于资源的永续利用。草原可供旅游、观赏、娱乐、休闲等，不同类型的草原能够形成各具特色的景观资源，为草原生态、特色旅游业发展提供了广阔的天地；而草原旅游业具有吸引投资、改善草原牧区基础设施及公共服务、促进其第三产业加速发展等的作用。

草原风能资源、太阳能资源及生物质能源十分丰富，为发展清洁能源、绿色能源产业奠定了基础。

第五节　加快草原生态文明建设的策略

一　树立生态优先、绿色发展理念，形成科学合理的生产和生活方式

（一）普遍培养草原生态文明意识

认真学习、领会习近平生态文明思想，深刻理解、把握"生态兴则文明兴，生态衰则文明衰""人与自然是生命共同体""人与自然和谐共生""绿水青山就是金山银山""保护生态环境就是保护生产力，改善生态环境就是发展生产力""生态文明建设是关系中华民族永续发展的根本大计""良好生态环境是最普惠的民生福祉""要坚持生态惠民、生态利民、生态为民，重点解决好损害群众健康的突出环境问题，不断满足人民日益增长的优美生态环境需要"等思想精髓，充分认识、明确生态文明建设的必要性、重要性及其伟大意义；广泛传播、普及生态文明知识、理念，用生态文明的思想理念、原理原则武装头脑，培育、提高人们的生态意识、环境意识与生态文明素质，树立正确的自然观、资源观、价值观、财富观、生活观和政绩观，并自觉、自愿地按照生态文明的思想原则、理念要求等规范自身的生产生活等一切行为，做到知行合一，做生态文明建设的积极倡导者、主动参与者、自觉行动者。

要树立草原生态文明的思想理念，科学、正确地认识草原的价值与功能，彻底批判、摒弃能够在一定程度上引起对草原不珍视、不爱护的"草原无价论""草原无限论"等的错误论调。草原具有生态、经济、文化等多重功能与价值，是一种效用、价值巨大，很难替代、不可消失的稀缺资源。草原生态系统的生态功能、价值是其经济功能、

价值的几倍甚至十几倍，文化功能、价值可能还要更大。具有如此巨大功能及价值的草原，我们当然要倍加珍惜、倍加维护，科学修复、有效拓展、合理利用，从而使草原永存永续，草原生态系统的生态效能及经济效能、文化效能充分发挥，草原生态系统结构有序、机制灵活、运行稳健。

转变决策机构和领导的观念。生态环境是经济发展的基础，经济发展为生态环境保护提供物质、技术等支撑，要正确处理环境保护与经济发展的关系。要清醒认识保护生态环境、治理环境污染的紧迫性和艰巨性。树立"生态优先"的发展理念，改变"重经济增长，轻生态保护""重当前利益，轻长远利益"的观念和工作思路。创新干部考核制度，既对其经济工作成绩进行考核，又考察其生态文明建设工作成绩，例如，要将当地的空气、水源质量和节能减排等生态指标，作为领导班子和领导干部考核的重要内容。[1]

（二）发挥牧民在草原牧区生态文明建设中的主体作用

牧民是草原牧区生态建设的直接参与者、直接受益者，是草原牧区生态文明建设的主体。要充分尊重牧民的主体地位和作用，提高其生态忧患意识、生态保护责任意识，积极引导其绿色、可持续的生产生活方式，并使牧民在草原生态环境保护建设中有更多的决策、管理、监督等权利，激发牧民参与生态文明建设的积极性。[2]

（三）增强企业环保和生态文明建设的责任

激励与约束并存，增强企业环保责任意识，提高其环境保护的主动性。对于环保责任落实好的企业予以激励，例如，制定激励政策，鼓励利用清洁能源、对废弃物进行综合利用、使用节能环保新工艺和

---

① 高宾：《社会主义生态文明建设的制约因素及对策分析——以内蒙古自治区为例》，硕士学位论文，内蒙古大学，2009 年，第 24—25 页。

② 塔格塔：《内蒙古草原生态文明建设中牧民主体地位研究》，硕士学位论文，内蒙古农业大学，2016 年，第 16 页。

新设备的企业等；对于超标排放、偷排偷放加大惩处的力度。

（四）形成草原牧区绿色发展方式和生活方式

习近平总书记就推动形成绿色发展方式和生活方式提出六项重点任务：加快转变经济发展方式，加大环境污染综合治理，加快推进生态保护修复，全面促进资源节约集约利用，倡导推广绿色消费，完善生态文明制度体系。[①]

对于草原牧区来说，推动形成绿色发展方式和生活方式，同样面临这六项重点任务。一是加快转变经济发展方式。根本改善生态环境状况，必须改变过多依赖增加物质资源消耗、过多依赖规模粗放扩张、过多依赖高能耗高排放产业的发展模式。[②] 要重视草原多功能保护性利用，[③] 重视草原的生态服务功能、草原文化传承功能等，依托自然生态、民族特色等优势，发展民族特色经济，提高可持续发展能力。二是加大环境污染综合治理，要以解决牧区大气、水、土壤污染等突出问题为重点，全面加强环境污染防治。三是加快推进生态保护修复。以实施草原生态建设项目和加强草原基础设施建设为抓手，加快推进草原生态修复。[④] 此外，在国家不断加大生态保护力度、推动草原畜牧业转型发展的过程中，牧民群众还将面临生产成本进一步增加的压力。[⑤] 因此，生态建设除了要有一定的资金支持以外，还需要在生态后续产业上下功夫。应加快健全生态建设的生态后续产业，加强政策引导和资金投入，实施生态保护工程的地区及时培育起相应的生态后续

---

　　① 习近平：《推动形成绿色发展方式和生活方式　为人民群众创造良好生产生活环境》，2017 年 5 月 27 日，http：//news. xinhuanet. com/politics/2017 –05/27/c_1121050509. htm。

　　② 同上。

　　③ 毕力格、哈斯、高鸿雁：《重视"三牧"问题实现牧区可持续发展》，《北方经济》2011 年第 5 期。

　　④ 《高鸿宾副部长在全国草原工作会议暨草原监理工作会议上的讲话》，2013 年 6 月 7 日，http：//www. moa. gov. cn/govpublic/XMYS/201306/t20130607_3486612. htm。

　　⑤ 同上。

产业和龙头企业，形成完整的生态产业链条，[1] 促进牧民持续稳定增收。四是全面促进资源节约集约利用。生态环境问题，归根结底是资源过度开发、粗放利用、奢侈消费造成的。[2] 资源保护、节约集约利用是生态文明建设的重中之重。一方面，对草原的开发利用应该从单一功能的利用转为多种功能开发利用，充分发挥草原资源的综合效益。在草产品加工、草原观光旅游、草原文化产业等方面寻求经济增长点。与此同时，开发草药资源、食品资源、花卉资源、草坪资源、固沙资源、水保资源、绿化资源、野生动物资源等。[3] 另一方面，草原牧区矿产资源开发必须加强尾矿利用和矿区环境恢复治理，并通过科技创新实现资源高效利用和矿区环境科学治理。水是草原生态的命脉，资源开发时要注意保护与节约，充分考虑水资源承载力。五是倡导推广绿色消费。通过加强宣传教育、典型示范等形式，推动形成绿色低碳、文明健康的生活方式和消费模式。六是完善生态文明制度体系。进一步完善草原生态补偿制度；落实生态环境损害赔偿制度，全面评估草原资源稀缺程度、生态损害成本和修复效益，研究和完善政策内容；[4]以及完善环境保护公众参与制度等。总之，进一步完善节约资源、环境保护、污染治理等多层次全方位的制度规范和实施细则。[5]

　　生态是草原牧区发展的重要支撑，也是草原牧区可持续发展的基础。随着工业化、城镇化的发展，草原资源和草原生态环境承受的压

---

　　① 高宾：《社会主义生态文明建设的制约因素及对策分析——以内蒙古自治区为例》，硕士学位论文，内蒙古大学，2009 年，第 21 页。

　　② 习近平：《推动形成绿色发展方式和生活方式　为人民群众创造良好生产生活环境》，2017 年 5 月 27 日，http://news.xinhuanet.com/politics/2017 - 05/27/c_1121050509.htm。

　　③ 刘德福、刘天明：《关于草原资源可持续利用的思考》，《四川草原》2004 年第 6 期。

　　④ 杨振海：《加强草原保护　建设美丽中国》，《农村工作通讯》2014 年第 9 期。

　　⑤ 张莽：《当前我国生态文明建设的核心问题研究》，《生态经济》2017 年第 33 卷第 4 期。

力增大，实现牧区经济发展与生态环境改善相协调成为亟须解决的重要问题。构建科技含量高、资源消耗低、环境污染少的产业结构，推动生产方式绿色化，是有效缓解经济发展与资源环境之间矛盾的重要途径。

要调整优化草原牧区产业结构，努力实现产业结构与生态文明建设、可持续发展相协调。发展生态畜牧业、生态林草业、生态工业、生态旅游业、环保产业等为主体的生态产业、绿色产业体系。[1] 草原牧区第一产业方面，发展生态畜牧业、生态草业等，同时保护和改善草原生态环境，打好绿色、有机、无污染特色牌，正确处理农牧业生产发展与生态环境保护的关系。草原牧区第二产业方面，发展生态工业和环保产业等。畜产品加工业是草原畜牧业实现产业化的"龙头"，要进一步提高畜产品加工业的竞争能力。对于牧区的能源工业如电力工业、煤炭工业等，要提高资源附加值，并提高工业"三废"的治理水平，同时不断改善工艺设备，推进清洁生产，发展少污染，甚至无污染的生态能源工业。[2] 有序开发矿产资源，整顿开发秩序，提高准入门槛。草原牧区第三产业方面，发展草原文化产业、草原旅游业等特色优势产业。例如在草原旅游业中，将独具特色的民族文化融入旅游业的吃、住、行、游、购、娱等各环节中，并加快旅游商品的开发。

草原生态系统中各类自然资源的开发度、利用量，要严格限定在草原生态阈限的范围之内。草原生态阈限是指草原生态系统的承载能力、净化能力、抗扰能力以及系统资源的利用限度等，是系统承纳及资源使用的最高界限。若草原生态系统承纳水平及主要资源的使用强度不超过生态阈限，则其结构功能状态良好，生态平衡网络体系巧妙维系，自恢复、自更新、自净化等机制能够正常发挥作用；否则，草原生态系统结构走向无序，功能不断下降，出现恶性循环、逆行演替。

---

[1] 马林、王亮、张扬等：《中国草原牧区可持续发展论》，民族出版社 2014 年版，第 314 页。

[2] 同上书，第 317—318 页。

可见，草原生态系统中各类自然资源的开发度、利用量，要严格限定在草原生态阈限的范围之内，草原生态足迹也应该小于或等于草原生态承载力。

要转变生产方式，推进草原牧区产业绿色化、集约化，发展中国特色的现代草原畜牧业。现代草原畜牧业，主要是指立足游牧业的精华技术和现代先进的畜牧、兽医、草业等适用科技，基础设施完善，营销体系健全，管理科学，资源节约，环境友好的优质高效绿色产业。推进草原畜牧业向现代化转型，要调整品种结构、畜种结构和畜群结构，改良畜种、优化品质，提高畜牧业科技含量；同时，加快引进草种繁育、草产品加工等先进技术，增强牧草供给能力。从而有效提高畜群对牧草的转化效率等，放大草原的生态生产力和生态承载力。

合理生活方式，回归绿色消费、保持节俭消费，倡导简约生活。合理的生活方式、科学的消费模式，可以使生态足迹随着生活水平的提高保持稳定或减少。草原牧区适当回归、保持已往节俭、绿色与自然和谐、亲近的生活消费方式，不攀比消费、过度消费，不浪费消费资源，不在消费的过程中污染草原生态环境等，就能降低生态足迹，减少甚至消除生态赤字。

草原生态保护建设要合理有效，要遵循草原牧区的自然与经济规律。当前某些保护建设草原欠合理、不科学的做法，需要修正、完善。如，盲目地开垦原生草场、种植高产牧草，结果往往人工草地种不成、天然草原也被破坏了；局部草原过度的围栏建设，破坏草原生态系统的完整性，也影响草原畜牧业等的正常生产。通过草原封育，给草场一个充分积累营养物质和休养生息的机会，是提高草原高度、盖度的有效办法，然而草原封育一般也不要超过5年，因为若草原长时间封育不用，其草群结构就要退化，优质牧草就会减少。

认识并放大草原的多种功能，促进草原资源综合利用、高效利用。草原具有多种功能，草原资源是物质需要、精神需要和生态需要的财富总和，要从单一功能利用转为多种功能开发利用，充分发挥草原资源的综合效益。要在畜产品加工、草产品加工、草原观光旅游、草原文化产业等方面寻求经济增长点。如充分挖掘绿色食品发展潜力，开发有机绿色草畜产品，打造草原品牌；适当开发草药资源、食品资源、花卉资源、草坪资源、固沙资源、水保资源、绿化资源、野生动物资源等，积极发展特色产业等。

习近平总书记在参加十三届全国人大二次会议内蒙古代表团审议时关于生态文明建设"四个一"的重要论述，深刻阐明了新时代我国生态文明建设的战略地位与战略部署，为进一步加强生态文明建设指明了方向、提出了要求。习近平总书记强调，要贯彻新发展理念，统筹好经济发展和生态环境保护建设的关系，努力探索出一条符合生态文明战略定位、体现地方特色，以生态优先、绿色发展为导向的高质量发展新路子。

草原牧区具有鲜明的地方特色，更需要建设生态文明，也需要努力探索、研究草原生态文明建设的新路子、新模式。我国的草原牧区与农村等在诸多方面都有明显的差异，建设草原生态文明，应科学把握草原牧区的本质特征，注重草原牧区生态景观、生产方式、生活方式、文化习俗、社会治理等的特色，切实做到遵循草原牧区经济、生态、社会、文化的发展规律，因地制宜、分类推进，绝不能搞简单化的生搬硬套。

草原生态文明建设，要以生态优先、绿色发展为导向，以保护草原、修复草原、改良生境为基础，致力于制度创新与技术创新、理论创新与实践创新，推进草原区域的自然资源维护、利用、更新（替代）及监测、核算、评价等方式的转变，优化结构、完善机制、放大功能，走生态、经济、社会、政治、文化协调持续、高质高效发展的路子。要加速探索生态优先、绿色发展的草原生态文明建设总体模式，以及适合不同草原类型的不同模式，如草甸草原、典型草原、荒漠草原、高寒草原等生态文明建设模式。要重点研究草原牧区以草原生态为基础的湖、草、林、沙生态系统的恢复和保护问题，将生态优先、绿色发展理念引入草原生态文明建设的各个环节，深入探究草原生态系统的特性及其结构、机制、功能、演替规律，进而创新、完善草原生态经济学、草原生态文明理论。

二　建立健全适应草原牧区生态文明建设的制度体系

《中共中央关于全面深化改革若干重大问题的决定》中指出："建设生态文明，必须建立系统完整的生态文明制度体系，实行最严格的源头保护制度、损害赔偿制度、责任追究制度，完善环境治理和生态修复制度，用制度保护生态环境。"本书依据内蒙古自治区党委、自治区人民政府《关于加快推进生态文明建设的实施意见》中关于建立健全生态文明制度体系提出的七个方面的相关意见，对建立健全适应牧区生态文明建设的制度体系进行探讨。

建立健全生态文明建设制度体系对于草原牧区可持续发展至关重要。（1）完善草原产权制度设计。构建归属清晰、权责明确、监管有效的草原产权制度，有效保护草原和提高生产效率，促进可持续利用。（2）推进红线管理制度，实行最严格的管控措施。（3）完善生态补偿制度，科学合理界定生态补偿主客体、标准、内容及方式等，明确生态保护者与受益者的权利、义务。具体来说，完善草原生态保护补助奖励机制，保持政策的连续性和稳定性，充分调动牧民保护草原的积极性；完善草原牧区矿产资源开发的生态补偿机制，针对具体地区的实践，积极探讨补偿资金来源、补偿渠道、补偿方式等和保障体系，对矿产资源开发过程中的生态破坏进行生态环境修复性补偿。（4）完善草原保护制度。进一步完善禁牧休牧划区轮牧和草畜平衡制度；健全矿产资源开发保护管理和生态修复制度，对资源开发项目合理布局，提高新矿企业的准入门槛，做好矿产资源开发的生态环境影响评价，最大限度地减少矿产资源开发对环境的污染和破坏；建立草原生态保护长效机制，例如，建立草原生态保护建设的长效投入机制，进一步激发牧民参加生态保护工程的积极性。（5）推行用能权、用水权、排污权、碳排放权等交易制度。根据环境容量，科学核定污染物排放总量，逐步完善排污权有偿取得及交易制度。（6）建立生态建设和环境污染治理市场化机制。拓宽融资渠道，加大生态建设和环境保护投入；探索政府与社会资本合作治理环境污染模式；以及推进第三方治理、服务等，例如，支持拥有核心技术的企业向环保服务领域发展，提供第三方治理等服务。（7）建立生态环境信息公开制度和公众参与制度。生态环境信息是公众参与的重要前提，公众掌握信息量直接影响到其参与生态文明建设的程度。[①] 应进一步明确政府、企业公开生态环境信息的义务，明确信息公开范围、详细规定信息公开种类、公开途径等。公众参与方面，创新参与方式，增强公众参与的可操作性。还要进一步完善生态环境损害责任终身追究制；建立健全污染者付费制度；健全企业环境行为信用评价制度。总的来说，完善从源头、过程到后果全过程的生态文明制度体系，严防源头，激励保护、约束使用，损害严惩、责任追究。并且加强部门间协调，形成协调机制，协力推进生态文明建设。

在习近平生态文明思想的指导下，生态文明顶层设计和制度体系建设加快推进。要加速构建系统完备、科学规范、运行有效的生态文明制度体系，健全生态环境保护、资源节约利用、国土空间开发的体制机制。积极推进生态建设和管理方式的改革，逐步建立国家、社会和个人参与生态环境保护与建设的管理机制。要确认自然资源及环境的价值、并测定其价值量，将自然资源和生态环境因素纳入国民经济核算体系，用绿色 GDP 指标的数值变化，来科学考察经济与生态的当前协调程度，并预测未来的持续程度等。绿水青山变为金山银山需要科学合理的转化机制，生态补偿制度就是直接、有效的转化机制之一；要建立和完善草原、森林和水源等的生态补偿机制，特别要尽快制定并有效实施草原生态补偿制度，进一步调动广大牧民建设草原、保护

---

① 施生旭、陈爱丽：《我国生态文明建设中的公众参与问题研究》，《林业经济》2016 年第 3 期。

草原的积极性和创造性。

建立完善草原生态文明制度体系。完善和实施统一的草原资源和草原生态环境保护法，增强其在社会经济活动中的约束作用；同时加大执法检查的力度，在法律上切实保障草原生态环境的保护与草原资源合理配置和高效利用。根据草原生态文明建设的生态目标和经济目标等，制定防止和遏制破坏性经营的刚性约束政策，从源头上化解危害草原的问题；建立草原生态文明建设的投入保障制度和科技支撑制度；建立健全生态草业发展制度，建立完善科学合理的轮牧制度，建立并实施草原生态补偿制度等。

建立健全生态草业发展制度，草原牧区发展一批生态草业户，以维护、培育天然草场和适度培植、发展人工草地为主业，政府或基金会等根据维护、培植草场的草的生长情况、草地等级的变化情况即草原资源资产的增值情况等给予生态草业户的生产经营者发放一定的工薪报酬，天然草场和人工草地适度提供的草产品，也能有一定的销售收入，且生态草业户的平均收入要不低于当地牲畜牧养户的平均收入。这样保护草原、恢复植被、培植牧草及经营发展草业就会逐步成为广大牧民自觉自愿的行动。

建立完善科学合理的轮牧制度，继续推进草场合理流转和草原畜牧业适度规模经营，深入研究、探索现有草原"三权分置"及人均草场面积较小等条件下进行科学轮牧的技术与方法，倡导、鼓励、要求草原牧区合理轮牧，科研、技术、行政部门用技术、方法等支持、辅助轮牧，并对轮牧典型户、示范户给予奖励等。

建立并实施草原生态补偿制度。参照国内外森林、矿产资源、流域等的生态补偿办法，按照草原资源、草原生态的本质特征，建立草原生态补偿制度，形成绿色草原真正变为"金原银原"的有效转化机制和草原生态补偿的长效机制。草原生态补偿制度，是以维护与修复草原生态环境，促进草原牧区生态、经济与社会协调持续发展为目的，根据草原生态系统的各种生态服务价值、生态保护成本等，确定科学合理的补偿办法及补偿标准，对草原牧民给予适当的经济补偿，从而理顺草原生态功能维护者与草原生态效益享受者，以及政府等相互之间利益关系的公共制度。要根据草原承包经营者等为有效保护、永续利用草原资源，为恢复、维持、放大草原生态系统的生态效益所做出的贡献，进行长期的生态补偿。可按照牧户承包草原的面积与等级、草原生态效益的评估值等，每年进行一定金额的补偿。

三 推动科技创新为建设草原生态文明提供技术支撑

通过科技投入提高草原畜牧业劳动生产率、资源利用率、综合生产能力，不断突破畜牧业发展的瓶颈，在保护草原的基础上，科学有序发展畜牧业，走保护生态环境、充分合理利用自然资源的可持续发展道路。改良畜种，优化品质，繁育优种畜群，完善防疫体系，提高畜牧业科技含量；增强牧草供给能力，加快引进牧草新品种，以及草种繁育、草产品加工等先进技术；转变养殖方式，实现牲畜饲养科学化，推广和普及先进适用的饲养管理技术，用现代的科学文化知识武装农牧民头脑。

推动能源节约、资源循环利用、新能源开发、污染治理、生态修复等领域科技创新。加快风电、太阳能光伏发电、生物质发电技术的应用和推广。改变拼资源、高消耗、高污染、低效率、低收益等粗放型发展方式，走大力提高质量和效益的科学发展之路、环境友好之路。

继续实施好草原生态保护补助奖励机制、京津风沙源治理、退牧还草及退耕还林还草等草原生态保护建设重点工程，逐步建立健全草原生态环境保护建设的工程体系，进一步加强与改善草原生态保护修复工作，促进草原生态赤字向生态盈余转变。要充分利用草原飞播或补播、毒杂草防除等草原恢复建设的实用技术，大力保护、建设基本草场；草原生态环境极度脆弱区可适当禁牧，采用生物、化学、生态的方法加大草原鼠虫害防治力度，减少其损害；有效消除人类对草原自然的干扰和破坏，要通过轮牧、培育、草畜平衡等措施合理利用草原资源，缓解草原生态压力，要严禁开垦草原、严禁乱采滥挖等破坏草原的行为；以防沙治沙和流域治理、保护天然荒漠植被和绿洲生态建设为重点，提高和完善各类草原生态环境极脆弱区与草原自然保护区的保护水平，实现保护区的保护与周边区域良性发展协同互动。从而实现草原生态环境质量有效提高，草原自然资源得到科学保护与合理利用，草原生态文明建设有力推进，草原可持续发展能力显著提高。

草原的修复、治理，要严格遵循草原生态系统的生态规律和经济规律，因地制宜、切合草原实际。过度的草场网围栏建设、过长时间的草场禁牧等不符合客观实际、有违自然规律的行为，要坚决改变、摒弃，草原保护建设要讲实效，不要摆形式。草原生态系统脆弱性强、稳定性差，自然、人为等因素的干扰所引发的变化较大，草原生态保护建设、修复治理，必须长期坚持、连续工作，可以说草原生态保护建设"永远在路上"。

大力发展草原循环经济、低碳经济、清洁生产。运用草原生态学理论指导人们合理利用草原自然资源和草原环境容量，按照草原生态系统物质循环和能量转换规律重构草原经济子系统，把牧草资源等诸多草原生态系统资源的综合利用、节约利用和可持续消费等融为一体，使草原经济子系统和谐地纳入草原自然生态系统的物质循环过程中切实推进草原循环经济、清洁生产，实现废物资源化、无害化，生产微污染甚至无污染，使得产业发展及经济活动生态化、绿色化、低碳化，生态建设及环境治理产业化、社会化、市场化，从而有效保护、循环利用、不断拓展或科学替代日益稀缺的草原生态系统资源，推动生态赤字、恶性循环的草原生态系统向生态盈余、良性循环的草原生态系统转变。

四　永续利用草原资源，造福当代泽被后世

草原是我国面积最大的陆地生态系统，具有强大的生态功能、经济功能、文化功能。草原生态系统的资源非常丰富，既包括牧草等可

再生资源，也包括矿产等不可再生资源。遵循习近平生态文明思想，保持加强生态文明建设的战略定力，牢固树立生态优先、绿色发展的导向，在草原生态系统严格保护、科学修复的基础上，永续利用草原资源，有效改良草原生态环境，造福当代人民，泽被后世子孙。

（一）适度利用、永续利用草原生态系统牧草等可再生资源

草原可再生资源的科学合理利用主要包括三方面的内容：一是有效保护，二是适度利用，三是大力扩展；即在保护中利用，在利用中保护，在保护和利用中实现草原可再生资源的稳定与扩展；使绿色草原生生不息、永续永存，永久保障国家生态安全，世代造福中华各族人民。

合理利用草原生态系统牧草等可再生资源，要实行永续利用。草原可再生资源的永续利用，就是根据资源的再生特性，通过保护和利用相结合以及资源的不断扩展，使之源源不断地供应经济社会扩大再生产的需要；就是要使草原总体的绿色植被最大、生物总量最多，生物群落稳定有序，对生境的维持和改良作用最优，草原生态系统的生态功能最强；就是要在草原生态系统严格保护、科学修复的基础上，在一定自然生态和社会经济条件下，获得持续的、最大的草原生物有机体的生产量和以畜产品为主的经济产品的提供量，使植物对太阳能的利用率、牲畜对饲草的转化率，以及畜产品和草制品的生产、加工、增值率大幅度提高，而又不损害资源的更新能力、不减弱其生态效能。

合理利用草原生态系统牧草等可再生资源，要实行适度利用。草原可再生资源的数量和再生能力等存在有限性，决定了对其利用应该有一个适合度。达到这个适合度，资源利用效率最高；小于这个适合度，资源利用不充分；超过这个适合度，就超出了系统的承载能力，会引起草原生态系统退化、逆行演替。一般来说，草原可再生资源的利用速率，不应低于因环境拥挤效应带来的死亡率，但不能高于资源的更新速率，这可以作为草原可再生资源利用的生态上限与下限。草原可再生资源利用的经济下限是总产值大于等于总成本时的资源利用

量，其经济上限应与生态上限相对应，即寻求在自然生态和社会经济约束下的收益极大值时的资源利用规模。适度利用可再生资源，就是要使资源的利用量限定在生态阈限和经济阈限范围之内，使资源的破坏以及闲置、浪费降低到最低限度，使草原生态经济效益最大化。具体地说，适度利用草原可再生资源，就要按时、准确清查资源，科学确定载畜量等，切实做到以草定畜、因草配畜、草畜平衡，不仅使畜群结构与草群结构相协调，而且使畜群数量与草群产量的年、季变化序列相一致，杜绝超载过牧、乱垦滥采等不良现象的发生。

合理利用草原生态系统牧草等可再生资源，要实行集约利用。集约利用牧草等草原可再生资源，就要着力推进草原畜牧业现代化，有效提高牲畜对饲草、饲料的转化率即第二性生产力；要优化草群结构，科学轮牧休牧，适当规模经营，精细饲养管理，健全防疫体系，注重草料储备，完善棚圈设施，保障饮水供给。要选育和引进优良畜种，增大良种畜和改良畜的比例，优化畜群结构和畜群规模；要按照饲草转化效率最高及牲畜的总体产出量最大的原则，加快畜群周转速度，避免过度追求存栏数、既浪费牧草又消耗牲畜体内营养的现象。要普及现代集约的牧养方式，推行合理的划区轮牧和"季节性畜牧业"等，在放牧和牧草的打、运、贮、加工、饲喂等过程中尽量减少损失浪费，并应用科学配方的饲草料适时适量进行一定的补舍。同时，要适当发展现代草业，进行饲草料的精深加工等，在拓展绿色植被的同时提高草产品的品质。

合理利用草原生态系统牧草等可再生资源，要严格保护、科学修复草原，有效防治草原退化沙化，着力改良草原生态环境，维持并增强草原生态系统的功能和效益。要使保护和治理相结合、消费和扩展相协调，建立健全科学的围栏封育、休闲复壮、飞播改良等制度，不断治理草原"三化"，有效修复退化草场，适当发展人工草地，改善草群结构，提高植被盖度，改良生态环境，使草原生态系统良性循环、进展演替。要杜绝乱砍滥采、过度放牧，禁止开垦草原、使草原牧区农耕化等，全面落实严格维护草原的监管责任等。要建立完善草原防灾减灾体系，有效预防草原旱灾、白灾等气象灾害，及时防治草原病虫鼠害等，使自然灾害等带来的草原生态破坏和经济损失降低到最低限度。

（二）节约利用、储备后用草原生态系统矿产等不可再生资源

草原生态系统矿产等不可再生资源开发利用速度的加快，一方面推动了当地经济的发展，另一方面频繁、无序地开发利用矿产资源等，已对草原地区造成一定程度的资源破坏与环境污染，给脆弱的草原生态系统带来了创伤。因此，要在严格保护草原生态环境的前提下，对草原生态系统矿产等不可再生资源实行节约利用、集约利用、替代利用、储备后用。

合理利用草原生态系统矿产等不可再生资源，要实行节约、集约开发利用。草原生态阈限是指草原生态系统的承载能力、净化能力、抗扰能力以及系统资源的利用限度等，是系统承纳及其资源使用的最高界限。草原生态系统中各类自然资源的开发度、利用量，要严格限定在草原生态阈限的范围之内，草原生态足迹也应该小于或等于草原生态承载力。在草原生态系统进行矿产等不可再生资源开发利用时，要科学评估其对草原生态环境的影响，预测其是否在草原生态系统的承载力、吸纳力阈限之内，使资源开发利用与草原生态系统的生态环境容量等相适应、相对应、相平衡，坚持集中、节约开发利用，而不是全面开花；坚持慢速、集约开发利用，而不是急功近利、掠夺性开采。

要特别关注不合理地开发利用矿产资源造成的草原生态系统资源破坏与环境污染问题，进一步强化矿产企业保护草原生态环境的责任，积极引导其实施绿色发展、高质量发展，通过科技创新实现矿产资源及尾矿的高效、集约利用，并对矿区生态环境进行科学合理的恢

复治理。① 要大力发展清洁生产、低碳经济、循环经济，实现经济与生态、生产与环保协调同步持续建设发展；② 要有效拓展物质能量消耗少、少污染甚至无污染、少废物甚至无废物、物质循环利用、综合利用、节约利用的新型绿色产业，建设洁净、舒适、便捷、美丽的绿色化、生态化、现代化的产业园区。

合理利用草原生态系统矿产等不可再生资源，要实行生态补偿、替代利用。要坚持"破坏者恢复、使用者付费、受益者补偿"的原则，建立完善草原生态系统矿产资源开发利用生态补偿制度。矿产企业在享受矿产资源开发利用带来的经济利益时，当地牧民等却往往承担着资源开发利用引起的一些不良生态后果，这种外部不经济效应的治理成本应当内化成企业的生产成本，让其为经济行为的不经济性"埋单"，要健全完善补偿渠道、补偿方式、补偿标准和保障体系等，矿产企业给予当地牧民等的补偿可以采用多种补偿方式，补偿费用要与矿产开发利用的效益挂钩等。同时，要在矿区实施生态修复性补偿，对植被恢复、土地复垦、水气污染治理等由采矿企业出资，请专门的生态公司等进行修复、治理。

要试点、推广草原生态系统矿产等不可再生资源的替代利用。对于矿产等不可再生资源来说，其任何开发性投资与可更新资源补偿性投资应相互协调，即将不可再生资源的净收入分成两部分：现在每年可消费的收入部分和用于对可更新资源替代品投资的资本部分，且收入部分与资本部分的划分取决于不可再生资源的寿命（贮量除以耗尽率）和折扣率（也是可更新替代品的增长率），不可再生资源的减少通过可更新资源的增加而转化为新的替代资源及生态资本，以保障资源不减少及生态总资本不下降，确保草原生态系统良性循环、可持续

① 王关区、陈晓燕：《牧区矿产资源开发引起的生态经济问题探析》，《生态经济》2013 年第 2 期。

② 云英：《牧区工业化与草原生态保护和谐并进》，《实践》（党的教育版）2011 年第 10 期。

发展。

合理利用草原生态系统矿产等不可再生资源，要实行适当储备，代际公平协调利用。遵循习近平生态文明思想，树立绿色发展、可持续发展理念。人们在考虑自身需求与满足消费的同时，也要对未来各代人的需求与消费担负历史责任，确保当代及逐后各代际人相对平等地获得草原资源与环境的机会与权利，当代人在保护草原生态环境基础、合理利用草原资源以满足生存发展享受需求的同时，有计划地为后代人保留、培植富足的草原资源与美好草原生态环境，在均衡各代际人需求与保护自然生态环境的基础上，有效储备、协调利用资源，既有效满足当代人的需求又不损害子孙后代满足其需求的基础与能力。

坚持"生态环境保护就是为民造福的百年大计"，在切实保护、科学修复草原生态系统的前提下，对草原生态系统矿产资源实行生态型、绿色化及集约化、小数量（企业数量要少，开采的总体规模要小）的有序开发利用，要将所有已经开发的矿山都建成绿色矿山，并实行"绿则存，不绿则退"，在草原生态系统中不再新建矿产开发项目，并有计划地把相当一部分草原生态系统矿产资源作为国家的长期储备资源，"留在那"，留给后世未来，"子孙后代可以用"，实现代际持续利用，当代人与后代人公平发展、共享福祉。

第 五 章

中蒙俄三国生态合作建设

"这个世界，各国相互联系、相互依存的程度空前加深，人类生活在同一个地球村里，生活在历史和现实交汇的同一个时空里，越来越成为你中有我、我中有你的命运共同体"，2013年3月习近平当选国家主席后首次出访时，对世界如是说。此后在多次国际会议和讲话中，习近平主席发出了推动构建人类命运共同体的倡议。2016年8月，习近平总书记在推进"一带一路"建设工作座谈会上强调"聚焦携手打造绿色丝绸之路"。在共同建设"一带一路"的过程中，突出绿色低碳发展，加强对生态环境的治理，维护生物多样性。2017年10月18日，习近平总书记在党的十九大报告中提出，坚持和平发展道路，推动构建人类命运共同体。2018年3月11日，第十三届全国人民代表大会第一次会议通过的宪法修正案，将宪法序言第十二自然段中的"发展同各国的外交关系和经济、文化的交流"修改为"发展同各国的外交关系和经济、文化交流，推动构建人类命运共同体"。

人类命运共同体价值观在习近平生态文明思想中得到了充分的体现。习近平总书记代表中国人民向全世界郑重地发出了中国人对国际生态环境治理的承诺："中国将继续承担应尽的国际义务，同世界各国深入开展生态文明领域的交流合作，推动成果分享，携手共建生态良好的地球美好家园。"中国作为世界上最大的发展中国家，积极主动地加强与各国在生态领域的交流与合作，吸收借鉴其成功的环境治理经验，不断地提升我国履行应对国际生态危机义务的能力，进一步提高我国在国际环境治理领域的地位，争取更大的话语权。习近平在生态领域的国际交流与合作思想为我国的"合作共赢"战略增加了新的内容，一系列的生态国际合作举措，彰显了发展中大国的责任担当，为中国赢得了更大的国际生态环境治理话语空间，为应对全球环境问题，推动世界绿色发展，维护全球生态安全做出了积极贡献。

第一节 中蒙俄生态合作的意义

中国、蒙古国与俄罗斯，作为欧亚大陆上面积最大的近邻国家，是"一带一路"建设中最早提出中蒙俄经济走廊的国家，也是蒙古高原上游牧文化的主要发源地，三国不仅在经济文化上有着紧密联系，在草原生态上也高度相似，三国面临着许多共同的生态环境问题，例如治理荒漠化、防止草原退化、抗击自然灾害、应对气候变化等，三方有全面的生态合作需求。

一 生态合作是建设绿色"一带一路"的重要内容

"一带一路"倡议不仅包括经济、政治、文化、社会层面的内容，还应该有绿色维度。习近平总书记多次强调，要践行绿色发展理念，着力深化生态环境保护方面的合作，加大生态环境保护力度，携手打造绿色丝绸之路。为进一步加强与沿线国家的生态环境保护合作，2017 年环境保护部、外交部、国家发展和改革委员会、商务部联合发布了《关于推进绿色"一带一路"建设的指导意见》，提出要将绿色"一带一路"建设融入"一带一路"建设的各方面和全过程。也就是说中蒙俄经济走廊建设各领域的合作，都应在围绕绿色低碳发展、保护生态环境的理念和要求下开展，生态环境保护与建设既是各项合作的前提，也是中蒙俄经济走廊建设的重要组成部分。良好的生态环境是人类文明形成和发展的基础与条件。生态兴则文明兴，生态衰则文明衰。绿色"一带一路"倡议体现了中国政府顺应和引领绿色、低碳、循环发展的国际潮流，努力为全球生态安全、气候安全和能源安全做出新贡献，积极与沿线国家互学互鉴、合力探索经济可持续发展的有效途径，着力打造利益共同体、责任共同体和命运共同体的迫切愿望，是我国承担国际责任的体现。

二　生态合作是实现区域经济绿色转型的重要途径

中蒙俄三国境内都有大面积的生态环境相对脆弱地区，同时三国都属于发展中国家，面临着工业化、城镇化、农业现代化带来的环境污染问题、生态退化等多重挑战，因此，探索生态环境保护与经济社会协同推进，实现可持续发展成为各国亟须解决的难题。生态环境是经济带建设的重要支撑条件，深入拓展中蒙俄在环境污染治理、生态保护、核与辐射安全、生态环保科技创新等重点领域合作，全面提升生态环保合作水平，实现合作共赢发展，是三国生态文明建设的内在要求和延伸，是中蒙俄三国进一步加强合作交流的现实需求，是中蒙俄经济走廊顺利实施的关键，有利于促进三国生态环境保护能力建设，推动跨越传统发展路径，在开发资源、发展经济、推进城镇化建设的同时注重生态环境保护，处理好经济发展和环境保护的关系，走集约、绿色、低碳的工业化发展之路，最大限度地减少对生态环境的破坏和影响，是利国利民的重大举措，是实现区域绿色发展的重要途径。

三　生态合作是生态一体化的必然趋势

各个国家虽然疆域分割、主权独立，但生态环境具有整体性和联动性等特性，因此，任何一国都无法独立地解决生态环境问题，而是需要整个生态区域内的国家联手、联防、联控、联治来共同解决。例如引起我国北方地区荒漠化和沙尘暴的一个重要因素，就是相邻的蒙古国南部日益严重的荒漠化。有专家指出，中国华北地区沙尘暴有

44% 来自内蒙古，56% 来自蒙古国。[①] 中蒙俄三国地缘相邻相依，面临着许多共同生态环境恶化的侵扰，有强烈的生态环境保护的国际合作诉求，三方加强生态环保合作共谋发展，既有利于三方生存空间和发展质量的提升，同时又可以加速东北亚区域生态一体化进程。生态一体化是保证各国经济发展的基础，也是中蒙俄经济走廊建设向纵深发展的基本逻辑。再者，地区封闭属性之下的生态保护具有一定的局限性，地区的开放性使区域之间的生产要素跨边界流动比较显著，可以规避区域间的"屏蔽效应"和"中介效应"，中蒙俄生态保护措施的统一实施，行动的协调联动，在联动效应作用下国际合作更为密切，有利于中蒙俄区域社会的稳定和经济社会实现可持续发展。所以，生态一体化使中蒙俄之间的生态环境协作成为必然趋势。

四　生态合作是对蒙古族游牧文化的传承和发扬

蒙古高原包括蒙古国全部、俄罗斯南部和中国北部部分地区。蒙古高原居住的主体民族是蒙古族，作为一个游牧民族，蒙古族人有着共同的经济生活基础，在这种经济生活基础上形成的伦理道德、宗教、哲学，以及从习惯法到成文法都是类同的。内蒙古与蒙古国文化背景、风俗习惯有历史和现实的多元联系，且共同生活在一个"草原经济带"，有着合作的天然优势。蒙古族历史上形成的游牧经济本身是生态化的经济生活，在这种生态化的经济生活基础上生成的意识形态、上层建筑都是围绕保护生态发挥作用的。在蒙古族整个文化体系中，生态文明是其核心，环境是其生存的生命线。在他们长期的适应环境的过程中形成了根深蒂固的生态环境保护思想。如游牧民族信奉的萨满教就崇拜自然，认为"长生天"是自然界最高的神。人们敬畏大自然，忌讳任何伤害神灵和大自然的行为。蒙古国的宪法在 20 世纪 90 年代就明确了公民环境权，赋予公民参与环境事务、保护环境的法律权利，

---

① 中国国际交流中心编著：《国际经济分析与展望（2015—2016）》，社会科学文献出版社 2016 年版，第 439 页。

民众的环境意识与权利意识也极强。因此，三国都有传承下来的、根深蒂固的、极其强烈的环保意识，进行生态环境合作有无比良好的历史基础和民族渊源，进行协作无疑是对这种精神的一脉相承和发扬。

五　生态合作是保障区域安全的必然要求

冷战结束后，国家安全也由单一的军事威胁扩展到更多领域，其中，跨境生态安全涉及国家之间或国际区域之间的共同安全，是区域安全的重要组成因素，承载着区域社会和谐与可持续发展的重任。国与国之间因生态不安全而引发的矛盾与冲突也时有发生，有时甚至成为影响国家安全的重要因素。现在，一些西方国家把环境保护与民族关系、人权、宗教联系在一起，作为对华外交的主题，成为我国必须慎重对待的问题。事实上，相邻国家之间的草场退化、土地沙漠化、森林火灾、沙尘暴、水源污染等生态环境问题确实会互相产生一些负面影响，对人民群众生产生活、财产安全、身体健康带来严重影响和损害。我国与毗邻的俄蒙两个国家共同治理区域生态环境，有利于促进国家关系的睦邻友好，有利于边境地区的居民安居乐业和边境贸易的繁荣发展，是区域内生态安全的共同目标和现实需求，也是边疆生态安全的基本保障。

六　渴望良好的生态环境是各国人民的共同夙愿

人民对良好生态环境的渴求是不分国界的。各国发展经济、完善政治、建设文化、管理社会的最终目的都是改善民生，提高人民的生活质量。随着社会发展和人民生活水平不断提高，人民群众对清洁的水源、新鲜的空气、肥沃的土地、优美的环境等的要求越来越高，生态环境在群众生活幸福指数中的地位不断凸显，环境问题日益成为重要的民生问题。习近平总书记指出："良好生态环境是最公平的公共产品，是最普惠的民生福祉。"加强生态环境综合治理，提高环境质量，加快补齐生态环境短板，是当前我国的核心任务。保护生态环境，是关系中蒙俄三国发展的长远利益，是功在当代、利在千秋的事业。

第二节　中蒙俄生态合作发展概况

一　中蒙生态合作历程与发展

总体来看，中蒙生态环境保护合作由来已久，长期一直共同致力于生态环境的治理与合作，早已成为两国双边合作的重要内容，近年来在"一带一路"建设框架下，生态联防联治不断深入，合作项目不断增加。在治理与合作中，能够发挥各自优势，取长补短，形成合力，为今后的生态治理与合作奠定良好的基础。

（一）中蒙生态合作启动

2014年8月21—22日，国家主席习近平对蒙古国进行国事访问时签署的《中华人民共和国和蒙古国关于建立和发展全面战略伙伴关系的联合宣言》中明确了双方在巩固治理荒漠化、水资源利用和保护、应对气候变化、抗击自然灾害和森林草原火灾等领域的合作。

（二）次区域合作及具体合作内容

中蒙两国是友好邻邦，在双方的共同努力下，两国生态环保领域的合作不断推进，在沙尘暴防治、湿地保护、森林防火、荒漠化防治、跨界自然保护区以及生物多样性保护等方面开展了协商和务实合作，成效极为显著。

1. 共建跨界自然保护区

中国的达赉湖、蒙古国的达乌尔和俄罗斯的达乌尔斯克三个自然保护区地处三国交界处，有的区域相互连接，生态环境非常相似。1994年在三国共同边境地区建立了达乌尔国际自然保护区，保护了这一地区的生物多样性，加强了自然保护的国际合作交流。

2. 植树造林合作

蒙古国从 20 世纪 90 年代起大力开展植树造林活动，每年平均造林 8000 公顷以上。近年来，蒙古国在中方的技术指导下，引进中国优质树苗树种取得成功，乌兰巴托市区和南部戈壁省区的绿化面积正在扩大。为了生态平衡和环境保护，从根本上治理沙尘暴，蒙古国政府还提出了"绿色长城"计划。蒙古国自然环境保护部决定在其"绿色长城"项目上推广和使用中国黑龙江省生产的抗旱保水产品。为此，黑龙江省政府与蒙古国自然环境保护部于 2005 年 6 月签署了《关于保护自然环境进行稳定合作相互理解备忘录》。

3. 防治沙尘暴合作

中蒙都是《联合国防治荒漠化公约》的缔约国，各自都发布了相应的法律。2002 年 1 月蒙古国时任总理恩赫巴亚尔访问中国时提出，希望两国有关部门加强合作，共同防治沙尘暴，为此双方签署了相关协议。在中蒙双方积极合作的基础上，2009 年 7 月 7 日，中国政府向蒙古国捐赠两座沙尘暴监测站，分别安装在蒙古国中部的前杭爱省和东部的肯特省，双方将合作领域进一步扩大到在蒙古国境内进行沙尘暴监测合作，中蒙双方将共享监测到的相关数据。① 中国二连浩特市与蒙古国东戈壁省联手防沙治沙，成立联合防沙治沙委员会，研究制定工作方案及负责组织实施，调查研究周边地区气候及环境变化特征，负责防沙治沙工作的联络和策划。

4. 抵御森林火灾合作

火灾是中蒙两国共同遭受的比较严重的自然灾害之一。2012 年 4 月，在呼伦贝尔市召开中蒙第一次边境地区森林防火联防会，从建立联络站、建立定期会晤和紧急会晤机制、开设边境防火隔离带、边境地区森林火灾信息通报机制、完善紧急情况下跨境支援机制、加强中蒙两国森林防火合作与交流机制等方面与蒙方进行了讨论，并形成了

---

① 敖仁其、娜琳：《蒙古国生态环境及其东北亚区域合作》，《内蒙古财经学院学报》2010 年第 3 期。

会议纪要。2014 年 8 月，中蒙第二次边境地区森林防火联防会议在蒙古国乌兰巴托市召开，双方就继续推进边境防火隔离带建设、将国家级联防会的周期固定化、探索建立森林火灾联防机制、加强双方互访交流、加强部门间协调、落实联络站间的沟通联络、建立务实高效的应急快速过境扑火工作机制、加强对蒙方的扑火物资装备援助及推进蒙方境内中资企业参与扑火 9 个方面达成共识。

5. 开展草地生态系统科学研究合作

2016 年 11 月，蒙古国科布多大学代表团访问新疆生态与地理研究所，双方就中蒙阿尔泰区域草地生态系统的保护达成科学研究合作意向。2017 年 5 月，双方签署了《中蒙科技合作备忘录》，同时就中蒙联合野外站建设也达成协议，并对野外站进行了初步的选址。2017 年 11 月中蒙草地生态系统联合野外观测与研究站建成，该站主要开展草地生态环境相关要素（包括水、土、气、生）的长期定位监测、基础数据的积累与分析和预测，蒙古国典型草原生态系统对极端气候事件的响应及机理，蒙古国典型草原生态系统的碳、氮通量观测及定量评价，人为活动与全球变化对蒙古国典型草原生态系统的影响。[①]

二　中俄生态合作历程与发展

中俄有 4300 多公里的边境线，东部边界 4280 公里，西部边界 54 公里，两国山水相连，生态环境相互贯通，不断加强生态环境保护方面的合作是双方共同的需要，符合两国和两国人民的根本利益。

（一）中俄生态合作历程

2012 年 11 月，在俄罗斯莫斯科市举行了中俄总理定期会晤委员会环境保护合作分委会第七次会议，中俄双方确定《中华人民共和国环境保护部和俄罗斯联邦自然资源与生态部关于建立跨界突发环境事件

---

① 《中蒙草地生态系统联合野外观测与研究站建成》，《干旱区地理》2017 年第 40 卷第 6 期。

通报和信息交换机制的备忘录》（以下简称《备忘录》）在应急联络工作中发挥的重要作用，同意保持《备忘录》的主导地位，以《备忘录》补充协议的形式增加相关内容；高度评价环评专家组就"相互交换可能对另一方造成重大不利影响的工程环评信息工作路线图"取得的积极成果；同意跨界水体水质联合监测技术研讨会每年在中俄两国轮流举行，由专家组研究统一的监测分析方法和质控方案，以及采用一致的跨界水体水质标准的可能性；肯定了在筹备《中华人民共和国和俄罗斯联邦候鸟及其栖息地保护协议》方面取得的成果，以及在《中俄蒙关于达乌尔国际自然保护区协议》框架下的高效合作。

2013 年 3 月，中国国家主席习近平和俄罗斯总统普京在莫斯科共同签署了《中华人民共和国和俄罗斯联邦关于合作共赢、深化全面战略协作伙伴关系的联合声明》。该联合声明中，双方批准实施《〈中华人民共和国和俄罗斯联邦睦邻友好合作条约〉实施纲要（2013 年至 2016 年)》。其中就环保问题，双方商定"加强环保领域合作，改善跨界水体水质，保护生物多样性，提高跨界突发环境事件通报和紧急救灾体系的效能"。

2017 年 5 月，在中俄界江生态环境保护圆桌会议上，中俄专家认为双方生态环境保护合作的条件已经成熟，两国界江生态环境保护新格局将逐步形成。

2018 年 9 月 19 日至 21 日，中俄总理定期会晤委员会环境保护合作分委会第十三次会议中，为进一步深化和加强合作，中方提出具体建议，一是构筑务实合作新格局，巩固传统领域合作成果，深入推进固体废物处理合作，积极探索多领域、全方位合作。二是共建绿色"一带一路"，邀请俄方参与相关合作，共同推动环境管理、法律法规、环保技术的创新合作，在"一带一路"建设同欧亚经济联盟对接框架下，分享绿色发展经验，提升区域环境管理水平。三是推动构建人类命运共同体，携手引导多边合作进程，加强协调配合，为推动区域和全球可持续发展贡献力量。①

2018 年 11 月 5 日至 7 日，中俄总理举行第二十三次定期会晤，发布联合公报，中俄双方继续在合理利用和保护跨界水、保护生物多样性、跨界自然保护区、环境灾害应急联络等领域开展合作；深化环保领域合作，推进在金砖国家、上海合作组织等框架内的密切协作。

2019 年 6 月 5 日至 7 日，中俄元首签署《中华人民共和国和俄罗斯联邦关于发展新时代全面战略协作伙伴关系的联合声明》，双方商定提升在自然灾害防治和紧急救灾领域，包括自然灾害和生产安全事故后续处理方面的合作水平和质量，促进在该领域的国际合作，加强跨界水体保护、环境灾害应急联络、生物多样性保护、应对气候变化、固废处理等领域合作。

（二）中俄生态合作领域

1. 建立跨界自然保护区、生物多样性保护等领域

在自然保护领域，两国先后签署了《中俄环境保护合作协定》、《中华人民共和国政府与俄罗斯联邦政府关于兴凯湖自然保护区协定》（1996 年 4 月）、《中华人民共和国政府与俄罗斯联邦政府关于共同保护东北虎及其栖息地的协定》（1997 年）、《中华人民共和国东北地区与俄罗斯联邦远东及东西伯利亚地区合作规划纲要（2009—2018 年)》②等政府间协定，并启动了相关活动。目前中俄双方已建立兴凯湖—汉卡斯基、达赉湖—达乌尔斯基、三江—大赫黑契尔、八岔岛—巴斯达克、洪河—兴安斯基、三江—博隆斯基 6 对跨界保护区。

2. 跨界水体监测和保护等领域

跨界水体水质联合监测一直是中俄生态环境保护方面的合作重点。2002 年，双方签订了《中俄联合监测界江备忘录》，中俄两国有关部门

---

① 中国环境报：《中俄环保分委会第十三次会议召开》，2018 年 9 月 25 日，中国环境新闻网（http://www.cfej.net/rdsb/201809/t20180925_63831.shtml）。

② 中国环境报：《中俄环保合作不断提升发展迅速——中俄环保合作历程巡礼》，2006 年 10 月 9 日，新浪（http://news.sina.com.cn/c/2006-10-09/091310186965s.shtml）。

对黑龙江和乌苏里江进行联合监测。2006 年 2 月，中国国家生态环境
保护方面的总局和俄罗斯联邦自然资源部签署了《关于中俄两国跨界
水体水质联合监测的谅解备忘录》。2006 年 5 月，双方进一步签署了
《关于中俄跨界水体水质联合监测计划》，这一计划提出在中俄界河已
经开展的监测工作基础上，对跨界水体黑龙江、乌苏里江、额尔古纳
河、绥芬河和兴凯湖开展联合监测。根据规划，联合监测自 2007 年开
始，为期 5 年。

2018 年 6 月中俄跨界水体水质联合监测协调委员会暨联合专家工
作组第十三次会议召开，会上中俄双方共同制定跨界水体额尔古纳河、
黑龙江、乌苏里江、绥芬河和兴凯湖水质联合监测实施方案。[①] 根据
2007—2017 年联合监测结果，双方同意在现有监测断面额尔古纳河、
黑龙江、乌苏里江、兴凯湖、绥芬河的基础上，增加黑龙江黑河—布
拉格维申斯克市江上断面。

（三）次区域合作情况

次区域合作、特定领域合作是中俄生态合作的主导方式。目前，
边界水质监测、环保标准文件交换、居民生态教育等已经成为中俄环
保常规合作内容。

1. 黑龙江积极参与中俄生态合作与交流活动

2012—2013 年黑龙江省黑河市与俄罗斯阿穆尔州实施国际合作规
划，双方就黑龙江部分流域的环保开展合作。另外，黑龙江省三江、
洪河、八岔岛和兴凯湖国家级自然保护区都在中俄环保合作分委会框
架内，积极与俄开展合作。在"中俄黑龙江流域跨界自然保护区网络
建设战略"中，中俄双方提出了这样的目标：到 2020 年，结构和布局
合理的跨界自然保护区网络基本建成，跨界自然保护区管护能力明显
提升，国际地位显著提高，科技支撑能力明显增强，务实高效的交流

---

① 新华社：《中俄总理第十四次定期会晤联合公报》，2009 年 10 月 14 日，中华人民
共和国中央人民政府（http://www.gov.cn/jrzg/2009 - 10/14/content_1439729.htm）。

与合作机制基本建立，黑龙江流域的中俄边境地区生态环境和自然资源得到有效保护。

2017 年 12 月，第五届中国黑龙江省环境保护厅与俄罗斯联邦哈巴罗夫斯克边疆区自然资源部环境保护合作会议在哈尔滨市召开。会上，黑龙江省环境保护厅与哈巴罗夫斯克边疆区代表团签署合作协议，2018 年双方在火灾高发季节（4 月、10 月），每周相互交流信息，共同预防、治理因自然火灾引起的雾霾。根据 2016 年 9 月 7 日签署的《中国黑龙江省与俄联邦哈巴罗夫斯克边疆区边境地区环境保护合作会议纪要》，哈巴罗夫斯克边疆区代表团访问了黑龙江省，访问期间在哈尔滨市召开了"第五届中国黑龙江省环境保护厅与俄联邦哈巴罗夫斯克边疆区自然资源部环境保护合作会议"。会上双方商定，2018 年度双方大力协助开展中俄界河水质联合监测工作、开展环境保护专家人员交流、在哈巴罗夫斯克边疆区举行"第六届中国黑龙江省环境保护厅与俄联邦哈巴罗夫斯克边疆区自然资源部环境保护合作会议"。同时，在火灾高发季节（4 月、10 月），每周相互交流对因自然火灾引起的大气污染（雾霾）所采取的预防、消除应对措施的信息。

2. 内蒙古自治区积极参与中俄生态合作与交流活动

2006 年 8 月 16 日，内蒙古自治区人民政府代表团与俄罗斯赤塔州政府代表团就共同保护额尔古纳河问题在赤塔州赤塔市举行俄中常设工作例会。双方研究并签署了《中国内蒙古自治区政府与俄罗斯联邦赤塔州政府关于保护额尔古纳河的合作协议草案》；制订了额尔古纳河水质及沿岸生态状况的 2006—2007 年共同监测计划。2006 年在 6 个监测点位进行监测，从 2007 年开始执行中俄两国政府间签署的《中俄跨界水体水质联合监测计划》，对 3 个水质断面（嘎洛托、黑山头、室韦）实施共同监测；研究确定了额尔古纳河水质的指标和交换监测数据信息的形式与程序等内容。额尔古纳河生态及生物多样性技术小组将在下一次会议之前制定额尔古纳河生态及生物多样性共同监测方案。

三　中蒙俄多边生态合作历程与发展

2014 年 9 月，在中蒙俄三国元首会晤时中方提出，要开展旅游、智库、媒体、环保、减灾救灾等领域务实合作。2015 年 3 月发布的《推动共建丝绸之路经济带和 21 世纪海上丝绸之路的愿景与行动》中强调，在国际投资贸易中突出生态文明理念，共建绿色丝绸之路，促进"一带一路"建设可持续发展。2015 年 7 月 9 日中蒙俄三国元首在俄罗斯乌法达成的《中华人民共和国、俄罗斯联邦、蒙古国发展三方合作中期路线图》中就特别提到"在生态环境保护领域开展合作"的建议。2016 年 6 月举行的中蒙俄三国元首会晤上，三国签署了具有历史意义的《建设中蒙俄经济走廊规划纲要》，其中加强生态环保合作作为一项重要内容被写进该纲要。

此外，中蒙俄作为东北亚国家（中国、日本、韩国、俄罗斯、朝鲜和蒙古国）中的成员，在东北亚地区的环境领域已经建成了一系列机制与合作平台。1993 年设立了东北亚环境合作机制（NEASPEC），每年召开一次高官会，主要围绕东北亚地区的环境与发展问题开展交流与合作。①

第三节　中蒙俄共同面临的生态
问题和生态合作需求

一　中蒙俄共有的生态问题

（一）荒漠化和沙漠化问题

中国是世界上荒漠化灾害最为严重的国家之一，据相关统计，土地荒漠化每年造成的直接经济损失达 560 亿元，现已有近 4 亿人口受到

---

① 尚宏博：《东北亚环境合作机制回顾与分析》，《中国环境管理》2010 年第 2 期。

土地荒漠化危害，造成损失严重。据《第五次全国荒漠化和沙化监测报告》统计，截至 2014 年年底，中国荒漠化土地总面积26115.93 万公顷，占国土总面积的 27.20%，分布地域广，分布在蒙、辽、吉、京、津、冀、晋、藏、陕、甘、青、宁、鲁、豫、琼、川、滇和新 18 个省（自治区、直辖市）的 528 个县（旗、区）。荒漠化土地集中分布于新疆（40.99%）、内蒙古（23.33%）、西藏（16.56%）、甘肃（7.47%）、青海（7.29%）五个省区。[1]

内蒙古是全国生态最脆弱、荒漠化和沙化土地最集中的地区之一，全区中度以上生态脆弱区域占全区国土面积的 62.5%，其中重度和极重度的占 36.7%。[2] 据内蒙古第五次荒漠化和沙化土地监测，截至 2014 年，内蒙古荒漠化土地面积为 60.92 万平方公里，占国土总面积的 51.50%，分布于全区 12 个盟市的 79 个旗县，其中草原牧区和农牧交错带的荒漠化灾害最突出。荒漠化灾害还促进或强化了大风灾害、沙尘暴、火灾、蝗灾、旱灾、雪灾等生态灾害链的发生。沙化土地总面积为 40.78 万平方公里，占国土总面积的 34.48%，有明显沙化趋势的土地面积 17.40 万平方公里，占国土面积的 14.71%。乌兰布和沙漠每年有近 1.8 亿吨泥沙侵入黄河，阿拉善盟境内的三大沙漠有"握手"之势，呼伦贝尔沙地每年侵吞草原近 5 万亩。

与我国相邻的蒙古国南部地区的土地荒漠化现象也比较严重。蒙古国是世界第二大内陆国家，其 90% 的土地位于干旱带，是亚洲荒漠化现象最严重的国家之一。蒙古国自然环境和旅游部提供的数据显示，2016 年该国 76.8% 的土地已遭受不同程度的荒漠化，南戈壁、中戈壁、东戈壁等地区已是干旱荒漠地区，而且荒漠化仍以较快的速度向包括

---

[1] 新华社：《荒漠化治理彰显绿色"中国梦"》，2017 年 9 月 10 日，新华网（http://www.xinhuanet.com/2017-09/10/c_1121639140.htm）。

[2] 艾丽华主编：《打造祖国北疆亮丽风景线》，人民出版社 2014 年版，第 263 页。

东方省、肯特省等优良草原地带在内的蒙古国其余地区蔓延。[①] 若进一步扩展有可能与中国内蒙古的呼伦贝尔沙地、锡林郭勒乌珠穆沁沙地和浑善达克沙地相连，构成蒙古高原东部大面积的沙地，将会带来跨境地区的重大生态安全隐患。蒙古国专家提出，蒙古国平均气温仍在上升，如果防治荒漠化工作力度不够，除北部库苏古尔省和东部肯特省的少部分地区外，蒙古国其余地区将面临严重荒漠化威胁。因此，有效抵御荒漠化，减少荒漠化面积是蒙古国目前亟须解决的生态环境问题。

（二）草原退化问题

蒙古高原位于亚洲中东部，东抵大兴安岭，西及阿尔泰山脉，包括蒙古国全部，俄罗斯南部和中国内蒙古地区，平均海拔 1580 米，草地资源丰富。蒙古国与内蒙古毗邻，两者在自然环境、生产生活方式方面都很相近，因此将二者情况结合起来考虑更能从整体上认清当前面临的生态环境问题的关键，进而制定实施行之有效的防治措施。中蒙跨境草原属于温带大陆性季风气候区，气候干燥，降水量少，大风日数多，土壤以沙性质地为主，草原生态环境脆弱。由于全球气候变化以及强烈的人类活动干扰，蒙古国与内蒙古草原生态日益恶化，表现为草原荒漠化、土壤质量退化、湿地面积急剧退缩、风蚀沙化和水土流失加剧等，生态屏障作用减弱，草原生态环境面临着严峻考验，严重限制了这一区域农牧业的可持续发展，使这片跨境草原面临着前所未有的诸多挑战。

蒙古国天然草原面积较大，是世界上重要的草原畜牧业生产国之一。草原是地球的皮肤，对防止水土流失、减少地表径流有显著作用。同时，它也是防止土地退化的最后一道屏障。然而，由于对草原的无序、不科学地利用以及政府在管理和保护措施方面的欠缺，导致蒙古

---

① 杨涛：《近八成土地遭受不同程度荒漠化，蒙古国防沙治沙遇瓶颈》，《人民日报》2017 年 6 月 26 日第 22 版。

国草原生态环境受到严重破坏,使蒙古高原草原畜牧业的发展受到阻碍,草原退化严重,自然灾害来袭,蒙古国每年春秋两季都会发生数十次沙尘天气。草原生态重建,实现草原畜牧业的可持续发展显得尤为迫切。

内蒙古草原由呼伦贝尔、科尔沁、锡林郭勒、乌兰察布和鄂尔多斯五大草原组成,是我国最佳的天然牧场。同蒙古国的情况类似,内蒙古草原生态环境面临的最为严峻的问题是超载放牧、乱垦滥耕导致的草场退化问题,90%的草原存在不同程度的退化,近四十年来全区草原产草量平均下降30%。在草原植被遭到破坏的情况下,恶劣的气候条件将加剧自然灾害的发生。

(三) 干旱问题

干旱灾害已成为一个频繁发生的世界性的重大自然灾害现象。蒙古国90%的土地位于干旱带,干旱发生频率非常高,具有"十年九旱"的特征。据测算,近80年里,该国气候变暖速度是世界平均变暖速度的3倍多,气候变暖会导致地表蒸发量增加,加剧和扩展干旱化,使蒙古高原干旱、半干旱区生态环境问题更为严重。截至2017年,极度干旱天气使蒙古国774处泉眼、263条大小河流、346处湖泊枯竭或干涸,其森林覆盖率比20世纪50年代减少2倍多。[1]

中国与蒙古国交界地带从东向西属于半干旱、干旱、严重干旱和极端干旱区,年平均降水量在300毫米以下。降水量时空分布也很不均匀,边境线中部的内蒙古西部、甘肃北部、新疆东北部减少到100毫米以下,许多地区不足50毫米。从季节变化看,以上地区冬春季降水在35毫米以下,干旱灾害发生频繁。若旱灾持续时间长、灾情重,旱灾将引发次生灾害火灾、鼠灾、蝗灾等,同时导致荒漠化加剧。干旱灾害是内蒙古发生频率较高的灾害,内蒙古森林覆盖率低,低于全国平

---

① 阿斯钢:《蒙古国近八成土地遭受不同程度荒漠化》,2017年6月17日,http://www.xinhuanet.com/world/2017-06/17/c_1121161725.htm。

均水平0.6个百分点，且区域分布不均衡，大面积、集中连片、比较好的森林集中分部在东部地区。

（四）火灾问题

中蒙边境地区土地利用以草地和林地为主，植被覆盖较好的东部地区经常发生火灾。特别是呼伦贝尔、锡林郭勒、兴安盟等与蒙古国接壤的多个地区多次受越境火袭击。内蒙古边境地区易过火地段173公里，自东向西分别与蒙古国东方省、苏赫巴托尔省、东戈壁省和南戈壁省隔界相望，全区森林防火任务2367万公顷，草原防火任务8800万公顷。特别是蒙古国火势往往蔓延到我国境内，造成巨大的损失。据内蒙古自治区森林草原防火指挥部统计，1995—2014年，在呼伦贝尔市、兴安盟、锡林郭勒盟的边境地区成功堵截蒙古国和俄罗斯跨境火灾302起，扑救火灾出动人次达到994万，支出经费达到123亿元，其中，越境火灾15起，造成的直接经济损失达到1005亿元。[①] 蒙古国跨境火灾每年都严重威胁我国边境地区的林草资源，近几年边境线附近的火点密度也呈现提高趋势。特别是进入2015年以来，边境火灾发生频率明显增大。

二　中蒙生态合作的主要需求

扩大同蒙古国的生态环保合作内容，重点在清洁能源、矿山环境治理、草原生态保护建设、自然灾害联防联控、荒漠化防治、水资源保护与利用等方面加强合作，建立高效的合作机制，在合作中实现普惠、均衡、共赢。

（一）清洁能源合作

中蒙两国都非常重视低碳环保、节能减排，近年来，两国都在不断调整产业结构，实现经济的绿色低碳转型，为应对全球气候变化做

---

① 内蒙古自治区发展研究中心、内蒙古自治区经济信息中心：《中蒙俄经济走廊建设重点问题研究》，人民出版社2016年版，第144—191页。

出贡献。传统能源煤炭、石油的生产与消费环节会向大气层大量排放二氧化碳等有害物质，产生"温室效应"，影响全球的气候变化。核电站也会产生放射性排放，对环境影响严重。中蒙两国风能、太阳能等清洁能源丰富，进行合作开发极具潜力，远景极好。中国风能资源实际可开发量为 2.53 亿千瓦，[①] 东北、西北、华北地区风能资源丰富。美国国家可再生能源实验室的一项数据表明，蒙古国 71% 的领土可以开发风能资源。蒙古国的太阳能开发潜力巨大。据测算，蒙古国太阳能资源量约 5 太瓦，太阳能发电潜力位列世界第三。蒙古国出于自身生态环境脆弱和矿业发展中出现的问题考虑，2014 年制定了《国家绿色发展战略》，提出到 2020 年可再生能源在能源消费中的比重要达到 20%—25% 的目标。目前，在蒙古国能源消费中，可再生能源仅占 2%—3%。由此可见，风电、太阳能开发与建设将会成为未来几年蒙古国的重点发展领域，同时也会成为众多外资投资的重点领域。目前，美国、日本已有与蒙古国合作的项目，中国、韩国和蒙古国三方提出了"戈壁荒漠超级电网"计划，并已签署谅解备忘录，这一项目将把中国北部和蒙古国的风电、光电输送到韩国。该项目的合作为中蒙两国可再生能源的合作带来了一个良好的开端，有可能引发更广泛的合作浪潮。

（二）矿山生态环境治理

蒙古国煤炭、石油、金矿、萤石矿、磷矿等矿产资源丰富，矿产资源开发是其重要的经济支柱，但由于资金技术的限制以及相关监管的缺失，使得矿产资源开发过程中存在严重的生态环境污染问题。首先，矿业活动会导致生态环境恶化。矿业活动会占用大面积的土地资源，导致土地资源的生态功能下降或丧失，挤占甚至破坏动植物的生存空间，对地表植被的破坏极其严重，进而影响地面生物系统的稳定性。例如我国因采矿而破坏的草地面积累计达 157 万平方公里，破坏的

---

① 《中国风能资源储量与分布》，《地球》2015 年第 1 期。

森林面积累计已达 106 万平方公里，而且还在以每年 4 万平方公里的速度递增。[①] 矿业活动也会对当地的水体产生明显的影响。其次，产生大量环境污染。矿业活动产生的尾矿等固体废弃物会形成土壤重金属污染、水污染，同时会占用大量土地，产生的煤烟、粉尘、废气和废水排放也会污染当地的大气和水。

目前，在蒙古国从事采矿业的中资企业有三千余家，这些企业规模参差不齐。中蒙矿业合作是充分利用蒙古国的矿产丰富优势实现双边贸易的互惠共赢项目。随着"一带一路"建设的推进，我国将在蒙古国境内就煤炭等能源矿产资源开展更加深入的合作，这难免会对当地的生态环境产生负面影响。这就需要我国、蒙古国及其他相关国家开展双边或多边合作，共同治理蒙古国、中国及其他国家投资的企业在矿业活动中产生的生态环境问题，采取有力措施修复矿山生态环境。

（三）草原生态环境治理与建设

我国和蒙古国草原面积都很广阔，蒙古国草原面积为 1.234 亿公顷，约为其国土面积的 80%。我国天然草原面积高达 3.93 亿公顷，约占总国土面积的 41.7%。[②] 然而，在干旱、气候变暖等自然因素和超载放牧、开垦严重等人为因素的双重影响下，两国长期以来饱受草原自然灾害频发、草原退化沙化严重等问题的困扰。追溯历史，草原是蒙古国和中国北方游牧民族赖以生存的资源，是游牧民族的精神家园和文化源头，是中蒙两国情感联系的纽带。现在，草原生态环境问题共同影响着两国人民的生活质量，受生态一体化的影响，两国草原生态问题互相影响。未来，需要中蒙两国联手进行跨境草原生态环境治理，联控两国草原生态环境问题，这是实现蒙古草原生态环境可持续发展的现实需要，是维护两国人民共同的生活福祉或生态安全的重大

---

① 落志筠：《论中蒙矿业合作之生态环境保护机制构建》，《内蒙古师范大学学报》（哲学社会科学版）2015 年第 4 期。

② 张盼、马军：《"一带一路"背景下跨境草原生态环境合作治理研究》，《内蒙古统计》2018 年第 3 期。

抉择。

（四）自然灾害联防与联控

中蒙边境线较长，边境地区自然灾害分布范围较广，形成要素较为复杂，防灾减灾难度较大。蒙古国位于我国北方，受大陆性季风气候等的影响，处于我国上风地带，发生的自然灾害，如火灾、旱灾、荒漠化灾害等会直接跨境影响我国北部地区。而蒙古国地广人稀，人口主要集中于乌兰巴托区域，边境地区的公共基础设施和防灾减灾能力均相对薄弱，再加上中蒙两国边境地区自然灾害的数据和信息共享存在壁垒，导致中蒙跨境灾害监测和处置能力不足，给我国北方边境地区重大自然灾害的应急救助和防灾减灾工作带来很大困难，对中蒙边境地区的森林、草原资源造成重大损失，严重威胁着边境地区人民的生活质量和财产安全。自然灾害是中蒙两国需要共同面对和克服的宿敌，因此，全面开展中蒙跨境地区火灾、干旱、荒漠化等自然灾害的防控合作，是中蒙两国的共同愿望，是保障两国人民生活福祉的迫切要求。

中蒙两国在自然灾害防控方面开展了多次双边或多边协商与合作，取得了一些成效。但是长远来看仍需要各方共同努力，目前双方在信息沟通、共建基础设施、联合行动等方面仍存在很多障碍和问题。中蒙自然灾害联防联控还需着力解决这类难题。

（五）荒漠化防治

1992 年，世界环境和发展会议上把防治荒漠化列为国际社会优先发展和采取行动的领域，从全球范围来看，中国西北部、俄罗斯南部、蒙古国都是荒漠化严重的区域，荒漠化是三国共同面对的问题。蒙古国在应对荒漠化方面，投入没完全跟上，政府层面减缓措施也相对不足。蒙古国的荒漠化土地若进一步扩展，将与我国北部的荒漠化连成一片，构成蒙古高原东部大面积的沙地，将会带来跨境地区的重大生态安全隐患，严重影响两国边境地区人民的生产生活。荒漠化不仅仅是环境问题，更是涉及国民经济和社会发展的根本问题，尽管荒漠化治理有所好转，但治理任务仍然艰巨。已引起中蒙两国政府的高度重视，需要中蒙两国的共同参与，所以中蒙俄经济走廊的建设离不开荒漠化治理方面的合作。

（六）水资源利用

水资源短缺已成为制约我国工业化和城市化最大的瓶颈之一。我国多年平均缺水量 536 亿立方米，有将近 2/3 的城市缺水，其中有 110 座城市严重缺水，在我国北方中部和西部地区，水资源短缺问题尤其严重。例如内蒙古水资源总缺口达 10 亿立方米，并呈不断扩大趋势。有专家提出从中国西南部的怒江、澜沧江、雅鲁藏布江水系调往严重缺水的中国北方地区，但这些江河虽然发源于中国，但也是流经印度等南亚国家的恒河和流经越南等东南亚国家的湄公河的上游水源，如果我们从这些大江大河上游将大量水源调入中国北部，势必给这些南亚和东南亚国家带来严重影响，容易引发国际纠纷，而且工程比较艰巨，耗资量较大，因此，实施的难度较大。我国现行的措施是从黄河和长江调水，对其水资源进行再分配，但也远远解决不了整个中国北方长期缺水的严重困境。再加上黄河、长江沿线本身城市数量多，人口密集，需水量大，同时也面临着水源不断减少的问题。

与中国毗邻的蒙古国南部地区矿能富集，但水资源比较匮乏。据蒙古国学者的估算，目前这些矿区的浅层水和深层水的使用比率为 1∶9，已经破坏了水循环平衡，而深层水的形成周期在 1400 年左右，它一经破坏则短时间内难以恢复。而事实上蒙古国水资源相当丰富，蒙古国河流、湖泊都集中在本国中北部地区，蒙古国水资源总量为 1920 亿立方米，其中河流与湖泊水资源为 1800 亿立方米，地下水资源为 120 亿立方米，人均水资源为 8 万立方米，是全世界人均水资源拥有量的 9 倍，是中国人均水资源拥有量的 34.8 倍。[①] 由于蒙古国经济相对落后，

---

① 李罗莎：《中蒙俄经济走廊展望》，载中国国际交流中心编著《国际经济分析与展望（2015—2016）》，社会科学文献出版社 2016 年版，第 21 页。

其工业和农业用水很少，畜牧业水资源更是基本上保持了原生态，可以说其水资源没有得到完全开发和利用，因而开发潜力很大。对此，有些学者提出了"北水南调"工程的建议，但由于调水工程耗资巨大，蒙古国政府目前难以承受。俄罗斯水资源也非常丰富，仅仅贝加尔湖就拥有世界淡水总量的1/5，在西伯利亚和远东地区集中了俄罗斯近80%的水资源。

三　中俄生态合作的主要需求

（一）保护共有的生态自然区和生态资源

中俄共同拥有"两江、两河、一湖"，即黑龙江、乌苏里江、额尔古纳河、松阿察河及兴凯湖，涉及大小岛屿近2500个。中俄两国许多陆地动植物存在着天然的联系，两国毗邻地区生态类型多样，其中的森林、草原、湖泊被认定为全球重要的生态系统类型，分布有东北虎、驼鹿、丹顶鹤、红松、东北红豆杉等珍稀濒危野生动植物，加强这一区域的环境保护，对生物多样性保护具有重要意义。中国内蒙古辖区内、同俄罗斯毗邻的湿地区域是中国与俄罗斯进行生态合作、保护的重点之一。

1. 额尔古纳河流域

黑龙江有两个源头，一为北源石勒喀河，发源于蒙古国的肯特山东麓；二为南源额尔古纳河，发源于中国的大兴安岭西侧。以南源额尔古纳河为河源，全长4440公里，在俄罗斯的尼古拉耶夫斯克注入鄂霍次克海峡。黑龙江是一条重要的国际河流，是世界第一国际界河，流域包括中国、俄罗斯、蒙古国、朝鲜四国，15个一级行政区，包括：中国的黑龙江省、吉林省、内蒙古自治区、辽宁省，俄罗斯的滨海边疆区、哈巴罗夫斯克边疆区、犹太自治州、阿穆尔州、外贝加尔边疆区，蒙古国的东方省、苏赫巴特尔省、肯特省、东戈壁省、中央省，朝鲜的两江道。黑龙江在俄罗斯被称为阿穆尔河，在蒙古国被称为哈拉穆河。黑龙江水系流域面积约185.5万平方公里，包括众多河流与湖泊。主要支流有西伯利亚的结雅河、布列亚河和阿姆贡河与中国的松花江以及中国东部和西伯利亚之间边界河流乌苏里江。中俄黑龙江界河长 3000 公里，在中国境内流域面积为 86 万平方公里，占流域面积的 48%，在俄罗斯境内流域面积为 98 万平方公里，占全部流域面积的 52%。[①]

　　额尔古纳河是黑龙江的上游，克鲁伦河流入呼伦湖后流出，始称额尔古纳河。蒙古帝国及北元时期是中国内陆河。额尔古纳河在《旧唐书》中被称为望建河，在《蒙古秘史》中被称为额尔古涅河，在《元史》中被称为也里古纳河，在《明史》中被称为阿鲁那么连，自清代开始被称为额尔古纳河。从 1689 年《中俄尼布楚条约》签订至今，一直是中国与俄罗斯的界河。额尔古纳河上游称海拉尔河，源出大兴安岭西侧，西流至阿该巴图山脚，折而北行始称额尔古纳河。额尔古纳河在内蒙古自治区呼伦贝尔额尔古纳市的恩和哈达镇附近，与石勒喀河汇合后始称黑龙江。额尔古纳河源出大兴安岭西坡，上源在当地被称为海拉尔河，西流到满洲里附近折向东北。额尔古纳河全长 1620 公里，大部流经宽阔的谷地，河水清澈，含沙量少，属山区型河流，结冰期 6 个月。中俄额尔古纳河边界线长约 667 公里，河道蜿蜒曲折，河滩岛屿较多，沿河两岸溪流纵横，处处沼泽，灌木丛生，是珍禽理想的栖息地。

　　2. 达赉湖—达乌尔斯基跨界自然保护区（CMR 达乌尔国际自然保护区）

　　中国的达赉湖（呼伦湖）、俄罗斯的托列湖盆地、蒙古国的乌拉扎河河谷三个地区相互连接，是众多野生动物栖息、繁殖的优良场所，也是东北亚—澳洲水鸟迁徙的主要通道和驿站，这里广阔的湿地和草原在调节气候、涵养水源、防止荒漠化、保护自然结构等方面都起着重要的作用。1992 年 7 月，俄罗斯赤塔州召开了中、俄、蒙三

[①]　郭锐等：《中俄界河——黑龙江水环境分析与评价》，《干旱环境监测》2005 年第 3 期；邹春燕等：《中俄界河黑龙江生态环境保护与治理的对策研究》，《林业经济问题》2014 年第 3 期。

方代表参加的"三国四方会议",讨论了在三国边境地区建立国际自然保护区的可行性。根据会议精神,三方各自建立了自然保护区。1994 年 3 月,中、蒙、俄三国政府代表在乌兰巴托签署协定,建立了 CMR 达乌尔国际自然保护区(C、M、R 分别为三方英文名称的首字母),保护区包括达赉湖、贝尔湖和托列湖。2001 年该保护区被列入《国际湿地公约》。①

内蒙古达赉湖国家级自然保护区位于内蒙古呼伦贝尔市西部,北邻俄罗斯联邦,南与蒙古国相接,处于中蒙俄三国交界处。地理坐标为北纬 47°45′50″—49°20′20″,东经 116°50′10″—118°10′10″。1985 年,由新巴尔虎右旗人民政府批准建立"达赉湖珍禽、湿地、草原生态系统自然保护区";1990 年 12 月,由内蒙古自治区人民政府批准该保护区晋升为自治区级自然保护区;1992 年 10 月,由国务院批准晋升为国家级自然保护区;2002 年列入国际重要湿地名录。保护区总面积 74 万公顷。保护区内由达赉湖(呼伦湖)、贝尔湖(中国部分)、新达赉湖、乌兰诺尔、乌尔逊河、克鲁伦河入湖口等河流和大小型湖泊以及湖河岸漫滩组成的湿地面积为 325300 公顷,占保护区总面积的 44%;草原面积为 408300 公顷,占保护区总面积的 55%;沙地面积 6400 公顷,占保护区总面积的 0.9%。

(二) 在保护森林领域相互借鉴、相互合作

俄罗斯西伯利亚和远东的森林带位于我国东北和内蒙古东部地区的北部,对于来自北极的寒流有阻挡作用,也是阻挡风沙侵袭我国内陆地区的天然屏障,中俄两国合作加强保护该区域的森林资源,对调解气候、减少灾害的意义重大。

---

① 1971 年 2 月,在伊朗的拉姆萨尔(Ramsar)召开的"湿地及水禽保护国际会议"上通过了《国际湿地公约》,该公约是一个政府间的条约,提供了国家行动和国际合作的框架,以保护和合理地利用湿地及其资源。截至 2018 年 7 月共有 170 个缔约方(Contracting Parties),2315 个国际重要湿地(Ramsar Sites),国际重要湿地指定总面积达到 245666885 公顷。

内蒙古是中国森林资源大区、荒漠化大区、湿地大区、生态建设大区,[1] 从东到西分布有大兴安岭原始林区和 11 片次生林区（大兴安岭南部山地、宝格达山、迪彦庙、罕山、克什克腾、茅荆坝、大青山、蛮汉山、乌拉山、贺兰山、额济纳次生林区），以及长期建设形成的人工林区。内蒙古东北部的四个盟市的森林资源占全区的 94% 以上,与俄罗斯毗邻地区的大兴安岭林区分布着全区主要的天然林资源。据 2013 年内蒙古自治区森林资源连续清查,全区林地面积 6.60 亿亩,其中森林面积 3.73 亿亩,森林覆盖率 21.03%。[2] 俄罗斯森林面积 7.49 亿公顷,森林覆盖率达到 43.9%,约占世界森林总面积的 1/5。[3] 西伯利亚、远东地区森林丰富。俄罗斯有较为系统和完善的森林资源保护制度,有许多突出特色和先进经验,值得研究、借鉴。

（三）在环境灾害应急联络等领域加强协作

中国和俄罗斯边境地区分布着丰富的森林资源,但这一地区常年干旱期长,可燃物积累多,存在极大的森林火灾隐患。加强边境地区森林火灾联防联控,一直是中国和俄罗斯双方生态环境保护的重要合作内容。中国和俄方防火隔离带最初是在 1960 年中苏两国政府护林防火协议的基础上开设的,由于资金等方面的原因,防火隔离带建设缓慢。1995 年中国政府和俄罗斯联邦政府达成关于森林防火联防的协定,双方在中华人民共和国和俄罗斯联邦边境线两侧 10 公里的地带建立森林防火联防区。双方在联防区建立森林防火指挥机构,遇有森林火情,通过联系渠道联络,及时通报对方。

中俄双方建立跨界突发环境事件通报和信息交换机制,包括可能发生的严重放射性物质泄漏、危险化学物质泄漏、跨界水体大面积污

---

① 《内蒙古林业十三五规划》,2017 年 3 月 30 日,内蒙古自治区林业厅（http://lyt. nmg. gov. cn/xxgk/ghjh/jcgh/201703/t20170330_122369. html）。

② 《内蒙古林业十三五规划》,2017 年 3 月 30 日,内蒙古自治区林业厅（http://lyt. nmg. gov. cn/xxgk/ghjh/jcgh/201703/t20170330_122369. html）。

③ 潘德礼主编:《列国志·俄罗斯》,社会科学文献出版社 2010 年版,第 9、11 页。

染等跨界突发环境事件。

第四节　中蒙俄生态合作的路径、重点及有效推进的对策建议

一　中蒙俄生态合作的路径

(一) 中蒙俄生态合作的困境

生态环境危机对中蒙俄三国带来较大威胁，中蒙俄生态合作是对这些生态环境问题的一种积极回应。但是，中蒙俄实现生态合作仍存在一些理念上、制度上和实践上的困境。

从理念困境看，中蒙俄生态合作的共同利益意识和共同责任意识亟待加强。国际生态合作中共同利益意识缺失是影响生态合作的最主要制约因素。在生态问题上的利益冲突主要表现为各国面对有限的生态资源以及在生态治理上的巨大投入，必然呈现出民族利益、国家利益与区域利益、眼前利益与长远利益、局部利益与整体利益、经济利益与社会利益、生态利益与人类利益的矛盾冲突。事实上，生态环境治理的公共物品性质与国家主权的独立性、国家利益的排他性之间的矛盾是引起各国在生态合作中产生利益冲突的关键原因。美国退出《京都议定书》，是最鲜明的例子，因为该议定书有助于美国竞争对手获益而使美国自身利益受损。而利益和责任是相辅相成的。由于存在自我利益意识，使责任意识局限于本国利益，导致对治理区域性生态环境问题的责任意识不强；由于存在眼前利益意识，使责任意识局限于当代利益上，导致对长远性、涉及子孙后代的生态问题的治理责任意识不强。从制度困境看，中蒙俄缺乏生态环境合作的专项合作规划或制度保障，现有制度设计对生态合作的权威性不够，缺乏执行力。从实践困境看，中蒙俄生态合作多限于次区域、特定领域的合作，更大范围、更加普遍的合作需要加强，具体的生态工程项目的合作也需

要进一步开拓。

（二）中蒙俄生态合作的路径探索

从自然地理学和生态学角度来说，生态环境问题是不分国界的，共同的生态问题需要三国联防联控才能得以真正解决。世界经济地理格局的不断重塑和"一带一路"建设的逐渐展开，为中蒙俄三国的生态合作实现突破带来了契机，同时中蒙俄经济走廊就是三国生态合作的优良平台，客观上，三国面临的共同的生态环境问题，使各方都有强烈的生态合作的意愿和需求，更是推动合作的强大内生力量。

1. 建立共同的生态环境保护规划

中蒙俄三国共同制定生态合作的统一规划，且建立中蒙俄三国首脑关于生态保护的定期会晤制度。生态合作规划应从中蒙俄三国共同存在的问题出发，符合各自的利益诉求。构建中蒙俄经济走廊生态保护区，在保护区内部设定禁止开发区域、限制开发区域、可开发区域和优先开发区域。对统一规划的生态保护圈实施由所在国各自负责的原则，但需要统一行动。同时，中蒙俄三国需制定短期、中期和长期生态保护规划，在中蒙俄经济走廊区域建立生态水源涵养圈。

2. 尽快建立中蒙俄生态环境保护与治理的统一指挥和协调机构

将中蒙俄生态环境保护、开发利用、应急管理等纳入统一管理协调机构，使管理常态化。该机构为各方沟通和协作提供对话平台，引导科研合作，应对突发事件等保障提供必要的服务和支持。

3. 加强和谐生态文化交流

中蒙俄三国在生态环境保护合作等方面需要有共同的生态文化认同作为支撑，通过生态文化交流，各方充分吸收和借鉴对方在生态建设方面的经验与创新成果，有效破除自身瓶颈，提高生态环境保护和治理的能力。同时，通过生态文化沟通和交流，中蒙俄三方更能增强互信，共同承担跨境地区生态环境保护与治理的历史使命。开展全方位、多渠道的对话交流活动，加强三国环境官员、学者、青年的交流与合作，开展生态环保公益活动，实施绿色丝路使者计划，分享各国生态文明、绿色发展理念与实践经验。

4. 建立生态合作基金机制

生态合作基金是中蒙俄生态合作顺利实施的保障。资金来源一是中蒙俄共同筹集生态保护建设资金，储备成为种子资金；二是共同建立中蒙俄生态保护基金；三是争取亚洲基础设施投资银行建设资金支持；四是亚洲开发银行的贷款、捐款和援助技术支持中蒙俄经济走廊生态环境保护建设；五是世界银行贷款支持生态环境保护方面的建设。中蒙俄三国共同建立基金管理委员会，负责生态合作基金的日常管理工作及生态保护项目的顺利实施。

二　中蒙生态合作重点及有效推进的对策建议

（一）从能源进口转向共同开发，开创清洁能源合作新格局

我国与蒙古国的很多合作集中在矿产资源领域，近年来蒙古国露天煤矿等矿产资源的开采引起了一些生态破坏和环境污染，引起了一些民族主义者和环保主义者的反对。中蒙在矿产开发领域的合作也面临一些限制，而清洁能源合作是改变这种局面的良好契机。太阳能、风能资源是可再生能源，且是清洁能源，符合两国实现绿色低碳转型的需要。

中蒙共同开发清洁能源，将两国光电和风电出口到韩国、朝鲜、日本等国，换取外汇收入的同时，开展技术交流，互相供应发电装置、新材料等，同时可以为亚洲电网的建立和打通做出巨大贡献。鼓励我国风电和光电企业"走出去"到蒙古国投资建厂，为其建立畅通的外汇兑换的渠道，创造融资的便利条件，提供政策上的支持，还有利于树立中国企业的良好形象。

（二）统筹矿业开发与生态环境保护，减少中蒙矿业合作的掣肘

第一，制定中蒙矿业开发与生态环境保护统筹规划。在综合考虑蒙古国原有的生态环境法律、文化、人民生活习俗等的基础上，结合

中蒙矿业合作的实际情况，制定矿产资源开发利用的计划和规划，以此为依据，所有的矿业活动产生的环境问题治理严格遵照规划执行，实现生态效益与经济效益的统一。第二，我国政府应对中资矿企进行严格的生态环境方面的监管。对企业的生产设备、技术、流程、工艺进行严格检查，淘汰落后生产设备，应用先进技术、规范作业流程，避免开采利用率低的现象。定期对企业的生态环境影响进行监测，不合格企业责令其限期整改，进行绿色的、可持续的矿业投资活动。第三，帮助企业设计一系列保护环境、为当地创收的措施。这样既提升了蒙古国的工业化水平，也不会破坏当地的生态环境，有助于双方建立长期的信任合作关系。秉持"亲、诚、惠、容"理念，坚持开放包容、共商共建。第四，建立生态环境保护基金。资金来源可以从中资矿企中提取一部分，由我国政府提供一部分。用基金来治理和修复矿区生态和环境污染，执行主体可以由中方企业或者蒙古国政府和企业来运营，真正实现生态产业化，产业生态化，同时可以为蒙古国增加就业、改善生态、提升环保技术和繁荣经济做出贡献，使中蒙两国利益共同体更加紧密。

（三）构建草原生态环境共同体，共建绿色丝绸之路

中国和蒙古国进行跨境草原生态环境合作治理，构建两国草原生态环境共同体，符合共建绿色丝绸之路的要求。第一，实现政策对接。中蒙两国在治理草原生态环境方面都制定了很多政策，采取了多项措施，但都是各自施策，要构建生态环境共同体，需要两国之间达成共识，形成草原生态环境统一的制度化安排。当然这个统一制度的形成要体现双方利益最大化。第二，建立跨境草原生态环境合作治理示范区。探索跨境草原生态环境合作治理的新模式，所有的制度安排、技术应用、资金使用、项目推动等先在示范区内做试点，总结示范中存在的问题以便修正，通过效果评估之后再加以推广。第三，共建、共享跨境草原生态环境治理信息。2016 年 9 月我国开始启动"一带一路"生态环保大数据服务平台门户网站，为"一带一路"沿

线国家建设提供环保信息服务、保障和支撑，为"一带一路"生态环境保护建设提供技术支撑和服务，从而全面将环境保护融入"一带一路"建设的各方面和全过程。需要争取蒙古国的积极回应，统一环境检测标准，及时有效地公布草原生态环境的质量等信息，消除两国治理信息的不对称和不完全，保障两国治理信息的准确性和时效性。

（四）完善中蒙政府间防灾减灾合作机制，加强防灾减灾科技支撑能力建设

两国尽快建立和完善治理荒漠化、抵御森林草原火灾、抗击干旱等自然灾害领域的合作机制。中蒙两国政府应继续建立和完善防灾减灾的合作机制和行动计划，消除合作中存在的机制体制上的障碍，积极推动防灾减灾领域的信息共享管理，互相积极借鉴先进的防灾减灾理念和做法，相互广泛宣传和交流防灾减灾的成果与经验，例如介绍内蒙古防治荒漠化的库布其经验，开展专业培训、科技研发等方面的国际合作与交流。

科技发展对防灾减灾具有重要的支撑和引领作用。中蒙双方加强防灾减灾科学交流与技术合作，联合编制边境地区防灾减灾科技规划，推进防灾减灾科技成果的集成转化与应用示范。加强 RS、GIS 等在防灾减灾领域的应用，深化减灾领域的空间信息技术合作，开展防灾减灾新材料、新产品和新装备的合作研发。加强防灾减灾工作的产业化支撑作用，共同推进防灾减灾产业发展。统一建设防灾减灾技术标准体系，提高防灾减灾的标准化水平。加强生态环保智库交流合作，提高智库在政策对接、战略制定、投资咨询服务等方面的参与度，推动科研机构、智库联合构建科学研究和技术研发平台。

（五）建立防控荒漠化的最广泛统一战线，多措并举力争荒漠变绿洲

中蒙双方需（1）强化协作：发挥各方面的力量，包括有关地方及林业、水利、农业等部门，调动广大群众参与荒漠化防治工作，共同

推进荒漠化治理，实现联防联控。形成荒漠化评估与防控公认的标准和指标体系。全面开展跨境地区荒漠化普查及监测工作，制定荒漠化防治规划。荒漠化风险评估与防控要突出生态安全屏障体系建设，重点体现草原生态功能价值的重要性。（2）强化法律措施：中蒙双方联合开展依法管理和禁止破坏草原生态环境的违法行为的行动，特别要禁止随意工矿开发和草原开垦，切实保护好沿边生态环境。（3）科学防控：沿中蒙边境线自西向东降水量逐渐减少，西部沙漠地区降水不足50毫米，应以自然围封为主，适度发展沙产业，中东部地区严格按照主体功能区布局，严格遵循生态保护红线，适度降低人类活动强度，加大草原保护力度。

（六）注重生态环保与经济社会相融合，推动跨区域水资源利用和合作

水资源是不可替代资源，其价值也是无与伦比的，未来缺水问题将改变经济结构，影响人口布局。目前，我们国内的水资源严重不足，因此，中国更应该跨出国界，用比能源、矿产资源合作更积极的态度，与周边国家和地区开展水资源开发利用合作，从而达到互利共赢的目的。蒙古国北部水资源开发的潜力巨大，中蒙两国可开展水资源利用合作，充分利用中国资金、技术和人力资源，将俄罗斯边境及蒙古国北部地区相当丰富的水资源调往严重缺水的蒙古国南部和中国北方，减缓中国北方和蒙古国南部严重缺水的状况，解决居民生活用水、工农业用水和生态用水，改善中蒙荒漠一体化区域的整体环境，使沙漠、戈壁变成良田绿洲，给中蒙两国人民带来生活福祉，从而根本改变这个地区的生存和发展条件。同时该合作也会为蒙古国带来大量的建设资金，带动经济的繁荣昌盛，巩固蒙古国在世界上的地位。

三　中俄生态合作重点及有效推进的对策建议

生态环境问题的特殊性、中俄两国法律及管理部门的组织架构和

管理模式的差异性等决定了跨界地区的生态治理与保护应由中俄两国共同协商、携手合作。

（一）中俄跨界地区生态合作层次应由次区域合作上升到国家层面合作，将区域合作纳入国家合作框架，强化双方对国际环境治理的责任，提升合作的有效性

双方联合对跨界区域进行生态功能区划定，统筹编制生态环境保护与治理、自然资源科学利用的发展规划，并且确保跨界地区的生态功能得到优先保障，把资源开发与利用强度严格控制在生态环境承载力之内，避免因开发利用而导致生态环境破坏，生态功能受损。探索扩大双方跨界自然保护区的范围。

扩大双方联合监测范围，由跨界水体水质监测扩展至跨界区域内全部生物资源、自然地理、环境质量等多方面，通过增加监测点、统一监测技术标准等方法，通过定期监测、自动监测和巡回监测等方式，建立完整的监测监控体系，对跨界区域生态状况进行全方位严密监督和控制。成立工作协调组和技术专家组，建立定期会晤机制，开展学术交流和科学研究，提高联合监测的有效性。

建立信息交换和情报交流制度，利用现代信息技术搭建畅通、便捷的共享平台。双方信息共享的范畴适当扩大。首先，经常地交换关于跨界区生态状况的数据、资料；其次，对跨界地区各自所处的整体生态系统内相关信息适度共享，包括属于水文、气象、地质、生态性质的和与水质有关的便捷可得的数据、资料以及有关的预报。

（二）创新生态环境联动管理体制机制，推动双方生态合作常态化、规范化

建立国家层面的生态环保协调机制、资源统一调配制度、跨区域联合监察执法机制。双方在环境保护、治理方面，明确主要目标、行动方案、合作方式、各自分工等，制订行动计划，双方都要严格按照计划要求统一行动、协调配合，并始终以跨界地区的共同利益为行动前提。

为应对突发性自然灾害，防止发生跨国界的污染事件，建立预警机制、应急联络机制和应急处理机制，并设置多级对等的处置协调机构，开展监测、应急处置能力演练。充分利用联合监测体系，提高对未来生态变化预测的准确性和针对性，对发现的问题及时响应、解决。

建立切实可行的损害赔偿和争端解决制度，双方协商确定权责清晰的归责体系，并付之法律效力，制定协调统一的法律法规框架，明确"谁开发谁保护，谁污染谁治理，谁破坏谁恢复"的原则。遵循可持续发展的原则，科学考虑跨界地区的生态系统现状，以生态恢复、环境保护和合作开发利用为主要内容，细化双方的权利和责任。在保护生态环境的同时，兼顾两国的经济利益，确保双方边境地区的互利合作与共同发展。建立生态环境保护治理专项基金，用于恢复跨界地区已遭受破坏的生态环境的治理。

（三）双方加强生态思想理念的交流，相互借鉴成功的生态治理经验

中国和俄罗斯在生态保护的思想与理念方面是一致的，两国都充分认识到保护生态环境就是保护生存家园的重要意义。

俄罗斯在环保立法时强调经济手段在环境保护中的重要作用，对经济调控手段在环境保护中发挥的作用做出了明确和具体的要求；同时要求各级教育机构开展专门的生态教育，培养全社会的环保观念，加大对环保研究的重视力度，明确规定了政府下辖的环保机构和执法机关的职责范围，强化立法决策的现实性，在环境保护法中突出环境保护项目和环境保护工作的地位。俄罗斯在建设生态法制上还细致规定了生态违法导致损害赔偿的依据和程序，确保民众在受到生态破坏带来的不良影响之后能够获得相应的补偿。[①]

中国在使用自然资源、经济发展中，越来越考虑生态环境的承载

---

① 潘文华等：《苏俄生态环境建设实践及对我国的启示》，《黑龙江畜牧兽医》2016年第 5 期。

能力，大力推行循环经济和产业生态化改造，促进建设环境友好型和能源节约型生态社会，牢固树立绿色发展、建立绿色企业的环保理念。另外，近年来中国的生态建设、生态保护技术突飞猛进，生态文明理论特别是草原生态文化形成了相对完善的体系，能够为两国生态合作提供环保技术和实用理念的支持。

第 六 章

中蒙俄三国农牧业合作与发展

"中蒙俄经济走廊"建设是"一带一路"倡议的重要组成部分。中蒙俄三国互补性很强、合作发展前景广阔,农牧业领域合作发展是"中蒙俄经济走廊"建设当中的重要内容之一。中国的农牧业生产、加工、销售及经营管理、消费市场等方面的优势显著;俄罗斯水土资源富集,可以成为中国最大的小麦、大豆供应国;蒙古国是畜牧业王国,世界上唯一的全国范围之内游牧的国家,生产着中国消费者非常喜欢的优质畜产品。由此,中蒙俄三国在农牧业领域的相互需求较大,深入合作发展有利于三国的共同利益,是"中蒙俄经济走廊"建设过程中互利共赢的事项。

第一节 中蒙俄农牧业发展概况

一 中国内蒙古农牧业发展现状

（一）内蒙古发展农牧业的自然条件

2017 年,内蒙古有 118.3 万平方公里的广袤土地,103 个旗县（市）区,具有广阔的纯牧区、半农半牧区、农区。森林资源中,森林面积达 2487.9 万公顷、森林覆盖率 21.03%、活立木蓄积量 14.84 亿立方米;草原总面积 8800.0 万公顷,其中可利用面积 6800.0 万公顷,承包到户面积 6940.0 万公顷,草库伦面积（围栏草场面积）3130.04 万公顷，人工种草保有面积 368.54 万公顷，天然草原冷季可食牧草储量 1043.51 万吨，畜棚面积 15175.02 万立方米，每平方米畜棚拥有牲畜数 1.1 只，畜圈面积 16534.52 万平方米，每平方米畜圈拥有牲畜数 1.07 只；水资源总量 401.4 亿立方米，其中地表水资源量 194.1 亿立方米，地下水资源量 207.3 亿立方米；耕地面积 927.2 万公顷，其中水田 8.8 万公顷，水浇地 291.9 万公顷，旱地 626.5 万公顷。①

（二）内蒙古农林牧渔业产值及构成

2017 年年底，农林牧渔业总产值为 2813.53 亿元，同比增长 0.36%（现价）。其中，农业产值 1434.72 亿元，占农林牧渔业总产值的 50.9%；林业产值 99.91 亿元，占农林牧渔业总产值的 3.6%；畜牧业产值 1200.56 亿元，占农林牧渔业总产值的 42.7%；渔业产值 31.29 亿元，占农林牧渔业总产值的 1.1%。②

（三）内蒙古农畜产品加工业发展状况

农牧业生产稳定增长，生产能力明显增强。绿色农畜产品已成为内蒙古的一张名片。

从畜产品加工业发展情况看，2018 年 1—7 月，呼伦贝尔市畜产品加工企业当中，乳制品规模以上企业 7 户，较上年减少 15 户，全市乳制品产量 8161.90 吨，同比下降 40.9%；屠宰及肉类加工企业，规模以上企业 14 户，较上年减少 24 户，累计生产鲜、冷藏肉产量 10966.00 吨，同比增长 22.1%；③ 2017 年 1—7 月，锡林郭勒盟规模以上肉类屠宰及加工业累计完成产值 8.7 亿元，同比增长 100.9%，增速较 1—6 月提高 12.3%。已开工的 45 户肉类加工企业中，有 5 户企业

① 内蒙古自治区统计局编：《内蒙古自治区统计年鉴 2018 年》，国家统计局出版社 2019 年版。

② 内蒙古统计局编：《内蒙古自治区统计年鉴 2017 年》，国家统计局出版社 2018 年版。

③ 2018 年 9 月 11 日，呼伦贝尔市经济信息化委员会（http://www.hlbrjxw.gov.cn/news/News_View.asp? NewsID＝2812）。

产值实现翻番增长。其中，锡林郭勒肉食品有限责任公司完成产值7020 万元，同比增长 234.3%；锡林郭勒盟达尔汗牧业有限责任公司完成产值 3898 万元，同比增长 183.1%；苏右旗绿赛清真肉食品有限责任公司完成产值 14055 万元，同比增长 161.9%；苏右旗绿赛清真肉食品有限责任公司完成产值 14055 万元，同比增长 161.9%；苏右旗赛润肉业有限责任公司完成产值 17581 万元，同比增长 106%；苏右旗忆原肉业有限责任公司完成产值 4518 万元，同比增长 131%。[①] 其中，苏尼特右旗畜产品加工业发展迅速，截至 2017 年年底，苏尼特右旗绒毛纺织产业循环经济园区入驻企业 59 家，其中：绒毛加工企业 32 家，肉食品加工企业 12 家，羊粪有机肥、乳制品、皮制品加工等企业 15 家。2016 年园区预计实现产值 55.5 亿元，其中：绒毛加工企业预计实现产值 37 亿元、肉食品加工业企业预计实现产值 9 亿元、其他企业预计实现工业产值 9.5 亿元。[②]

（四）内蒙古农畜产品贸易发展状况

2015 年，二连浩特口岸农产品进口 11.5 亿元，增长 1.7 倍。其中，进口羊绒 6.4 亿元，增长 1.9 倍；进口松子仁 2.2 亿元，增长 15.5 倍；进口油菜籽 1.6 亿元，增长 91.6%，羊绒进口 0.5 万吨。[③] 到 2016年，中蒙畜牧业领域合作取得突破，2 月 19 日，在中蒙双方精心筹备下，第一批蒙古牛羊肉对华出口仪式在中蒙边境老爷庙—布尔嘎斯台口岸举行，邢海明大使发表书面贺词。希望以此次蒙古国向中国出口牛羊肉产品为契机，进一步扩大两国农牧业等相关产业合作。两国质检、海关等相关部门密切合作，目前已向蒙扎布汗省"扎布汗食品集团有限责任公司"、库苏古尔省"库苏古尔肉业有限责任公司"和乌

① 《锡盟肉食品加工行业增速超 100%》，2017 年 10 月 11 日，锡盟经信委（http://jw. xlgl. gov. cn/jxgz/jjyx/201710/t20171011_1867946. html）。

② 锡盟经信委（http://jw. xlgl. gov. cn/jxgz/jjyx/201701/t20170103_1703208. html）。

③ 《2015 年二连口岸进出口农产品 16 亿元人民币》，二连浩特市政府信息公开（http://kab. elht. gov. cn/erlian_info/bmgk/zfbm/kab/201611/t20161115_104805. html）。

布苏省"蒙图瓦有限责任公司"等肉类加工企业颁发了牛羊肉进口许可证。当天首批对华出口的就是由蒙图瓦有限责任公司生产运输的16吨羊肉。① 7月14日，李克强总理访蒙期间，与蒙方领导人就全面深化中蒙畜牧业领域合作达成重要共识，一系列积极举措正在扎实推进。从二连浩特口岸进口量看，2016年1—7月，二连浩特口岸进口畜产品20025.5吨，同比增长35.8%，货值48553万元，同比下降14.7%。部分畜产品的情况如下：进口羊毛6813.8吨、货值5451万元，同比分别增长54.4%和47.5%；进口羊绒3605吨、货值35799万元，同比分别下降15.2%和27.1%；进口马皮3359.7吨、货值1955万元，同比分别增加145.1倍和149.4倍；进口蓝湿牛皮2389.2吨、货值1864万元，同比分别增长86.3%和97.5%；进口山羊湿革1241.3吨、货值873万元，同比分别下降14%和9.2%；进口马肉1173.3吨、货值1519万元，同比分别增加2倍和4倍。② 2017年年底，二连浩特口岸进口蒙古马肉915批，重量23069.3吨，货值达4832.5万美元。③ 可见，蒙古国向中国出口的畜产品及原料迅速增长，同时也说明中国畜产品的需求量在增长。尤其二连浩特口岸是中国进口蒙古国马肉唯一指定口岸，自2011年获批以来，进口马肉呈现逐年递增态势。

---

① 《蒙古正式向中国出口肉类》，2016年2月1日，中华人民共和国驻蒙古经商参处（http://mn.mofcom.gov.cn/article/jmxw/201602/20160201262594.shtml）。

② 《2016年前7个月二连浩特口岸畜产品进口统计》，2016年11月15日，二连浩特市口岸办（http://kab.elht.gov.cn/erlian_info/bmgk/zfbm/kab/201611/t20161115_104852.html）。

③ 李爱平、梁晓虹：《二连浩特口岸2017年进口蒙古国马肉货值超4800万美元》，2018年1月1日，二连浩特市政府（http://www.elht.gov.cn/zhxw/kadt/kadt/201801/t20180108_131333.html）。

二　蒙古国种植业、畜牧业发展状况

（一）自然条件

蒙古国地处亚洲中部，北邻俄罗斯，与中国共同拥有 4710 公里的边界线。蒙古国地质结构复杂，西部、北部多山，群山之间有许多盆地和河谷地，水分条件较好，是主要农业区；东南部为地势平缓的高地，气候干旱，多为沙漠戈壁地区。蒙古国国土面积 156.4 万平方公里，农牧业用地占 72.8%，森林用地占 8.1%，水域面积仅占 1%，其他用地占 18.1%。蒙古国大部分地区属于大陆性气候，季节变化明显，降水量少，并常伴有大风，不利于农作物和饲草的生长。此外，蒙古国矿产资源丰富，但随着矿物资源的不断开采，资源枯竭现象越发严重，由此带来了环境恶化、经济增长放缓等影响。[①]

（二）种植业发展

2011—2016 年蒙古国粮食、蔬菜产量等情况如表 6-1 所示。2011—2016 年，红小麦产量由 43.59 万吨上升到 46.71 万吨，增长 7.2%，其中 2012 年同比增产 2.94 万吨、2013 年同比减产 9.69 万吨、2014 年同比增产 11.99 万吨、2015 年同比减产 28.44 万吨、2016 年同比增产 26.32 万吨；蔬菜产量除 2015 年大幅减产外其他年份比较稳定，2014 年产量达到 10.48 万吨，2015 年同比减产 3.25 万吨，到 2016 年增长到 9.44 万吨，同比增产 2.21 万吨；马铃薯产量整体上呈现下降趋势，2012 年达到 24.59 万吨，是这几年当中的最高产量，2014 年减产为 16.15 万吨，与 2012 年相比减产 8.44 万吨，到 2016 年上升为 16.53 万吨，同比仅增产 0.15 万吨。从人均红小麦产量看，2013 年为 132 公斤/人，2015 年 70 公斤/人，到 2016 年为 154 公斤/人，人均谷物同比增加 84 公斤，基本自给显著。

---

① 凯红、赵金鑫、田志红：《蒙古农产品对外贸易及中蒙双边贸易分析》，《世界农业》2018 年第 4 期。

表6-1　　　蒙古国红小麦、蔬菜、马铃薯产量（2011—2016年）　单位：万吨

年份	2011	2012	2013	2014	2015	2016
红小麦	43.59	46.53	36.84	48.83	20.39	46.71
蔬菜	9.90	9.89	10.18	10.48	7.23	9.44
马铃薯	20.16	24.59	19.16	16.15	16.38	16.53

资料来源：2016年《蒙古国统计年鉴》，第555页。

其中突出的现象是，蒙古国种植业播种面积和产量均增长。2015年蒙古国粮食作物播种面积虽然同比大幅增长，由于受到干旱的影响粮食产量同比较大减产。2015年，蒙古粮食作物播种面积共计51.95万公顷，同比增加17.9%。种植谷物39.07万公顷，同比增加24.0%（其中红小麦36.12万公顷，同比增加24.0%），谷物总产量为21.63万吨，同比减少58.3%（其中红小麦20.39万吨，同比减少58.2%）；马铃薯种植面积为1.28万公顷，同比减少2.8%，但马铃薯产量同比增产16.38万吨，同比增长1.4%，这说明马铃薯单产量较快增长；蔬菜7656公顷，同比减少11.7%，同时蔬菜产量大幅减产7.23万吨，同比减少31.0%；饲料作物2.38万公顷，同比增加40.4%，但饲料作物产量较大减产102.87万吨，同比减少12.7%。[1]

从2017年农产品产量看，蒙种植谷物总产量23.81万吨，同比下降50.7%；土豆12.18万吨，同比下降26.3%；蔬菜8.21万吨，同比下降13.1%；饲料作物100.81万吨，同比下降21%。[2]

（三）畜牧业发展

根据相关报道，蒙古国牲畜头数呈现较快增长态势。2007—2017

①　《2015年蒙古国民经济运行整体情况》，2016年1月27日，中华人民共和国驻蒙古国大使馆（http://www.fmprc.gov.cn/ce/cemn/chn/mgdt/t1335451.htm）。

②　《2017年蒙古国民经济运行整体情况》，2018年2月2日，中华人民共和国驻蒙古国经商参处（http://mn.mofcom.gov.cn/article/jmxw/201802/20180202714800.shtml）。

年，牲畜总头数由 4026.8 万头只上升到 2017 年的 6621.9 头（只），增长 64.5%，其中马头数由 223.95 万匹上升到 393.98 万匹，增长 75.9%；牛头数由 242.58 万头上升到 438.85 万头，增长 80.9%；骆驼头数由 26.06 万峰上升到 43.41 万峰，增长 66.6%；绵羊头数由 1699.01 万只上升到 3010.99 万只，增长 77.2%；山羊头数由 1834.78 万只上升到 2734.67 万只，增长 49.0%。① 从 2017 年的牲畜结构看，截至 2017 年年底，蒙古国牲畜存栏量共计约 6621 万头，同比增长 7.6%。其中，马 393.98 万头，占 5.9%；牛 438.85 万头，占 6.6%；骆驼 43.41 万头，占 0.7%；绵羊 3010.99 万头，占 45.5%；山羊 2734.67 万头，占 41.3%。② 由此，蒙古国草原五畜头数呈现较快增长，为畜产品加工业发展提供原材料供给。（见表6－2）

表 6－2　　　　　　　　　蒙古国牲畜头数发展趋势　　　　　单位：万头（只）

年份	总头数	马	牛	骆驼	绵羊	山羊
2007	4026.38	223.95	242.58	26.06	1699.01	1834.78
2008	4328.84	218.69	250.34	26.64	1836.23	1996.94
2009	4402.39	222.13	259.93	27.71	1927.47	1965.15
2010	3272.95	192.03	217.60	26.96	1448.04	1388.32
2011	3633.58	221.29	233.97	28.01	1566.85	1593.46
2012	4092.09	233.04	258.46	30.58	1814.14	1755.87
2013	4512.72	261.85	290.85	32.15	2006.03	1921.85
2014	5197.04	299.52	341.28	34.93	2320.95	2200.36
2015	5595.79	329.46	377.95	36.79	2493.34	2358.25
2016	6154.92	363.55	408.09	40.13	2785.66	2557.49
2017	6621.90	393.98	438.85	43.41	3010.99	2734.67

资料来源：［蒙］巴凯：《蒙古国农牧业经济：发展概况》，蒙古国农业大学畜牧业研究中心，乌兰巴托市，2018 年，32 页。

――――――――――

① ［蒙］巴凯：《蒙古国农牧业经济：发展概况》，蒙古国农业大学畜牧业研究中心，乌兰巴托市，2018 年，32 页。

② 《2017 年蒙古国民经济运行整体情况》，2008 年 2 月 2 日，中华人民共和国驻蒙古国经商参处（http://mn.mofcom.gov.cn/article/jmxw/201802/20180202714800.shtml）。

（四）畜产品进出口状况

畜产品一直是蒙古国出口比重最大的农产品，所占比重均在 80%以上。从畜产品细分的品种来看，动物毛和动物生皮是其主要出口产品，动物毛、马驴骡、动物生皮是主要进口畜产品。2016 年，中国从蒙古国进口畜产品总额 1.65 亿美元，其中动物毛占 87.45%。动物毛出口额占畜产品出口总额的比重由 2000 年的 27.13%提升到 2016 年的85.15%，增长尤为迅速。整体来看，畜产品的出口比重在下降，从2000 年的 98.20%降至 2016 年的 80.20%，坚果和油籽的出口潜力在近几年开始显现。[1]

三 俄罗斯农业与畜牧业发展状况

（一）俄罗斯对畜牧业的界定及产业地域分布

俄罗斯畜牧业组织结构可以划分为商业性生产和家庭式生产两大部分，随着俄罗斯市场化改革的推进，畜牧业逐渐从原来的家庭式生产向规模化的商业性生产转变。这有两个好处，一是整合资源来集中生产，避免了之前零散放牧的低效率，二是可以发挥规模优势来提高生产要素的利用率。两者对畜牧业产值的贡献比例从 2008 年开始逆转，2008 年之前家庭生产产值高于商业性生产，2008 年之后（包括 2008年）情况发生了变化，大规模的商业化生产占了主导地位，其对畜牧业的产值贡献呈不断扩大之势。

家畜养殖又细分为七个领域，分别包括养牛业、养猪业、养羊业、养禽业、养鹿业、养马业和蜜蜂养殖业。俄罗斯畜牧业产值在 2015 年占到农业总产值的 47.7%，达到 2.4 万亿卢布，相比 2014 年同比增加14.5%，如果从 10 年周期来看，畜牧业产值增加了 237.6%，是农业快速发展的重要基础（见表 6 – 3）。

---

[1] 凯红、赵金鑫、田志红：《蒙古农产品对外贸易及中蒙双边贸易分析》，《世界农业》2018 年第 4 期。

表6－3　　　　　　　　俄罗斯2001—2015年畜牧业产值　　　　单位：十亿卢布

年份	2001	2002	2003	2004	2005	2006	2007	2008	2009	2010	2011	2012	2013	2014	2015
产值	452	487	519	603	711	806	929	1155	1277	1396	1558	1703	1768	2097	2400

资料来源：Животноводство России，http：//ab－centre. ru/page/zhivotnovodstvo－rossii.

畜牧业生产几乎遍布俄罗斯的所有地区，但根据技术水平和自然条件的不同，各地区畜牧业发展的特点和类型又存在区别（见表6－4）。如在俄罗斯西部和南部地区（包括西伯利亚和远东南部地区），畜牧生产主要是商业性的。但在自然条件恶劣的地区（高加索、西伯利亚、远北、远东的山区），畜牧业发展依然主要依赖传统的家庭化养殖和生产，特别是在养羊、养马、驯鹿等方面鲜有规模化养殖。乳制品行业产区主要集中在俄罗斯的西北部、乌拉尔、远东其他非黑土带，肉制品产区位于北高加索、伏尔加河流域和乌拉尔山南部地带，另外，乳肉制品在西西伯利亚中央黑土带也有较好发展。

表6－4　　　　俄罗斯联邦主体2015年畜牧业产值排名（1—10位）

单位：十亿卢布

地区	别尔哥罗德州	鞑靼斯坦共和国	克拉斯纳达尔边疆区	巴什基尔斯坦共和国	车里雅宾斯克州	罗斯托夫州	瓦罗涅日州	彼得格勒州	阿尔泰边疆区	斯塔夫罗波尔边疆区
产值	154.3	109.0	91.1	84.5	76.4	74.2	69.0	68.8	68.0	55.9

资料来源：Животноводство России，http：//ab－centre. ru/page/zhivotnovodstvo－rossii.

（二）牲畜头数呈现下降趋势

俄罗斯的牲畜养殖自21世纪以来一直呈下滑的趋势，2001年俄罗斯各类牲畜为2739万头，截至2016年下滑到1896万头，减少30%。其中活牛饲养下降31.9%，生猪饲养下降32%，羊类饲养下滑甚至超过了57%。

(三) 农畜产品加工业发展情况

在肉类加工生产方面，俄罗斯从 2005 年开始进入上升通道，到 2015 年第一次超过了苏联 1991 年的肉类产量。这一方面得益于对进口肉类实施的限量配额制度，另一方面，从 2014 年开始针对部分欧美国家实行的 "反制裁" 措施将主要禁止进口的目标设定在农产品上，将部分国家的肉类产品挤压出俄罗斯市场，这也造成了本土产肉量的激增。从结构上看，如表 6 - 5 所示，2016 年俄罗斯在 950 万吨肉制品中，鸡肉占 49.2%，猪肉为 34.8%，牛肉 14.1%，羊肉 1.6%，其他肉类占 0.4%。

表 6 - 5　　　　　　　　俄罗斯产肉量结构占比 (2016 年)

种类	猪肉	鸡肉	牛肉	羊肉	其他肉类
占比	34.8%	49.2%	14.1%	1.6%	0.4%

资料来源：Животноводство России В 2016году，Анализ，Цифры，Тенденции，https：//after-shock. news/？q = node/454645&full.

近年来，俄罗斯的鸡蛋产量有了较大幅度提高，2015 年产蛋量约为 425 亿个，相比 2001 年提高了 20.7%。产蛋量丰富的地区主要集中在彼得格勒州、罗斯托夫州、雅罗斯拉夫州、车里雅宾斯克州和克拉斯纳达尔边疆区等地区。

俄罗斯的牛奶产量增长较为平稳，2015 年总量为 3078 万吨，比 2001 年提高了 6.4%，增幅不大。目前，俄罗斯的牛奶产能可以满足俄罗斯本土市场的 75%，其他 25% 需要从白俄罗斯、瑞士、乌拉圭、哈萨克斯坦和乌克兰等国家进口，[①] 其中从白俄罗斯进口的奶类制品占总进口量的 92%。同粮食产量近两年的大丰收和出口急剧增长相比，牛奶行业发展较为内敛，这也是俄罗斯中小企业的一个缩影，因为同生

---

① Динамика Объемов Внешней Торговли Российской Федерации Молоком И Молочными Продуктами，2016，p. 13.

产加工粮食的农场相比，俄罗斯牛奶生产企业在国家补贴和贷款利率方面均没有太多的优势，且下游的奶源获取成本也一直居高不下，这对本土牛奶产业形成了一定程度的掣肘。所以，对俄罗斯农产品"进口替代"战略进行评估时会发现，牛奶生产相比于其他农产品完成得较为糟糕，相对于当时提出的 90% 的自给率目标，离完成还有十几个百分点，是仅有的"未达标"项目。[①] 俄罗斯主要的奶制品产区是巴什科尔托斯坦共和国、鞑靼斯坦共和国、阿尔泰边疆区、克拉斯纳达尔边疆区、罗斯托夫州、塔吉斯坦共和国和瓦罗涅日州等地区（见表6-6）。

表6-6　　　　　　　俄罗斯 2012—2016 年乳制品进口量　　　　单位：千吨

年份	2012	2013	2014	2015	2016
进口量	231	272	303	256	234

资料来源：В России Снизился Импорт Цельномолочной Продукции, http：//foodtechnologist. ru/2017/04/02/snizilsya－import－tselnomolochnoj/.

在食品加工业发达的地区有利于生猪饲养，因为有足够的植物饲料来满足其低成本要求，如甜菜和葵花的主要产地北高加索、伏尔加河流域和中央黑土带的养猪业利润回报率是全俄最高的。同养牛业相比，养羊行业对自然条件的要求较低，在干旱和多山的北高加索和西伯利亚南部地区均是养羊业的适宜地区。鸡肉加工在俄罗斯具有举足轻重的地位，它保障了 60% 的肉类供应，[②] 有很强的自给自足性，所以相比猪肉和牛肉，鸡肉行业相对封闭，同国外市场联系较少。俄罗斯鸡肉养殖加工规模最大的地区位于北高加索、中央黑土带和伏尔加河经济区。马类饲养是俄罗斯畜牧业中较为独特的分支，具有很强的地

---

① Владислав Гринкевич: Научились Кормить Себя//Профиль，2018，http：//www. profile. ru/economics/item/126398－nauchilis－kormit－sebya.

② Игорь Новицкий：Животноводство России：Основные Виды И Перспективы，2016，https：//сельхозпортал. рф/articles/zhivotnovodstvo－rossii/.

域性，因为马肉的食用在俄罗斯并不普遍，只有阿尔泰地区、布里亚特共和国、图瓦共和国、鞑靼斯坦、巴什基尔和雅库特地区有食用马肉和饮用马奶的习惯，另外，在北高加索部分地区也盛行饲养马匹。养鹿业的地区更为集中，主要分布在雅库特、亚马尔—涅涅茨和楚科奇自治区，在这些地区的鹿不仅是可食用的肉类来源，同样是重要的交通工具。

第二节 中蒙俄农牧业发展的优势与劣势

一 中蒙俄农牧业发展优势

（一）中国

1. 农畜产品加工优势

中国是传统农牧业大国，农牧业正在进入转型升级阶段，逐步向农牧业强国迈进。农牧业的种植养殖加工各项技术与蒙古国相比优势显著，处于世界领先地位的农畜产品加工企业诸多，品牌产品的培育和知名度领先于蒙古国。例如，乳制品、绒毛制品、粮油加工、肉制品加工等领域的深加工技术优势显著。中国的种子及种子新技术、生物肥料及生物农药、水溶性肥料、有机肥料、新型肥料（节水肥料）、降解地膜、节水技术、园艺技术、加工技术、栽培技术、养殖技术、农业新型技术等的技术优势尤其显著，还有农田作业机械、灌溉节水机械、插播机械、园艺机械、农副产品加工包装机械、水培设施、农业作业工具、食品饮料加工包装及冷冻保鲜技术设备、农业生产用品等技术优势显著。

2. 市场优势

中国不但是农畜产品生产大国还是农畜产品消费大国，是具有 14 亿人口的世界最大的消费市场。随着中国加入 WTO 过渡期结束，中国将进一步开发农畜产品生产消费市场，为国外优质农畜产品提供广阔的销售市场。这也为蒙古国廉价优质农畜产品提供了巨大销售市场。如，近两年，在中国社会上对农产品和食品的需求不再停留在传统的初级产品，多元、优质、安全的农产品和食品备受青睐。在市场机制作用下，农产品生产已由传统的生产导向逐步向消费导向转变。例如，受消费者需求结构带动，绿色、有机等农产品和优质、安全食品的市场份额稳步提高；受烘焙业需求带动，小麦在种植、加工和销售时被分为强筋、中筋、弱筋三个类型；受饲料行业和淀粉加工业需求影响，玉米的种植和加工形成了角质型、粉质型和复合型三类；受马铃薯主食产业化发展影响，不同区域种植不同用途的品种。①

（二）蒙古国

1. 资源优势

蒙古国位于欧亚大陆中心地带的蒙古高原之上，紧邻中国与俄罗斯，总面积约 156.4 万平方公里，人口 312.09 万，人口密度近 2 人/平方公里，是世界上人口密度最小的国家之一，是世界上第二大内陆国家。历史上的蒙古国是传统的牧民国度，农业经济时代以粗放的畜牧业为主。蒙古国有天然牧场，草原资源丰富，草原面积占国土面积的 60%，有 90 多万平方公里，是世界上最优良的天然草牧场，并且内陆河流比较多，水资源比较丰富，目前依然保持着游牧生产方式，养殖成本较低。辽阔肥沃的土地为蒙古国的农牧业生产提供了资源保障，由此，畜产品有价格低廉、品质较好的优势。

2. 原料生产优势

蒙古国有天然牧场，草原资源丰富，畜牧业是蒙古国的传统产业，是国民经济的基础，也是其加工业和生活必需品的主要原料来源，素有"畜牧业王国"之称。蒙古国的农业产值占其 GDP 的比重为 27%，其中农业产值的 80% 来自畜牧业，畜牧业出口收入占全部出口收入的 10%。蒙古国是山羊绒和羊毛的生产大国，占世界山羊绒生产总量的

---

① 万宝瑞：《新形势下我国农业发展战略思考》，《农业经济问题》2017 年第 1 期。

20%。近几年，平均每年生产毛、绒23100吨，其中绵羊毛占68.3%，山羊绒占16.7%，驼绒占4%，马鬃毛占4%，牛毛占3%，其他原料占4%。[①] 现有牧民家庭20.98万户，牧民28.55万人；畜牧业产值占农牧业总产值的80%，占出口收入的10%；[②] 截至2017年年底，牲畜数量继续保持增长，达历史新高，蒙牲畜存栏量共计约6620万头，同比增长7.6%。其中，马390万头，占5.9%；牛440万头，占6.6%；骆驼43.41万峰，占0.7%；绵羊3010万只，占45.5%；山羊2730万只，占41.3%。

3. 劳动力年轻化优势

截至2014年12月31日，蒙古国人口总数共计2995949，同比增加65672人，增长2.2%。2014年，蒙古国境内出生人口共计81715人，超过2013年所创79780人纪录，再次突破历史新高。截至2015年1月，蒙古国人口总数已突破300万。首都乌兰巴托人口约130万（2013年），其中70%的人口是年轻人，是世界上人口最年轻的城市之一。蒙古国一直很重视教育投入，对教育的投入一直占其国家总预算的20%以上，实行国家普及免费普通教育制，已经基本消除文盲，15岁以上蒙古公民98%以上受过初等以上教育。受过良好教育的年轻人将成为蒙古国发展工业经济的优质劳动力资源。[③] 到2016年12月底，蒙古国总人口达到312.09万，净增长2.1%。

（三）俄罗斯

1. 土地资源极其丰富

俄罗斯作为一个农业大国，农业发展也有悠久的历史。进入21世

---

① 宝音都仍等：《蒙古国山羊绒、羊毛生产及中蒙贸易》，《中国畜牧杂志》2015年第51卷第18期。

② 孙维仁：《中国企业投资蒙古国的几点思考》，2014年11月7日，中华人民共和国驻蒙古国大使馆经济商务参展处（http://mn.mofcom.gov.cn/article/ztdy/201411/20141100790312.shtml）。

③ 乌云嘎：《"一带一路"开放战略下内蒙古自治区与蒙古国农畜产品加工产业合作发展战略研究》，载侯淑霞、孙国辉主编《中蒙俄经济走廊学术论丛》，经济管理出版社2016年版，第52—59页。

纪，俄罗斯农业实现跨越式发展，成为世界第三大粮食出口国。[①] 俄罗斯陆地国土面积 1700 多万平方公里，是世界上面积最大的国家。其中，农业土地面积占 13%，同时拥有大面积的黑土资源，非常适合农作物的生产种植。[②] 并且，俄罗斯水资源储量居世界第二位，为农牧业发展提供了丰富的水资源保障。进入 21 世纪，普京担任总统后非常重视农业发展，将其作为国家发展的优先方向。

2. 农业科研力量雄厚

由于俄罗斯幅员辽阔，土壤气候条件差异很大，农作物种植很难执行一个统一标准或技术，对于每个具体的土壤气候带都需要因地制宜地制定种植标准和技术，为此俄罗斯农业科学院在全国各地都设置了自己的科研分支机构。

3. 培育新品种潜力大

俄罗斯全国有 100 多个研究单位在从事育种工作，提供了 3000 余个品种（或杂交种）在生产中推广应用。据测算，近 30 年农产品产量增长的一半是良种的作用。目前，俄罗斯每年有 250—300 个品种（或杂交种）投入区域性试验。

4. 农业机械化程度高

俄罗斯地域辽阔，农业区土地平坦、肥沃、规模大，非常适合机械化作业。当前，俄政府大力发展农业机械化。俄罗斯现有大型拖拉机 70 万台，大型谷物联合收割机 40 万台。粮食作物耕、播、收三项作业全部实现了机械化，如玉米机械化收获水平基本达到了 100%，其中 90% 为脱粒收获，10% 为摘穗收获（作为种子）。俄罗斯农机生产企业较多，其中生产大型机械设备的企业占主导地位。

---

① 李建民：《中俄农业合作新论》，《欧亚经济》2015 年第 1 期。
② 傅国华、吕卉：《深化中俄农业合作 保障我国粮食安全》，《理论探讨》2017 年第 2 期。

二 中蒙俄农牧业发展劣势

(一) 中国

1. 农牧业资源短缺是中国最大的劣势

中国要用占世界不到7%的耕地养活超过世界20%的人口,这一特殊的国情决定了农业发展在中国具有极为重要的战略地位。中国的人均农业资源远远低于世界平均值,人均森林面积、人均淡水资源、人均国土面积、人均耕地面积四种关键的农业资源,分别仅占世界平均值的26%、33%、36%、40%,而且人均农业资源的平均值正在不断下降。[①] 此外,中国草原牧区生产成本高于蒙古国生产成本,因为蒙古国牧民在全国范围之内随着水草茂盛地区游牧,牲畜肉质高,具有绝对的竞争优势,这恰恰是中国的劣势。

2. 农牧业生产成本高,国际竞争力较弱

由于中国农牧业的土地资源、水资源、劳动力短缺,以及化肥、农药等生产要素价格较高,所以中国生产农畜产品的各种成本远高于蒙古国生产成本,并且粮食和活畜销售价格较低,农牧民收益较低甚至亏损,缺乏国际竞争力。这是中国农牧业发展面临的较大短板。如,我国粮食生产成本呈现出价格刚性。统计数据显示,2015年全国稻谷亩均收益947元,玉米681元,小麦587元,大豆仅为406元。若算上土地费用、人工费和折旧等,粮食生产几乎没有利润。年轻农民认为"种粮无前途"、外出打工是首选,中老年种地只为口粮,在家务农的主要目的是赡养父辈、照顾孙辈。即使是种粮大户和家庭农场,由于种粮效益过低,也不得不调减粮食面积,增加经济作物面积。另外,由于土地流转合同不规范、土地流转价格机制尚未建立,导致粮食经营规模难以大幅度提高,依靠提规模来降成本难度较大,粮食安全问

---

① 何传启:《中国现代化报告2012——农业现代化研究》,北京大学出版社2012年版;陈文胜:《论大国农业转型》,社会科学文献出版社2014年版,第2—3页。

题依然严峻。[①]

3. 多数农产品国内外价格倒挂，使产业安全受到威胁

近年来，由于农产品内外价差不断扩大，农产品进口量快速增长。2013—2015 年，谷物进口量从 1458 万吨增长到 3271 万吨，增长了124.3%。一些粮食替代品因没有关税配额限制而进口量剧增，如 2015年大麦进口 1073.2 万吨，增长 98.3%；高粱进口 1070.0 万吨，增长85.3%；玉米酒糟（DDGs）进口 682.1 万吨，增长 26.0%。这些进口产品代替了饲料玉米，使玉米成了结构性过剩品种，造成国家储备膨胀。另外，国内过高的粮食价格使粮食加工业和畜牧业的生产成本上升，挤压了利润空间。棉、油、糖等农产品由于国内外价格倒挂，以及进口替代效应，导致国内库存攀升。例如，中澳、中新等自贸区虽然维持了棉花进口关税，但由于大幅削减了棉球、棉线、棉布、棉纱等关税，企业可直接进口更为廉价的棉制品，使国内棉纺企业受到严重冲击。食糖和植物油的国内生产成本均高于澳大利亚和加拿大等国，严重影响了国内加工企业的发展和农民的利益。由于饲料成本、劳动力工资上升和劳动生产率偏低等，畜产品生产成本国内外差距不断扩大。国内猪肉生产成本比美国高出约 50%，原料奶价格比国际价格高出近 1倍。仅 2015 年，猪肉进口 77.8 万吨，同比增长 37.8%；牛肉进口47.4 万吨，同比增长 59.0%。为此，造成了"洋货入市、国货入库"，农业产业安全受到严重威胁。[②]

（二）蒙古国

1. 种植业基础设施落后，抗灾能力较低

由于蒙古国经济结构较单一，市场风险较大，所以缺乏资本积累，对种植业基础设施建设的投资能力较弱、历史"欠账"较多，种植业抗灾能力十分薄弱。以水利为例，在蒙古国能灌溉的耕地目前只有

---

① 万宝瑞：《新形势下我国农业发展战略思考》，《农业经济问题》2017 年第 1 期。

② 万宝瑞：《新形势下我国农业发展战略思考》，《农业经济问题》2017 年第 1 期。

54000 公顷，仅占全部耕地面积的 4.2%，并且灌溉系统不完善，能有效运行的不多。[①] 这是蒙古国粮食产量很不稳定的重要因素。2015 年，蒙古国种植业耕种面积共 51.95 万公顷，同比增加 17.9%。种植谷物 39.07 万公顷，同比增加 24.0%，其中，小麦 36.12 万公顷，同比增加 24.0%，但是谷物总产量 21.63 万吨，同比减少 58.3%，其中，小麦 20.39 万吨，同比减少 58.2%。这说明，蒙古国种植业一旦遇到干旱等极端气候后应对能力十分薄弱，即蒙古国种植业灌溉工程建设未能满足种植业发展的需求。目前蒙古国种植业机械设备明显老化，机械设备的 40% 左右已经运行 15 年或以上，生产效率低下。[②] 中小型经营者由于缺乏资金无法更新机械设备和生产技术。所以，急需资本引进更新种植业机械设备和生产技术。

2. 畜牧业方面

畜牧业是蒙古国的基础产业、支柱产业、国计民生产业。根据相关数据，2007 年至 2016 年，15—34 岁的牧民占比由 48.5% 下降到 34.8%，而 35—59 岁的牧民占比由 38.7% 上升到 55.3%，60 岁及以上的牧民占比由 12.8% 下降到 9.9%。[③] 为此，牧民老年化突出问题也是蒙古国畜牧业面临的现实难题，将来"谁来养殖""怎么养殖"是亟待探讨的课题。

3. 肉类加工业体系未形成

蒙古国虽然具有廉价优质的畜产品深加工业原料，已有牛肉、羊肉、马肉、驼肉等畜产品加工业的优势条件，可是长期以来未形成自己的肉类加工业体系，导致肉类加工业发展缓慢、畜产品原料收购价格偏低、牲畜存栏过剩急需出口。

4. 蒙古国融资难度较大

根据调查，蒙古国银行利息远远高于中国金融系统的各银行利息，

---

① 包玉山：《关于蒙古国耕地退化与水土流失问题》，《中国蒙古学》2016 年第 5 期。

② 韩住：《蒙古国农业现状及存在的问题思考》，《中国蒙古学》2016 年第 5 期。

③ 2016 年度《蒙古国统计年鉴》，第 548 页。

少数人垄断着蒙古国金融市场。由此，蒙古国企业家们融资成本过高，阻碍着畜产品加工业的发展。

5. 乳制品行业刚刚起步

乳制品是蒙古国最具有竞争力的优势产业。可是目前无论在奶牛养殖还是加工环节都处于起步阶段，并且本地母牛的挤奶量很低，浪费着高蛋白的蒙古牛牛奶，乳制品无法满足国内需求，亟待发展奶牛饲养业和乳制品加工业。驼奶和马奶的加工业滞后，未把优质的牛奶、驼奶、马奶资源优势转化为经济优势。所以，乳制品加工业方面蒙古国应向中国学习大力发展乳制品加工业，以便把乳制品资源优势转化为经济优势。

6. 羊毛和驼毛加工业滞后

蒙古国具有丰富的羊毛和驼毛，由于种种原因导致羊毛和驼毛的加工使用率较低，浪费着宝贵资源，蒙古国应向中国或其他国家学习，以提高羊毛和驼毛的加工使用率。

（三）俄罗斯

1. 自然综合条件不利于农业发展

俄罗斯虽然是世界上土地资源最为丰富的国家，但从农业综合自然条件全面分析，俄罗斯远不如同维度的加拿大和美国，也不如西欧诸国。就热量、水分等气候条件综合分析，俄罗斯土地的生物潜力可能性比美国低60%，比法国低55%，比德国和英国分别低40%和35%。尤其是俄罗斯西伯利亚和远东地区，永久冻土带广布，自然条件严酷，严重影响农业发展。

2. 农业基础设施滞后

大量农产区的基础设施不配套严重影响了生产率，例如，远东联邦区的"一公顷土地免费赠予政策"发展得不如预期，原因就是农场主获得土地后却受困于电力、交通等相关设施发展滞后。

3. 农业投资成本高

在高利率的环境下，高贷款成本使农业生产者更新设备缓慢，这是俄罗斯低固定资产投资的一个缩影。

第三节 中蒙俄农牧业合作的重点领域

一 中国与蒙古国

(一) 中蒙农牧业合作发展的前提条件

蒙古国地处亚洲中部,东、南、西与中国接壤,北与俄罗斯相邻,是"一带一路"北线的重要支点,也是东北亚合作的重要成员,地缘位置十分重要,2016 年中国、蒙古国和俄罗斯签署《建设中蒙俄经济走廊规划纲要》,成为"一带一路"建设的重要早期收获,标志着"一带一路"首个多边经济合作走廊正式实施。

蒙古国是传统的畜牧业大国,出口以畜产品为主,其他农产品长期依赖进口。蒙古国草牧场面积为 11310 万公顷,牧草资源多分布于平原荒漠地带,牲畜以羊为主,畜牧业产值占农牧业总产值的 4/5,畜产品加工业在蒙古国国民经济中占有特殊地位,畜牧业产品出口占其全部出口收入的 1/10。中国从蒙古国进口的畜产品占从蒙古国进口农牧产品总额的七成左右,主要包括动物毛皮、肉等,中国出口到蒙古国的畜产品主要包括动物油脂、皮革制品,两国在畜牧业经贸中总体呈现出一种产业内贸易上下游的关系。中国对蒙古国农牧业的投资主要集中在畜产品加工领域,主要从事农机、羊毛、羊绒、驼绒加工等行业,一方面供应蒙古国市场,另一方面出口到中国市场或转道中国出口到海外市场。

基于独特的地缘位置和资源禀赋,中蒙农牧业合作前景广阔,在"一带一路"倡议下,开展双边农畜产品贸易具有重要的现实意义,一方面对中蒙全面战略伙伴关系的发展起到推动作用,另一方面对拉动蒙古国经济增长起到一定的促进作用。虽然总体来看两国农牧产业经贸规模较小,而且结构单一,但是随着近年来两国政治、经贸关系的不断发展和区域经济合作的不断推进,也呈现出双边农牧产业合作不断深入、人员往来不断频繁、合作领域不断扩大、农牧产品贸易额稳步增长的良好势头，中国出口到蒙古国的农产品主要是种植农产品，包括粮食、蔬菜和水果等，而蒙古国出口到中国的农产品主要是畜牧产品，还有少量的油菜籽和坚果等。

（二）中蒙加强羊绒加工领域合作

1. 目前合作动态

中国与蒙古国分别是世界第一和第二大羊绒产出国，两国羊绒产量各占世界羊绒原绒产出份额的 67% 和 22%。中国食品土畜进出口商会与蒙古国羊绒羊毛协会签署合作协议，自 2016 年起，两国每年轮流召开"中蒙羊绒产业会议"，该会议被称为全球羊绒业界的"风向标"和"晴雨表"，2018 年"中蒙羊绒产业会议"于 6 月初在内蒙古巴彦淖尔市召开，与会期间，巴彦淖尔市绒毛产业分会与蒙古国羊绒羊毛协会签署了战略合作框架协议。与此同时，中蒙两国领导人也在会晤中就相关议题进行了沟通，在 2018 年上合组织青岛峰会举行期间，蒙古国总统巴特图勒嘎（Battulga）向中方领导人表达了两国在羊绒产业方面进行合作的意愿。

2. 蒙古国山羊绒和羊毛分布区域、产量及地位

蒙古国山羊绒和羊毛的生产地主要分为 4 个区域，分别是西部区、杭爱区、中央区及东部区。其中，杭爱区是高品质且产量最高的羊毛羊绒供应区。其次是西部区，山羊绒、羊毛产量占较大比例，年均山羊绒产量也可达到近 1000 吨，羊毛产量达 3000 吨以上。西部区和杭爱区的年均绒毛产量可达绒毛总产量的 70% 左右，被称为高品质高产量的羊毛羊绒供应特区，也是蒙古国生产羊毛羊绒的中心区域。东部区及中央区对羊绒羊毛产业的贡献相对较少。蒙古国原毛、绒产量中绵羊毛占 68.3%，山羊绒占 16.7%，驼绒占 4%，马鬃毛占 4%，牛毛占 3%，其他原料占 4%。[①]

---

① 宝音都仍等：《蒙古国山羊绒、羊毛生产及中蒙贸易》，《中国畜牧杂志》2015 年第 51 卷第 18 期。

3. 中蒙山羊绒、羊毛的质量比较

山羊绒和羊毛属于动物性纤维产品。蒙古国生产的羊毛主要是粗羊毛，而细羊毛和半细羊毛产量较少。粗羊毛是价格便宜的原材料，会刺激皮肤，不宜贴身穿着，因此在毛纺业生产中通常将粗羊毛与聚酯纤维、丙烯酸进行混合，以满足特定的质感要求。另外粗羊毛是地毯、挂毯、毡子等制品的主要原料。过去，中国在细羊毛生产上有一定的竞争优势，包括品种、产量和质量方面。例如，中国培育出新疆细毛羊、内蒙古兴安盟细毛羊、敖汉细毛羊、鄂尔多斯细毛羊等新品种，并且在细度、长度上曾达到国际先进水平。但近些年，这种优势在不断消失，细羊毛产量和质量远远赶不上澳大利亚、新西兰、南非、乌拉圭等国家的产品，同时中国大量进口上述国家的毛条、原毛及其制品。①

山羊绒生产和贸易竞争非常激烈。中国是畜牧业生产大国，山羊绒产量居世界首位，羊绒细度、柔软度、色泽等质量指标也相当好。根据相关数据，通过中国和蒙古国山羊绒细度、长度、毛色等指标的比较看出，中国山羊绒细度在13.5—14.5微米，蒙古山羊绒在15.5—16.0微米，中国山羊绒柔软度、舒适度均更胜一筹，受到消费者青睐。然而，蒙古山羊绒纤维长度比中国山羊绒长5—8毫米。山羊绒的长度越长，就越方便被加工针织，梭织制品。在毛色方面，中国山羊绒多以白色为主，蒙古山羊绒则多以白色、灰色、棕色为主。②

4. 羊绒产业是蒙古支柱产业之一

2017年年底，蒙古国饲养山羊数量达到2730万只，占牲畜总头数的41.3%，绵羊头数3010万只，占牲畜总头数的45.5%，骆驼头数

① 宝音都仍等：《蒙古国山羊绒、羊毛生产及中蒙贸易》，《中国畜牧杂志》2015年第51卷第18期。

② 同上。

43.41 万峰，占牲畜总头数的 0.7%。[1] 由于蒙古国冬季气候寒冷，取自该国山羊的绒毛较为保暖，羊绒长度较长，再加上蒙古国天然的牲畜饲养方式和绒毛生产工艺，使蒙古绒在国际市场上具有一定竞争优势。从蒙古国外贸商品结构来看，2017 年蒙古国家银行统计数据显示，矿产品占其出口总额的 89%，畜产品所占比重为 6%，而在出口的畜产品中，主要以羊绒产品为主，2017 年该国羊绒的出口量为 8000 吨，出口额达到 2.62 亿美元，占蒙古国出口总额的 4%（蒙古国国家银行的统计类别主要分为四类，即矿产品、畜产品、园艺产品和工业制成品，除畜产品所包含的羊绒半成品以外，工业制成品中还包含羊绒成品，例如羊绒衫、围巾等，其出口额占该国出口总额的 1%），羊绒不仅已成为蒙古国农牧业的第一大出口产品，也是位于矿产品之后，该国第二大出口产品。[2] 有研究发现，在蒙古国一个拥有"五畜"的牧民家庭中，出售羊毛羊绒赚取的收入是其年收入的 55%，原驼绒收入占 7%，其他收入来源包括乳制品占 1%，牲畜皮收入占 2%，政府的支持养老金和家庭津贴约占 35%。

5. 中蒙羊绒加工领域合作前景

按照蒙古国 2017 年对华出口产品的货值排列，羊绒是蒙古国对华出口的第五大产品和第一大农牧产品（前四位依次是煤炭、铜矿粉、原油、铁矿石），2017 年蒙古国对华出口洗净山羊绒 5409.7 吨，货值 2.056 亿美元。[3] 中国对蒙古国的羊绒进口量近年来呈稳步增长的走势，中国羊绒贸易商是目前蒙古羊绒的最大采购者，2016 年蒙古国 90% 的初加工羊绒被出口到中国。通常而言，中国在进口蒙古羊绒后，会对其进行深加工，制成羊绒成品后再次出口，可以说围绕羊绒半成品的

---

[1] 《2017 年蒙古国民经济运行整体情况》，2018 年 2 月 2 日，中华人民共和国驻蒙古国经商参处（http：//mn. mofcom. gov. cn/article/jmxw/201802/20180202714800. shtml）。

[2] "Mongolia's Foreign Trade Review"，MongolBank，December 2017，https：//www. mongolbank. mn/ documents/statistic/externalsector/tradebalancereview/2017/12e. pdf.

[3] 《2017 年蒙古国经济社会发展简况》，2018 年 2 月 8 日，二连浩特市政府（http：//www. elht. gov. cn/erlian_info/bmgk/zfbm/wsb/201802/t20180208_132375. html）。

出售与采购，是中蒙羊绒产业对接与合作的基本特征。

由于中蒙处于羊绒产业发展的不同阶段，两国羊绒产业存在互补性，未来合作具有较大空间和发展潜力。蒙古国国内羊绒加工能力不足，即使本国羊绒产业链得到进一步升级，在牲畜规模扩大及原绒产量增长的同时，其国内工厂的消化能力依然有限，对中国出口大规模的羊绒半成品符合本国利益需求，而中国作为世界羊绒制品的最大生产国、出口国及消费国，也需要进口蒙古国的羊绒原料，这不仅体现为量的需求，也表现在羊绒种类上，例如，中国特产白绒，而蒙古国多产紫绒和青绒，从蒙古国进口羊绒，能够满足中国羊绒企业对原料低成本、多样性和加工成品档次区分化的需求。同时，不能忽视的是，蒙古国羊绒企业也从中国进口混纺羊绒，这是两国羊绒产业互补性的另一体现。

关于中蒙两国未来的羊绒产业合作，对于中国而言，蒙古国对羊绒产业的外商投资政策与法律保障极为重要，这需要蒙方创造良好的投资环境，保证中方羊绒企业对蒙投资政策与法律的稳定性；对于蒙古国而言，则关注中国的羊绒消费市场与羊绒加工技术，中国可以鼓励蒙古国羊绒企业进驻本国保税仓库，帮助蒙古国羊绒成品在中国建立销售渠道，为蒙古绒对接中国加工企业和市场创造条件，也可以将中国羊绒初加工的过剩产能或技术向蒙古国进行部分转移，在整体层面，中蒙可在羊绒原绒质量标准的监控管理体系上开展紧密合作，实现强强联合，共同开发羊绒成品的国际市场，借助两国的羊绒展销会及"一带一路"国际时尚周，扩大中蒙羊绒制品的影响，共同打造羊绒国际品牌。

中蒙在羊绒产业方面的合作，既有广泛的互补性，也具有强强联合的可能性，深化该领域合作，是推动中蒙贸易发展的有效路径。目前加强中蒙农牧业合作的重要性日益凸显，两国在探索羊绒产业合作与共赢之路的基础上，应进一步实施农牧业合作的战略规划，以羊绒、活畜、绿色农产品贸易为轴线，以相关技术和科研交流、人员培训、环境保护为主要内容，构建长效合作机制，带动中蒙农牧业合作逐步向深层次迈进，推动两国贸易结构的多元化发展。

（三）中蒙加强肉类产品加工领域合作

在蒙古国牲畜存栏数不断扩大以及对外贸易过度依赖矿业发展的背景下，政府开始重视农牧业发展，大力推动肉类产品的出口规模和对外合作，该趋势的发展为中国（内蒙古）同蒙古国在相关领域的合作创造了机遇。

1. 蒙古国肉类出口情况

蒙古国政府近年来开始注重肉类产品的出口创汇，该国已向中国、俄罗斯、哈萨克斯坦、日本、伊朗、越南和卡塔尔等国出口了大量肉类产品。截至2017年11月，蒙古国2017年已累计出口肉类产品2.15万吨，出口规模相较于2013年扩大了5倍，根据蒙古国媒体预测，未来这一规模可能会扩大到7倍以上。从2017年蒙古国政府推动肉类产品出口的相关情况来看，蒙古国与越南达成协议，蒙古国将于2017年至2018年向越南出口200吨山羊肉，双方政府支持签署肉类产品健康标准的共同协定；蒙古国与沙特在建立合资肉产品加工厂和成立相关工作小组的问题上进行了广泛讨论。蒙古国与巴拉圭在牛肉出口领域方面的交流与合作达成初步意向。与此同时，蒙古国政府关注向中俄两大邻国的市场出口肉类产品，蒙古国总统巴特图勒嘎在接受俄塔斯社专访时，强调双方在肉类产品进出口领域合作潜力巨大，蒙古国外长访华期间也提出扩大向中国出口牛羊肉的迫切需求。目前，蒙古国重视农牧业发展，特别是肉类产品出口，政府希望通过扩大肉类产品出口推动经济增长的意图较为明显，这一发展趋势值得关注。

2. 蒙古国肉类加工业是重要的支柱产业之一

蒙古国在对外贸易中加强肉类产品出口与合作。一是蒙古国牲畜肉类产量可观。目前，蒙古国牲畜量不仅能完全满足国内对肉类产品的需求，更具备出口肉类产品的可观潜能。数据显示，截至2017年年底，蒙牲畜存栏量共计约6620万头，同比增长7.6%。其中，马390万匹，占5.9%；牛440万头，占6.6%；骆驼43.41万峰，占0.7%；绵羊3010万只，占45.5%；山羊2730万只，占41.3%。① 由此，蒙古国草原五畜头数呈现较快增长，为畜产品加工业发展提供了丰富的原材料供给。蒙古国目前每年对肉类的消费量，大致相当于牲畜1100万头（只），而600万—900万头（只）牲畜可供肉类出口生产。二是政府对经济发展多元化的要求。长期以来，蒙古国矿产资源出口额占出口总额的绝对比重，蒙古国对外贸易过度依赖矿业发展，造成该国产业结构发展不平衡，经济发展容易受到国际市场对矿产品需求和相关价格波动的巨大影响。为推动蒙古国经济多元化发展，蒙古国政府开始挖掘肉类产品出口对经济增长的推动潜力，在2016年相继出台的《蒙古国可持续发展愿景2030》和《蒙古国政府行动规划2016—2020》中，对提高畜牧业生产效益和肉类产量都做出了相关要求和规划，蒙古国总理呼日勒苏赫在视察肉食品加工厂时明确指出，为推动经济多元化，内阁将与肉类生产商主动开展合作。

综合来看，蒙古国政府未来仍将大力推动本国肉类产品出口。蒙古国新闻网披露，蒙古国2018年计划出口牛肉27900吨，马肉33600吨，比2017年增加10000吨。在此背景下，蒙古国总理呼日勒苏赫指示食品农牧业和轻工业部对肉类产品出口企业的生产、投资和贷款提供便利。内阁同意设立支持农畜产品生产与加工的专项计划，旨在推动肉类产品及其他农畜产品通过杭吉（满都拉）和西伯库伦（策克）口岸向中国出口。

3. 合作发展路径

第一，重视蒙古国非疫区划定。蒙古国自己向世界动物卫生组织申报疫情后，世界动物卫生组织将蒙古国与内蒙古自治区指定肉类进口口岸接壤的地区暂时划定为疫区，这对内蒙古自治区进口蒙古国肉类产品产生了负面影响。自治区政府应积极向农业部和国家质检总局

---

① 《2017年蒙古国民经济运行整体情况》，2018年2月2日，中华人民共和国驻蒙古国经商参处（http：//mn. mofcom. gov. cn/article/jmxw/201802/20180202714800. shtml）。

等部门反映，通过中蒙上层加强沟通协调，对蒙古国毗邻内蒙古自治区的周边省区动物疫情进行区域化管理，在能严格控制疫情的情况下及时向国际动物卫生组织申报为非疫区区域。

第二，增强跨境动物疫病防控合作。内蒙古自治区可与蒙古国边境省份的兽医部门直接搭建省级对话磋商机制，对加强跨境动物疫病联防联控的措施展开探讨；双方建立肉类屠宰加工工艺和卫生质量控制体系的培训和交流机制。

第三，加快基础和配套设施建设。二连浩特口岸是内蒙古唯一进口蒙古国肉类产品的指定口岸，拥有冷链查验和储存一体化设施。策克和满都拉口岸的相应配套设施正在筹建之中，内蒙古自治区政府应加快建设速度，保证如期竣工和验收，尽早获得进口肉类产品指定口岸的资格。

第四，构建肉类产业合作平台。在政府层面，内蒙古相关部门应加强与蒙古国食品农牧业和轻工业部、质检总局沟通，建立官方长效合作机制，制订具体合作计划，推动蒙古国在呼和浩特市设立肉制品销售办公室；在企业层面，在已举办中蒙博览会——中蒙肉类合作洽谈会、蒙古国肉制品推介会的基础上，搭建年度性中蒙肉类产品企业合作洽谈与展会平台，将内蒙古打造成为我国同蒙古国肉类产业合作的中心区域。

第五，加强向蒙古国农牧业的援助工作。针对蒙古国畜牧业疫病防治水平较低的问题，内蒙古应当重视对蒙古国牧区在口蹄疫、小反刍兽疫等方面的疫病防控的技术和疫苗援助，这也会对两国民心相通产生积极影响。

（四）中蒙加强乳制品加工业领域合作

中国乳制品大型企业——内蒙古伊利集团和中粮集团下的蒙牛乳业都跟蒙古国在畜牧业产业当中有合作经历，中方将优质奶牛和优质牧草种植技术出口到蒙古国，传授蒙古国牧民先进饲养技术，不仅保障牛奶产量,而且能有效提高草原利用效率。[①]

1. 蒙古国乳业发展现状

从奶类供给的牲畜头数情况来看,蒙古国可开发的奶源有本地牛、马、骆驼三种牲畜。截至2017年年底,蒙古国牲畜存栏量共计约6620万头,同比增长7.6%。其中,牛440万头,占牲畜总头数的6.6%;马390万匹,占牲畜总头数的5.9%;骆驼43.41万峰,占牲畜总头数的0.7%。[②] 这里也包括挤奶的和不能挤奶的牛、马、骆驼。虽然蒙古国的牛、马、骆驼头数呈现增长趋势,可是牧民挤奶只能满足本家庭需求,未出现大规模挤奶销售市场现状。从挤奶的牛和骆驼头数看,2012—2017年,挤奶的牛头数从104.6万头增长到170.78万头,增长63.2%,2017年能挤奶的牛头数占全部牛头数的比重为38.8%;挤奶的骆驼头数由10.51万峰上升到15.1万头峰,增长43.6%,2017年能挤奶的骆驼头数占全部骆驼头数的34.8%。[③] 2017年年底,生鲜乳产量达到33.37百万升,比2016年的29.51百万升增长13.1%。从调研看,虽然蒙古国牛产奶量比荷斯坦奶牛和其他进口牛的产奶量低,可是牛奶质量高;马奶和骆驼奶的开发利用价值更高,其在改善饮食结构清理肠道杂物及降低血糖等方面的作用显著,有利于百姓身体健康,开发商机潜力巨大。

从原料奶价格情况来看,由于自然环境和加工企业及生产成本等因素,四个地区的原料奶收购价格有所不同。从2012—2015年的平均收购价格看,西部地区1628蒙图/公斤等于4.4元人民币/公斤(汇率1:370),中央省的1522蒙图/公斤等于4.11元人民币/公斤,杭爱省的1420蒙图/公斤等于3.83元人民币/公斤,东部地区的1259蒙图/公斤等于3.40元人民币/公斤;到2017年,杭爱省、中央省、东部地区

---

① 佟景洋:《中蒙经贸的发展历程及主要合作领域》,《财经理论研究》2018年第4期。

② 《2017年蒙古国民经济运行整体情况》,2018年2月2日,中华人民共和国驻蒙古国经商参处(http://mn.mofcom.gov.cn/article/jmxw/201802/20180202714800.shtml)。

③ [蒙] 巴凯:《蒙古国农牧业经济:发展概况》,蒙古国农业大学畜牧业研究中心,乌兰巴托市,2018年,第40页。

原料奶收购价格普遍上涨，只有西部地区原料奶收购价格同比下降，可是在四个地区中依然最高，按照人民币计算每公斤达到 4.74 元，这个价格与中华人民共和国生鲜乳价格对比，中国 2017 年 6 月第三周，10 个主产省区生鲜乳品均价格 3.42 元/公斤，由此推断，蒙古生鲜乳价格高于中国生鲜乳收购价格。（见表 6 - 7）

表6-7　　　　　　　蒙古国部分省份的原料奶收购价格　　　单位：蒙图/公斤

品种	年份	西部地区	杭爱省	中央省	东部地区
原料奶	2012—2015	1628	1420	1522	1259
	2016	1777	1580	1672	1350
	2017	1755	1617	1721	1362

资料来源：［蒙］巴凯：《蒙古国农牧业经济：发展概况》，蒙古国农业大学畜牧业研究中心，乌兰巴托市，2018 年，第 126 页。

从奶类企业发展情况来看，蒙古国在册登记的牛奶生产加工企业 235 家，在企业工作的工人 1238 人，生产加工牛奶的生产能力为 928 百万升，可是目前仅运行8%—10%的生产加工能力。主因在于蒙古国原料奶供应严重短缺，目前生产的乳制品无法满足国内需求。

通过生产工艺生产的乳制品产量 2016 年达到 63.3 百万升，2017 年提前完成 81.2 百万升目标，同比增长 28.3%。（见表 6 - 8）

表6-8　　　　　　　　蒙古国生产加工的牛奶　　　　　单位：百万升

年份	2012	2013	2014	2015	2016	2017
数量	72.8	63.9	71.1	70.3	63.3	81.2

资料来源：蒙古国食品、农牧业、轻工业部，2018 年 10 月 8 日（http://mofa.gov.mn/exp/blog/10/80）。

从乳制品生产情况来看，蒙古国主要生产的乳制品包括酸奶浆、冰激凌、乳脂、奶油、脱乳脂、细奶油、奶皮子、黄油、奶酪等。

2017年同比增长的乳制品品种有酸奶浆30.6%、冰激凌21.5%、乳脂9.7%、黄油20.7%、奶酪30.9%;产量同比下降的品种有奶油－8.7%、脱乳脂－40.2%、细奶油奶皮子－10.5%。从调研看,蒙古国短缺奶粉现象突出,奶粉基本全部进口,这对中国乳品企业带来了很好的商机,既有利于蒙古国消费者也有利于中国乳品企业走出去。如中国发挥奶粉生产加工领域的先进工艺技术和经营理念及培育市场经验,在蒙古国投资兴建奶粉生产企业,利用蒙古国优质奶源,为蒙古国提供优质奶粉。蒙古国 *The UB Post* 2017年2月10日报道,蒙古国前总理额尔登巴特在出席由蒙食品农牧业与轻工业部举办的活动时指出,蒙政府将积极支持扩大奶制品生产能力,通过在每个苏木建立奶粉加工厂,稳定奶制品供应价格,扩大牧区就业,增加牧民收入,带动奶制品出口。目前,蒙古国虽系奶制品生产消费大国,但严重缺乏自主生产、仓储和加工能力,每年还需进口奶粉超过4000吨。发展乳品加工业可以使蒙古国把发展农牧业的得天独厚的自然资源比较优势转化为经济优势,促进牧区经济社会的发展。蒙古国也可以出口到中国获得中国奶粉消费巨大市场的份额,促进蒙古国奶业经济可持续发展。(见表6－9)

表6－9　　　　　　　　　蒙古国乳制品生产情况

乳制品	单位	2016年年底	2017年年底	2017年同比增长
挤奶量	百万升	29.51	33.37	13.1%
酸奶浆	百万升	7.86	10.27	30.6%
冰激凌	百万个	32.60	39.60	21.5%
乳脂	吨	3.10	3.40	9.7%
奶油	吨	157.40	143.70	－8.7%
脱乳脂	吨	260.60	155.90	－40.2%
细奶油、奶皮子	吨	218.00	195.10	－10.5%
黄油	吨	2.90	3.50	20.7%
奶酪	吨	106.90	139.90	30.9%

资料来源:蒙古国食品、农牧业、轻工业部,2018年10月8日(http://mofa.gov.mn/exp/blog/10/80)。

2. 合作路径

从蒙古国调研乳业领域情况看，蒙古国乳业经济刚刚起步，目前生鲜乳供给严重不足，国内乳制品市场供给不足，急需进口像奶粉之类的产品满足国内需求，这对中国乳制品企业走出去提供了广阔的市场，应鼓励国内有实力的乳制品企业到蒙古国投资建设现代化的奶源基地、乳品加工企业等，并在输出人才培养、先进管理理念等方面加强与蒙古国的合作共赢。

（五）中蒙加强动物防疫和牲畜改良领域合作

在跨境动植物疾病防控领域，中蒙两国可借鉴大湄公河次区域经济合作（GMS）等模式，建立次区域跨境动物疫病防控体系，包括建立预警及信息交换系统、新传入跨境动物疫病紧急援助机制等，推进中蒙两国建立相对稳定的疫情通报与联防联控的合作机制。[①] 根据调查，为了提高牲畜防疫能力，蒙古国目前建立了从国家到地方系统性的防疫机制，牧区一旦发生疫情就第一时间内全力以赴控制疫情的扩散，保障其他地区牲畜的安全。因此，中国应与蒙古国积极沟通在边境地区建立防疫机制，以保护中国牲畜的安全。

蒙古国是草原五畜齐全发展的国家。由于活畜交易价格普遍偏低，牧民为了获得收益不得不扩大养殖规模，从而导致草场超载，产生"公地悲剧"，所以，在蒙古国内为应对草场超载问题，出现了改良牲畜提高个体产量的呼声，有的学者提倡向中国内蒙古自治区学习改良牲畜技术等，这对中国改良技术的输出提供了市场需求。从目前的中蒙改良技术合作方面看，依托联合国粮食及农业组织"南南合作"项目，利用中国政府信托基金支持，中国派出专家和技术员着手对蒙古国饲料生产改良、牲畜品种改良、牲畜疾病防治等进行技术性指导和示范性工程建设，不仅使牲畜出生成活率显著提高，而且有效抑制了动物口蹄疫等疾病的发生，使牲畜存栏出栏量都显著增长，提高了牧

---

① 于浩森：《加强中蒙农业合作的思路探析》，《世界农业》2014 年第 11 期。

民的收入。① 因此，中蒙在牲畜改良领域的合作潜力较大。

二　中国与俄罗斯

中俄拥有 4300 公里长的边境线，在地缘属性、资源禀赋上优势互补。近年来，随着中国"一带一路"倡议的推动，两国在农产品贸易、农业产业投资、农业科技交流等方面开展了多层面、多方位的合作，为两国良好的农业合作关系奠定了良好的基础。中俄农业合作的深化发展已成为两国的共同愿景。②

（一）中俄加强农业领域合作

中俄农业合作由来已久，早在 19 世纪下半叶就有大量中国农民前往俄罗斯远东地区耕种土地，但双方面临农产品贸易壁垒、农业信息不对称和开发资金筹措困难等问题，俄罗斯 2011 年加入 WTO 以及中国的农业"走出去"是双方加强农业合作的契机，给双方优势农产品带来更多的机遇。从 2014 年起，俄罗斯农业异军突起，粮食产量开始跨过 1 亿吨大关，2017 年达到 1.35 亿吨，成为重要的出口领域，2017 年俄罗斯粮食出口量达到 3300 万吨，超过欧盟和美国的粮食出口量。对于俄罗斯来说，中国是粮食出口的巨大潜在市场，中俄两国相互准入农产品清单不断扩大，2017 年中国从俄罗斯进口的农产品超过 30 亿美元，成为俄罗斯第一大食品进口国，同时，中国还向俄罗斯出口水果、蔬菜、淡水产品。

（二）中俄减少贸易壁垒，促进合作发展

中俄两国在农产品领域存在一定的壁垒，使俄罗斯粮食很难以更大规模出口到中国。例如，俄罗斯一直希望在粮食产品领域扩大中国

---

① 佟景洋：《中蒙经贸的发展历程及主要合作领域》，《财经理论研究》2018 年第 4 期。

② 霍雪玲等：《"一带一路"倡议下中国农业对外合作研究——主要国家投资环境与企业发展实绩》，经济管理出版社 2017 年版，第 31—35 页。

市场，但植物检疫标准的非统一和进口数量限制一直阻碍俄罗斯的粮食出口，这也是 2017 年中俄政府首脑第 22 次会面探讨的主要问题。经过双方的共同努力，到 2018 年 11 月俄罗斯部分谷物、粮食和油料作物出口壁垒已经取消，其中包括小麦、燕麦、荞麦、亚麻籽和葵花籽。

（三）农产品加工业领域加强合作

农业合作是有较大合作潜力的领域之一，而农业合作中最有潜力的当属农副产品生产及其增值加工。专家计算，通过加工，稻谷一般增值 20%—80%，小麦增值 40%—100%，大豆可增值 50%—100%，猪可增值 30%—50%、精加工增值达 1 倍以上，水产品加工增值 1 倍以上，蔬菜加工也可增值。① 但是从 20 世纪 90 年代到 21 世纪前十年，中俄农产品加工领域的合作比较缓慢。俄罗斯国内在农产品和食品的供应方面有大的缺口，而我国是重要的绿色食品生产基地和商品粮基地，这就为我们两国在农产品和食品加工领域合作提供了可能。我国可以利用俄丰富的资源优势，在俄罗斯境内建立独资或合资的农产品和食品加工企业，俄方可以采用原料入股的方式合作，企业不只局限于加工，还可以把原料生产与加工相结合，自给自足。在俄直接办厂的优点在于，可绕过各种限制和关税壁垒，可享受俄的对外资或合资企业在产品销售与设备进口方面的优惠政策。因此，中俄双方在农产品和食品加工领域开展合作的潜力很大。

（四）农业科学技术的交流与合作

我国经济发展最大的约束因素之一是人多地少，这种国情决定了中国农业发展只能走依靠科技创新提高土地产出率、降低资源消耗和利用国内外两种资源、发展外向化农业的道路。中俄双方农业科技各具优势，互补互利，加强合作，可促进两国农业经济共同繁荣。目前中俄的农业科学技术方面的合作已拓展到畜牧养殖、水产养殖、食用

---

① 骆晓丽：《中俄农业经贸合作的障碍分析》，《北方经贸》2012 年第 4 期。

菌栽培、植物油开发和种养殖业新优品种的培育与繁殖方面。①

第四节　推进中蒙俄农牧业合作的对策建议

一　中国与蒙古合作发展的政策建议

（一）中国与蒙古合作制定农牧业合作战略规划

两国相关部门组织科研单位、企业和专家共同制定"一带一路"倡议下和"发展之路"倡议下的农牧业合作规划。既要有短期计划，也要有中长期规划；既包括总体规划，也要有国别规划；既要有内部规划，也要与外方商定规划。要突出合作发展重点，如畜产品的开发合作，小麦、大麦、油菜籽的开发合作等。

（二）实行农牧业"走出去"措施

"走出去"措施主要是对蒙古、俄罗斯农牧业基础设施等方面的援助和投资建设农畜产品原料生产基地。有效发挥好蒙古国和俄罗斯的优质原材料生产优势，有效供给我国农畜产品市场，扩大我国农畜产品原料市场的供给，满足国内中高端市场的需求。例如，增加国内优质中高端牛羊肉、马奶、驼奶、羊绒、羊毛、驼毛产品的供给，还应逐步降低我国以大豆为主的市场过度依赖美洲大陆的被动局面。

蒙古国是畜牧业王国，目前依然保留着大范围游牧经营方式，具有畜牧业生产成本低、畜产品价格低廉、品质高的优势。牲畜数量继续保持增长，不断创造历史新高。由此，蒙古国丰富的畜牧业原产品为中蒙畜牧业方面合作提供了稳定的原料供应。蒙古国的优势资源对改善我国百姓膳食结构具有一定的作用。

要加大政策支持力度，鼓励国内有实力的企业走出去，在蒙古国投资兴建农牧业原料生产基地和加工厂，供给蒙古国市场的同时供给

---

① 骆晓丽：《中俄农业经贸合作的障碍分析》，《北方经贸》2012 年第 4 期。

国内市场。中国从土地、税收、商检、海关等方面给予对外农业合作企业适当优惠条件。蒙古国也对在蒙古国投资兴建的中国农业企业给予土地、税收、商检、海关等方面提供优惠条件的同时，在签证、投资、贸易等方面给予更多便利。

（三）实行农牧业"引进来"措施

中国巨大的农畜产品消费市场给蒙古国、俄罗斯提供了重大发展机遇，也是巨大的市场红利。中国是世界上最大的农畜产品消费市场，随着中国人民生活水平持续提升，消费需求消费品质也在提升，国内优质的高品质的农畜产品供给不足，这给蒙古国、俄罗斯优质农畜产品出口到中国提供了机遇。中国通过进口蒙古国、俄罗斯优质农畜产品，改善国内农畜产品的供给侧结构，进一步改善百姓生活、增强人民体质。

（四）中国应抓住蒙古国振兴种植业的机会

目前正是蒙古国实施"种植业第三次振兴"的关键阶段，中国政府应因势利导，向蒙古国积极推广先进的农业新技术，涵养水源，改善环境。利用蒙古国丰富的土地资源合作发展大中型农场，种植小麦、大麦、马铃薯、洋葱等，满足蒙古国国内市场的同时剩余的部分可供给中国市场，减轻中国水土压力。同时利用好蒙古国农机市场的潜力，因为一方面很多农场的农机设备严重老化，急需更新，另一方面本国又没有农机生产制造企业，基本上全部依赖进口。中国扶持发展蒙古国农业，援助农业一系列项目，涉及农场、农技推广站、农田水利工程、农产品加工厂、农机设备、经营管理等，为提高蒙古国农产品安全供给能力和促进经济社会稳定发展方面做出贡献。目前，蒙古国政府出台优惠政策扶持农畜产品加工业的发展，如，蒙古国 *The UB Post* 2017 年 2 月 6 日报道，为促进经济增长，蒙古国议会已于 2 月 2 日通过《企业所得税法》修订案，决定对部分行业实施税收优惠，范围包括食品、服装、纺织、建材及部分农业领域。在上述行业中，年营业收入低于 15 亿蒙图（约合人民币 415.8 万元）的企业可享受低至 1%的企业所得税优惠税率。为此，中方农业企业应抓住这次优惠政策，开展农牧业领域的投资合作，实现共赢。

（五）发挥中国的比较优势

与蒙古国相比，我国的比较优势主要集中在制造业、食品加工业和纺织等行业，应当注意这些对于蒙古国有优势的产业，增加技术投入，从而扩大该类产品出口。我国对蒙古国的贸易主体主要是内蒙古地区，内蒙古地区已形成了伊利、蒙牛等有规模上档次的外向型乳制品企业，蒙古国的畜牧业发达，但却没有高产奶牛，且牧民居住分散，收购不易，应当充分发挥比较优势，与蒙古国在畜牧业和乳制品业等方面进行合作。

（六）关注蒙古国对畜牧业生产加工设备的进口需求

目前，蒙古国羊绒制品的生产商对于生产设备的购买需求颇为旺盛，同时由于蒙古国正在推动畜牧业的规模化与集约化发展，肉食品加工和奶制品产业对于相关设备的引进需求也将呈上升态势，中国应重视这一情况的发展，通过中蒙博览会及在蒙专设中国畜牧业加工设备展会的方式，推动我国相关设备的出口。另外，可尝试以技术合作带动设备出口这一方式，蒙古国现代畜牧业发展的技术相对薄弱，如何提高畜牧业产值，保护生态环境，是中蒙两国的合作契合点。在技术交流的基础上，我国应考虑在蒙古国设立安装全套国产设备的合作示范点，这对我国相关设备的对蒙出口，肯定会起到推动作用。需要特别注意的是，蒙古国畜国家牧业的生产设备从多国进口，不仅包括欧洲国家德国、捷克，也包括亚洲国家中国、日本、韩国，而且通常在一个生产厂家，其设备的来源地也往往并不单一，例如，蒙古国的一些羊绒制品中小企业，特别是作坊（数量占相当比例），在机械设备的使用方面，其非电动设备大量产自中国，而自动化设备多产自日本、意大利，针对这一现状，我国不仅应全方位、多层次地向蒙营销畜牧业加工设备，也应在相关售后服务及国产智能设备推销等方面加强力度。

（七）中方投资者应熟悉蒙方的政策和法规并依法经营

中国去蒙投资者应充分考虑法律环境的复杂性和不稳定性，企业到蒙古国投资首先应该注意法律环境问题，积极就蒙古国的整体投资环境和相关行业法律法规进行深入调研和评估，切忌盲目从众；同时，密切关注当地法律变动的情况，及时调整决策和部署；建议在当地聘请律师作为公司法律顾问，处理所有与法律相关的事宜。企业管理人员要熟练掌握蒙古国的投资法、税法、环保法，如投资矿产资源要掌握矿产法，并了解其他相关法律法规，依法经营，照章纳税。目前，在蒙的增值税、企业所得税和个人所得税三种税的基本税率均为10%，关税为5%。[①] 蒙古的法律法规是非常严格的，这一点国内投资者必须高度重视，并在企业经营当中遵守相关法律。

（八）中方投资者充分调研蒙古国市场环境，降低投资风险和成本

蒙古国工程承包市场虽然潜力巨大，但也蕴藏着巨大风险，包括相关法律制度不健全，部分领域存在政策壁垒，劳动力市场不完善，相关基础设施落后等一系列问题。中国到蒙古国开展业务的企业普遍存在市场调研力度不够的问题，往往对信息的真实程度和可操作性未做认真研究就盲目进入。有的公司在投标阶段未考虑到运输、劳务等问题，待到项目执行阶段才发现尚有许多中间环节的成本未计算在内，导致项目亏损或工期延误。因此，中国工程承包企业在开拓蒙古国市场时，应对蒙古国市场、法律、施工要求等做详细的调研，慎重选择合作伙伴，找好进入市场的切入点，切勿盲目行事。[②]

---

① 孙维仁：《中国企业投资蒙古国的几点思考》，2014 年 11 月 20 日，中华人民共和国驻蒙古国大使馆经济商务参赞处（http：//mn. mofcom. gov. cn/article/ztdy/201411/20141100790312. shtml）。

② 商务部国际贸易经济合作研究院、商务部投资促进事务局、中国驻蒙古国大使馆经济商务参赞处：《对外投资合作国别（地区）指南——蒙古国》，2015 年 10 月。

（九）中国企业在蒙古国投资兴建要注重企业形象和当地民俗文化

建设"一带一路"是中国的长期对外开放合作发展的措施，要坚持正确的义利观和"亲、诚、惠、容"的外交理念，要以农牧业促全面合作、促共同发展、促周边稳定。只有帮助外方真正实现农牧业发展，树立中国农牧业的良好形象，才能使中国对外农牧业合作成为"有源之水"。要加强企业教育，树立大局意识，把帮助当地发展农牧业生产融入公司经营理念，绝不能见利忘义、唯利是图。要规范企业的经营秩序，对农牧业"走出去"企业实行准入制和退出机制，避免"一哄而上"，坚决制止恶性竞争。引导企业在开展经营的同时，多做公益事业，遵守当地风俗习惯，与当地政府和民众"打成一片"，树立中国农牧业企业的良好形象。尤其是中国企业在蒙古国投资农场发展农畜产品加工业要充分尊重当地的文化习俗和文化禁忌，处理好与当地居民的关系。要学习当地语言，了解当地文化，并了解当地文化禁忌和文化敏感问题。这是中国企业能够与当地居民建立良好关系的关键因素。同时中国企业可以聘用当地人员参与企业管理，增加当地就业，提高当地百姓收入等，这也是企业与当地居民建立良好关系的重要环节。

（十）必须注意保护生态环境

中国企业在蒙古国投资建设农场时必须尊重当地居民意见，注重保护生态环境问题。因为蒙古国作为传统的游牧民族，草场和河流是其赖以生存的根本，蒙古国人民非常重视环境保护。中国企业在蒙古国投资兴建农场，要依法保护当地生态环境。企业需要了解蒙古国与环境保护相关的法律法规，充分了解当地居民意见和建议，对建设农场过程中所产生的环境问题，要事先做好科学评估，在规划设计过程中根据当地情况选好解决方案，尽量避免投资建设当中不必要的麻烦。

（十一）充分利用现有的次区域对接机制

中蒙农牧业合作可在次区域合作中先行先试，这需要充分利用两国间现有的次区域对接机制。"3＋3"区域合作机制是内蒙古自治区三盟市（锡林郭勒盟、赤峰市、通辽市）与蒙古国东部三省（肯特省、东方省、苏赫巴托省）围绕双边基础设施对接、经济及人文等领域合作而构建的交流机制，该平台是目前对"一带一路"构想的实践中，唯一正在运行的跨国多城市合作机制，不仅发挥了内蒙古的地缘优势，而且创新了我国同蒙古国的合作方式，这种突出以城市为中心的区域对外开放合作理念，为中国同蒙古国发展全方位、宽领域和多形式的合作奠定了基础。由于内蒙古锡林郭勒盟及其东部地区是我国传统的绿色畜牧业基地，拥有肉、奶、绒的品牌优势，我国应将畜牧业合作列为该机制内的优先议题，推出具体计划，共同打造绿色畜牧业产品的品牌，争取利用该机制，在次区域范围内打造两国畜牧业合作的示范区。

二　蒙古国与中国合作发展的政策建议

（一）畜牧业方面

1. 基础设施连通，降低农牧业合作发展的交通成本

随着"一带一路"倡议的持续发展，亚投行对中国、蒙古国、俄罗斯基础设施连通方面的投资持续加大，促进三国合作发展的基础设施持续完善，将建设畅通高效的基础设施。一是有利于俄罗斯、蒙古国农畜产品的输出，降低国内运输成本，对中国、蒙古国、俄罗斯农牧业合作发展提供便捷的交通；二是在较大程度上改善投资环境，有利于吸引外资到新兴市场投资，从而间接刺激经济增长。

2. 加快提高牲畜疫病防疫能力

畜牧业是蒙古国民经济的支柱产业，百姓的主要生活来源。可是，目前蒙古牲畜疫病防疫能力十分薄弱，需要加大投资力度，大力培养兽医人才，建设行动快、效率高的疫病防疫队伍；建立各省之间联手防疫机制，密切关注疫情，把疫情控制在较小范围之内；根据以往的疫病种类储备好兽药，确保兽药充足供应；无害化处理疫病区牲畜，

并建立完善的赔偿机制，最大限度降低牧民损失。

3. 全社会重视畜牧业抗灾能力提高

由于蒙古国畜牧业是全国范围之内一年四季游牧或者轮牧经营，所以没有固定的避灾棚圈等基础设施，如果一旦遭遇大的"白灾"或"旱灾"，就会对畜牧业带来毁灭性的打击。在这种情况下，要依据灾害特征建设针对性的基础设施，例如，国家增加基础设施补贴减轻牧民压力，或者几家牧户合作建设简易的棚圈等"避风港"和储存饲草料设施，为顺利度过春季干旱和冬季"白灾"储存饲草料。虽然蒙古国草场是公用草场，可是牧民为了可持续使用草场必须适当控制牲畜，避免产生"公地悲剧"。反之，"公地悲剧"越来越严重，必定会降低草场载畜量和产草能力，最终影响牧民自身的生存和国家的稳定发展。对于这一点应该从国家层面上宣传保护草原的重要性，同时建立制度，使牧民经营在制度范围之内进行，这是利国利民的事情。

4. 加快发展畜牧业原料的精深加工业

蒙古国具有全世界公认的优质畜产品加工业发展的原料。例如，羊绒、羊毛、骆驼毛、皮革、牛奶、驼奶、羊奶等资源，而且上述畜牧资源是优质绿色的、廉价的，具有很强竞争力的比较优势。可是，目前畜产品加工业基本处于初级加工阶段，精深加工业未发展，未形成畜产品工业体系。如果蒙古国加快发展畜产品精深加工业的话，必定成为蒙古国经济的新增长点，并且可持续地增长，为蒙古国经济社会发展做出重要贡献。例如，以乳制品原料深加工为例，蒙古国应出台吸引外资的优惠政策，引进外资、技术、设备、管理、工艺等，利用好本国优质乳业资源，大力发展精深加工业，把绿色有机牛奶加工成一系列产品，像中国伊利、蒙牛等龙头企业一样发展乳制品加工业，较大提高牛奶附加值，尤其是要深加工驼奶，因为驼奶的重要功能是降低血糖，这个市场是广阔的，需要通过生物技术和其他组合技术工艺深加工驼奶，生产便于消费者随身携带的产品。

5. 蒙古国要与多国合作扩大羊肉出口

目前，中国提出实施的"一带一路"倡议对蒙古国羊肉出口渠道和市场建设提供了千载难逢的机遇。蒙古国政府应积极主动融入"一带一路"倡议，与中国多沟通，积极配合合作，通过"一带一路"通道把本国羊肉出口到更多国家，带动本国畜牧业加快发展。蒙古国跟中国合作方面应向哈萨克斯坦多学习，因为哈萨克斯坦充分发挥本国地理位置积极主动融入"一带一路"倡议，促进了本国基础设施建设，推动了经济增长，获得了可观的收益。由此，蒙古国加强与哈萨克斯坦交流学习经验，同时与中国进一步全面合作，发挥优越的地理位置，通过"一带一路"促进生产要素自由流动、资源的高效配置和市场的深度融合，把畜牧业优质资源转化为经济优势，为蒙古国经济走出困境、提高百姓福祉做出贡献。

（二）"一带一路"给蒙古国带来重大发展机遇

蒙古国通过与"一带一路"沿线国家积极配合与合作，促进经济要素自由流动、资源的高效配置和市场的深度融合，从农牧业资源优势上入手，把农畜牧业的资源优势转化为经济优势，促进蒙古国经济转型升级，提高百姓福祉。

1. 建立健全规章制度，加快融入"一带一路"广阔市场

"一带一路"给蒙古国畜牧业转型升级和畜产品的销售带来巨大市场。"一带一路"沿线主要有 65 个国家，覆盖约 44 亿人口，经济总量约 21 万亿美元，人口和经济总量分别占全球的 63% 和 29%。这是目前世界上地理范围最大、最具有发展潜力的经济大通道。"根据中国国际经济交流中心课题组测算，未来十年，'一带一路'沿线国家创造的 GDP 将占到全球 GDP 总量的 60%。借助'一带一路'的平台和载体，沿线后发国家将获得更加广阔的发展机会。"所以，蒙古国作为"一带一路"沿线后发国家之一应抓住难得机遇，推进畜牧业加快发展。

2. 加快培养畜牧业科技型人才和经营管理型人才，做好人才储备工作

"一带一路"给蒙古国畜牧业科技型人才和经营管理型人才培养提供了难得的机遇。2019 年在中国召开的"一带一路"国际合作高峰论坛开幕式上，习近平主席在演讲中提出"我们要建立多层次人文合作机制，搭建更多合作平台，开辟更多合作渠道。要推动教育合作，扩大互派留学生规模，提升合作办学水平"。同时中国政府还提出，计划 5 年内吸引 2500 人次沿线国家青年科学家来华从事短期科研工作，培训沿线国家科技和管理人员 5000 人次，青少年科普交流达到 1000 人次，将大幅提高中国与"一带一路"沿线国家科技人文交流的规模和质量，形成多层次、多元化的科技人文交流机制。所以，蒙古国应抓住机遇大力培养畜牧业科技型人才、经营管理型人才，为畜牧业的转型升级深度发展提供人才支撑。

3. 蒙古国利用好中国工业化进程的"正外溢"效应

"一带一路"倡议对蒙古国畜产品深加工业发展带来难得的机遇。中国的工业化进程正在产生着更大的"正外溢"效应，将促进"一带一路"沿线国家产业升级、经济发展和工业化水平的进一步提升。所以，蒙古国可以借助中国工业走出去的"便车"，尤其是引进畜产品深加工业技术、工艺、设备、管理等促进畜产品深加工加快发展，延长畜牧业产业链，提高产品附加值。

三　中俄农业合作发展的对策建议

（一）创新中俄农业产业合作模式

俄罗斯具有广袤的富饶土地，农牧业生产成本优势显著，尤其是农产品生产成本较低、品质高。我国有实力的企业可在俄罗斯合作发展规模化的大型农场，形成农产品深加工业的原料供应基地。例如，满洲里粮油食品进出口有限公司在俄罗斯建立有自己的油菜籽种植基地，通过满洲里口岸进口油菜籽原料，在满洲里生产加工俄满香品牌

的压榨油菜籽油、芥花油、葵花油等产品，第二期加工厂投产后，年产量将达到 30 万吨。该公司利用俄罗斯的优质原料供应和满洲里口岸优势，发展起来的满洲里农产品龙头企业，有利于降低我国植物油市场过度对美国等国家的依赖。

积极打造境外农业合作先导区和试验区，要适应俄罗斯本土化的农业合作模式，树立质量安全典范，按照中俄农产品质量安全卫生标准及要求，不断提质增效升级，创建高质量农产品品牌。引导企业增强法律意识、环境意识和社会意识，减少由于不知法、不懂法带来的经营风险。鼓励园区企业制定运作高效的管理制度。利用俄罗斯远东开发力度加大的有利时机，发展对俄农产品加工产业。利用俄罗斯超前区税收和投资政策，选择和培育重点农业加工企业，生产适销对路的农产品，延伸产业链条，打造"龙江"等品牌，壮大龙头企业。

（二）设立跨境经济合作区，打造农产品便捷运输通道

由于俄罗斯东部地区基础设施建设薄弱，一定程度上影响了中俄农业合作。为此，一是要推进运输通道便利化。借助俄罗斯远东建设"滨海一号"和"滨海二号"走廊的有利时机，探索中俄在交通基础设施领域的合作，为农产品运输提供支撑。二是要建设中俄跨境经济合作区。要积极争取中俄两国设立"中俄跨境经济合作区"，加强重点口岸建设，加速推进绥芬河、同江、黑河等口岸和通道功能的改造升级，打造粮食进口专业口岸、配套口岸、效益口岸，从口岸建设上大力推进"枢纽"建设。推进内贸货物跨境运输常态化，加速口岸的铁路和公路整体改造，建设现代化的粮食仓储基地，全面提升口岸的通关、周转与仓储能力。

（三）建立农业合作发展保险基金

为积极稳妥地推进农业经济合作发展，建议按照一定的比例由参保人缴纳保险金和各级财政的保险金补贴共同出资，建立农业合作发展保险基金，主要用于农业保险理赔和特定保险业务支出的专项资金。农业保险基金管理遵循因地制宜、公开透明、定向使用、结余累计、

专款专用的原则。为积极推动中俄农业经贸领域的发展，各级地方政府或大企业共同出资建立一定规模的农业风险基金。风险共担、利益共享。农业生产区各级政府要积极主动地引导、帮助农民调整农业产业结构，要免费向农民提供充分、及时、超前的信息服务，定期提供俄罗斯地区的农产品价格状况及其运行趋势等基础性信息。鼓励发展订单农业，促进对俄农业经贸合作的战略升级。[①]

（四）加强沟通，创新双边贸易机制

中国和俄罗斯在农产品贸易上的稳固发展，符合双方的利益，更需要创新机制来巩固贸易成果。总体来说，要加强双边沟通，进一步创新双边农产品贸易的机制，特别是要完善交易规则、增强行动力，着力化解各种困难。

1. 完善双边农产品交易规则

破解贸易障碍，打破人为设置的藩篱，增强两国的了解与互信，逐步放开各自重点保护的领域，拓展中国与俄罗斯在农业发展上的投资范围，扩大规模，丰富合作的方式，重点可考虑在技术合作、劳务输出、企业咨询、食品加工等行业开展合作，通过合作增加贸易总量。[②]

2. 加强中俄农产品自由贸易区建设

以满洲里、绥芬河、东宁、珲春等中俄重点贸易口岸为试点，推进监管、检验和检疫互认，提高两国可信度，建立农产品跨国无障碍转运的"绿色通道"，促进农产品的自由流动，并进一步推动中俄农业生产要素自由流动的共同市场建设。

3. 建立贸易争端解决机制

国家之间贸易出现争端是正常现象，因为国与国之间存在经济、社会、文化、法律等各类差别，建立解决争端的相关机制十分重要。

---

① 骆晓丽：《中俄农业经贸合作的障碍分析》，《北方经贸》2012 年第 4 期。

② 房丽军：《中俄农产品贸易进一步拓展的影响因素与对策分析》，《对外经济贸易》2018 年第 6 期。

中俄农产品贸易中要根据可能出现的各类问题，建立协商机制，通过对话来解决问题。可以加强政府层面的沟通与协作，建立农业部门、海关部门联动的争端处理机制，不仅及时解决问题，而且为以后的相似问题解决建立范例，提供规则，减少争端。

参考文献

一 学术著作类

《辞海》，上海辞书出版社1985年版。

《皇清开国方略》卷12，《蒙古族通史》，民族出版社1991年版。

《科尔沁右翼中旗志》，内蒙古人民出版社1993年版。

《辽史》卷70《属国表》，中华书局1974年版。

《明太祖实录》卷212、卷206、卷214，洪武二十四年（1391）九月乙酉条，台湾："中央"研究院历史语言研究所影印校勘本，1962年。

《史记》卷123《大宛列传》，中华书局1959年版。

《隋书》卷67《裴矩传》，中华书局1973年版。

《元典章》，陈高华等点校，中华书局、天津古籍出版社2011年版。

《元史》卷101《兵志四·站赤》，中华书局1976年版。

《元史》卷58《地理志》，中华书局1976年版。

《中俄陆路通商章程》，同治元年（1862）。

《周书》卷50《异域传》，中华书局1971年版。

艾丽华主编：《打造祖国北疆亮丽风景线》，人民出版社2014年版。

巴凯：《蒙古国农牧业经济：发展概况》，乌兰巴托市，2018年。

包玉山：《内蒙古草原畜牧业的历史与未来》，内蒙古教育出版社2003年版。

孛尔只斤·吉尔格勒：《游牧文明史论》，内蒙古人民出版社2001年版。

陈寿朋：《草原文化的生态魂》，人民出版社 2007 年版。

陈巍等：《江苏农村生态文明发展报告 2014》，科学出版社 2015 年版。

陈永胜等：《筑牢祖国北疆生态安全屏障》，内蒙古人民出版社 2017
　　年版。

都沁军：《矿产资源开发环境压力研究》，北京大学出版社 2012 年版。

高金祥：《"一带一路"国家国情·蒙古国》，经济管理出版社 2018
　　年版。

戈尔通斯基：《1640 年蒙古卫拉特法典》，罗致平编译，中国社会科学
　　院民族研究所历史室油印本，1978 年。

葛根高娃等：《蒙古民族的生态文化》，内蒙古教育出版社 2004 年版。

国家林业局：《中国森林可持续经营国家报告》，中国林业出版社 2013
　　年版。

国家民族事务委员会编：《中央民族工作会议精神学习辅导读本》，民
　　族出版社 2005 年版。

韩儒林：《穹庐集》，上海人民出版社 1982 年版。

胡明安：《鄂东南大型矿业基地资源开发的环境影响评价指标体系及生
　　态重建示范工程调研》，中国地质大学出版社 2004 年版。

花明等：《新农村建设：环境保护的挑战与对策》，中国环境出版社
　　2014 年版。

霍雪玲等：《"一带一路"倡议下中国农业对外合作研究——主要国家
　　投资环境与企业发展实绩》，经济管理出版社 2017 年版。

俊藤十三雄：《蒙古游牧社会》玛·巴特尔等译，内蒙古人民出版社
　　1990 年版。

李晶主编：《"一带一路"国家国情·俄罗斯》，经济管理出版社 2017
　　年版。

李军等：《斯文·赫定》，中国民族摄影艺术出版社 2002 年版。

李英男：《俄罗斯地理》，外语教学与研究出版社 2005 年版。

林梅村：《丝绸之路考古十五讲》，北京大学出版社 2006 年版。

林梅村:《丝绸之路考古十五讲》,北京大学出版社 2006 年版。

刘晓航编著:《穿越万里茶路》,武汉大学出版社 2015 年版。

刘选民:《中俄早期贸易考》,《中国近代史论丛》,台湾:正中书局 1956 年版。

刘银喜等:《中国牧区全面可持续发展研究——基于内蒙古牧区发展的 实证分析》,中国经济出版社 2015 年版。

刘迎胜:《丝路文化·草原卷》,浙江人民出版社 1995 年版。

卢明辉:《中俄边境贸易的起源与沿革》,中国经济出版社 1991 年版。

马林等:《中国草原牧区可持续发展论》,民族出版社 2014 年版。

马林等:《中国草原牧区可持续发展论》,民族出版社 2014 年版。

满都夫:《蒙古游牧文明与生态经济哲学思考——游牧文明与生态文 明》,内蒙古大学出版社 2001 年版。

孟驰北:《草原文化与人类历史》上卷,国际文化出版公司 1999 年版。

米镇波:《清代中俄恰克图边境贸易》,南开大学出版社 2003 年版。

内蒙古典章法学与社会学研究所:《成吉思汗法典》及原论,商务印书 馆 2007 年版。

内蒙古统计局:《内蒙古自治区统计年鉴 2017 年》,国家统计局出版社 2018 年版。

内蒙古自治区发展研究中心、内蒙古自治区经济信息中心:《中蒙俄经 济走廊建设重点问题研究》,人民出版社 2016 年版。

内蒙古自治区环境保护厅编:《内蒙古自治区环境状况公报》,2015 年。

内蒙古自治区统计局编:《内蒙古自治区统计年鉴 2018 年》,国家统计 局出版社 2019 年版。

潘德礼主编:《列国志·俄罗斯》,社会科学文献出版社 2010 年版。

奇格:《古代蒙古法制史》,辽宁民族出版社 1999 年版。

芮传明:《丝绸之路研究入门》,复旦大学出版社 2009 年版。

色音:《蒙古游牧社会的变迁》,内蒙古人民出版社 2001 年版。

史仲文:《中国元代习俗史》,上海古籍出版社 1987 年版。

史仲文：《中国元代习俗史》，上海古籍出版社 1994 年版。

王溥：《唐会要》，中华书局 1955 年版。

王治来：《中亚通史》古代卷上，新疆人民出版社 2007 年版，第 19—20 页。

乌云巴图等：《蒙古族传统文化论》，远方出版社 2001 年版。

乌云嘎：《"一带一路"开放战略下内蒙古自治区与蒙古国农畜产品加工产业合作发展战略研究》，《中蒙俄经济走廊学术论丛》，经济管理出版社 2016 年版。

邬晓燕：《中国生态修复的进展与前景》，经济科学出版社 2017 年版。

张廷玉：《明史》卷 329《鞑靼传》，中华书局 1974 年版。

赵尔巽：《清史稿》卷 1《太祖纪》，中华书局 1977 年版。

赵尔巽：《清史稿》卷 2《太宗纪》，中华书局 1977 年版。

志费尼：《世界征服者史》上册，汉译本第 34 页。

中国国际交流中心编著：《国际经济分析与展望（2015—2016）》，社会科学文献出版社 2016 年版。

（北齐）魏收：《魏书》卷 103《蠕蠕传》，中华书局点校本 1974 年版。

（元）脱脱等撰：《辽史》卷 37《地理志》，中华书局点校本 1974 年版。

（元）虞集：《道园学古录》卷 16《贺丞相墓志铭》，《四部丛刊》初编影印本。

[波斯] 拉施特：《史集》第 2 卷，余大均等译，商务印书馆 1985 年版。

[德] 帕拉斯：《内陆亚洲厄鲁特历史资料》，邵建东等译，云南人民出版社 2002 年版。

[俄] 尼古拉·班蒂什-卡缅斯基编著：《俄中两国外交文献汇编（1619—1972）》，中国人民大学俄语教研室译，商务印书馆 1982 年版。

[法] 布尔努瓦：《丝绸之路》，耿昇译，中国藏学出版社 2016 年版。

［苏］鲍里斯·格列科夫、亚历山大·雅库博夫斯基:《金帐汗国兴衰史》,余大均译,商务印书馆 1985 年版。

［伊朗］志费尼:《世界征服者史》,何高济译,内蒙古人民出版社 1980 年版。

［英］阿诺德·汤因比:《历史研究》,刘北成,郭小凌译,上海人民出版社 2000 年版。

二　学术期刊、集刊类及其他

阿尔谢尼耶夫:《尼·加·斯帕法里使团赴中国出使报告》,转引自卢明辉《"草原丝绸之路"——亚欧大陆草原通道与中原地区的经济交流》,《内蒙古社会科学》1993 年第 3 期。

敖仁其等:《草原牧区可持续发展问题研究》,《内蒙古财经学院学报》2005 年第 2 期。

敖仁其等:《蒙古国生态环境及其东北亚区域合作》,《内蒙古财经学院学报》2010 年第 3 期。

包歌根塔娜:《内蒙古矿产资源开发生态补偿研究》,硕士学位论文,内蒙古大学,2009 年。

包庆德:《蒙古族生态经济及其跨世纪有益启示——从生态哲学理论视界审视》,《内蒙古大学学报》(人文社会科学版) 1998 年第 23 期。

包玉山:《关于蒙古国耕地退化与水土流失问题》,《中国蒙古学》2016 年第 5 期。

宝音都仍等:《蒙古国山羊绒、羊毛生产及中蒙贸易》,《中国畜牧杂志》2015 年第 18 期。

毕力格等:《重视"三牧"问题实现牧区可持续发展》,《北方经济》2011 年第 5 期。

毕于运:《秸秆资源评价与利用研究》,博士学位论文,中国农业科学院,2010 年。

孛·吉尔格勒:《游牧民族传统文化与生态环境保护》,《广播电视大学学报》（哲学社会科学版）2001 年第 4 期。

陈启明：《生态文明视野下的农村环境问题探析》，《农村经济》2009
年第 9 期。

陈寿朋：《论生态文明建设》，《人民日报》2008 年 1 月 8 日。

陈昭明：《试析清代中俄恰克图互市贸易及其历史启示》，《呼伦贝尔学
院学报》2010 年第 1 期。

陈仲新等：《中国生态系统效益的价值》，《科学通报》2000 年第 1 期。

崔艳军：《蒙古族游牧文化与草原生态文明建设研究——以包头市达茂
旗为例》，《科学时代》2015 年第 1 期。

戴圣鹏：《农村生态文明建设的实践模式探索》，《南京林业大学学报》
（人文社会科学版）2008 年第 3 期。

邓艾：《可持续发展的草原生态经济模式——甘肃牧区生态经济问题研
究》，《西北民族学院学报》（哲学社会科学版）2002 年第 6 期。

段冉：《农村生态文明可持续发展研究——以辽宁省阜新农村为例》，
《学习月刊》2015 年第 11 期。

范纯：《俄罗斯的环境危机与法律对策》，《俄罗斯中亚东欧研究》2008
年第 2 期。

房丽军：《中俄农产品贸易进一步拓展的影响因素与对策分析》，《对外
经济贸易》2018 年第 6 期。

傅国华等：《深化中俄农业合作 保障我国粮食安全》，《理论探讨》
2017 年第 2 期。

高宾：《社会主义生态文明建设的制约因素及对策分析——以内蒙古自
治区为例》，硕士学位论文，内蒙古大学，2009 年。

谷树忠等：《生态文明建设的科学内涵与基本路径》，《资源科学》2013
年第 1 期。

郭鸿鹏：《"一带一路"视域下中俄农业合作发展研究》，《东北亚论
坛》2018 年第 5 期。

海山：《蒙古高原游牧生产特点研究》，内蒙古师范大学《蒙古秘史》

与蒙古文化国际学术研讨会组委会《论文提要集》，呼和浩特，
　　2001 年。

韩住：《蒙古国农业现状及存在的问题思考》，《中国蒙古学》2016 年
　　第 5 期。

洪雨：《部分专家学者关于生态文明的论述》，《政策瞭望》2008 年第
　　2 期。

侯扶江等：《草原放牧系统的类型与生产力》，《草业科学》2016 年第
　　3 期。

侯扶江等：《我国草原生产力》，《中国工程科学》2016 年第 1 期。

黄和文：《加强生态文明建设　促进农村可持续发展》，《江西农业学
　　报》2009 年第 3 期。

黄勤等：《中国推进生态文明建设的研究进展》，《中国人口·资源与环
　　境》2015 年第 2 期。

冀福俊：《清代山西商路交通及商业发展研究》，硕士学位论文，山西
　　大学，2006 年。

姜春云：《以生态文明引领农业农村可持续发展》，《求实》2011 年第
　　22 期。

凯红等：《蒙古农产品对外贸易及中蒙双边贸易分析》，《世界农业》
　　2018 年第 4 期。

李博等：《论草原生产潜力及其挖掘的途径》，《中国农业科学》1983
　　年第 3 期。

李建民：《中俄农业合作新论》，《欧亚经济》2015 年第 1 期。

李罗莎：《中蒙俄经济走廊展望》，中国国际经济交流中心：《国际经济
　　分析与展望（2015—2016）》，2016 年。

李明慧等：《环境污染转移对中国农村可持续发展的影响》，《中国农学
　　通报》2012 年第 11 期。

李现云：《概述清代中俄四个贸易阶段的演变——以万里茶道河北段为
　　例》，《农业考古》2017 年第 5 期。

刘德福等：《关于草原资源可持续利用的思考》，《四川草原》2004 年第 6 期。

刘德福等：《关于草原资源可持续利用的思考》，《四川草原》2004 年第 6 期。

刘宏钊：《生态文明建设的路径选择研究》，硕士学位论文，云南师范大学，2009 年。

刘宏钊：《生态文明建设的路径选择研究》，硕士学位论文，云南师范大学，2009 年。

刘文霞等：《对生命教育理论与实践的反思》，《内蒙古师范大学学报》（教育科学版）2010 年第 1 期。

刘钟龄：《蒙古族的传统生态观与可持续发展论》，载敖仁其主编《草原　牧区　游牧文明论集》，内蒙古畜牧业杂志社，2000 年。

卢明辉：《"草原丝绸之路"——亚欧大陆草原通道与中原地区的经济交流》，《内蒙古社会科学》（文史哲版）1993 年第 3 期。

路甬祥：《关于统筹人与自然的和谐发展》，《中共中央党校报告选》2006 年增刊。

罗丰：《一件关于柔然民族的重要史料》，《胡汉之间——丝绸之路与西北历史考古》，文物出版社 2004 年版。

骆晓丽：《中俄农业经贸合作的障碍分析》，《北方经贸》2012 年第 4 期。

落志筠：《论中蒙矿业合作之生态环境保护机制构建》，《内蒙古师范大学》（哲学社会科学版）2015 年第 4 期。

马桂英：《蒙古族草原文化生态哲学论》，《理论研究》2007 年第 4 期。

马瑶等：《农牧区县域生态文明建设指标体系研究——以新疆霍城县为例》，《新疆大学学报》（自然科学版）2017 年第 1 期。

米诺尔斯基：《塔米姆·伊本·巴赫尔回鹘游记》，王小甫译，载新疆社会科学院中亚研究所《中亚研究资料》1983 年第 3 期。

欧阳哲生：《来自北极熊的窥探——十七世纪俄罗斯遣使的"北京经

验"》,《中国文化》2013 年第 2 期。

潘文华等:《苏俄生态环境建设实践及对我国的启示》,《黑龙江畜牧兽
    医》2016 年第 5 期。

彭志中:《中国共产党生态文明建设思想的形成及其意义》,《党史文
    苑》2013 年第 9 期。

奇格:《再论成吉思汗〈大扎撒〉》,《内蒙古社会科学》1996 年第
    6 期。

秦福荣:《加快景区生态文明建设 提高世界遗产保护水平》,《中共乐
    山市委党校学报》2008 年第 9 期。

荣开明:《论生态文明建设的三个基本问题》,《孝感学院学报》2011
    年第 1 期。

荣新江:《阚氏高昌王国与柔然、西域的关系》,《历史研究》2007 年
    第 2 期。

申凯红等:《蒙古农产品对外贸易及中蒙双边贸易分析》,《世界农业》
    2018 年第 4 期。

施生旭等:《我国生态文明建设中的公众参与问题研究》,《林业经济》
    2016 年第 3 期。

施生旭等:《我国生态文明建设中的公众参与问题研究》,《林业经济》
    2016 年第 3 期。

苏鲁格:《阿勒坦汗法典》,《蒙古学信息》1996 年第 1 期。

塔格塔:《内蒙古草原生态文明建设中牧民主体地位研究》,硕士学位
    论文,内蒙古农业大学,2016 年。

陶海南:《鄱阳湖生态环境保护与生态文明建设》,《中国环境科学学会
    2009 年学术年会论文集》(第 3 卷),2009 年。

佟景洋:《中蒙经贸的发展历程及主要合作领域》,《财经理论研究》
    2018 年第 4 期。

佟景洋:《中蒙经贸的发展历程及主要合作领域》,《财经理论研究》
    2018 年第 4 期。

万宝瑞：《新形势下我国农业发展战略思考》，《农业经济问题》2017
　　年第 1 期。

王峰等：《生态文明建设有关制度改革》，《国土资源情报》2017 年第
　　1 期。

王关区等：《牧区矿产资源开发引起的生态经济问题探析》，《生态经
　　济》2013 年第 2 期。

王亮等：《中国牧区可持续发展：模型推演、路径选择与对策建议》，
　　《大连民族学院学报》2012 年第 4 期。

王玉玲：《生态文明的背景、内涵及实现途径》，《经济与社会发展》
　　2008 年第 9 期。

王正平：《提倡生态文明就是否定工业文明吗》，《解放日报》2007 年
　　11 月 13 日。

魏虹：《五大牧区草畜业结构优化与可持续发展能力建设》，博士学位
　　论文，中国农业科学院，2005 年。

魏后凯：《对促进农村可持续发展的战略思考》，《环境保护》2015 年
　　第 17 期。

吴团英：《草原文化对生态文明建设的启示》，《思想工作》2008 年第
　　4 期。

谢高地等：《中国自然草地生态系统服务价值》，《自然资源学报》2001
　　年第 1 期。

徐苹芳：《考古学上所见中国境内的丝绸之路》，《燕京学报》新 1 期，
　　北京大学出版社 1995 年版。

杨涛：《近八成土地遭受不同程度荒漠化，蒙古国防沙治沙遇瓶颈》，
　　《人民日报》2017 年 6 月 26 日。

杨旭东等：《我国草原生态保护现状、存在问题及建议》，《草业科学》
　　2016 年第 9 期。

杨永生等：《中蒙俄文化廊道——"丝绸之路经济带"视域下的"万里
　　茶道"》，《经济问题》2015 年第 4 期。

杨振海：《加强草原保护 建设美丽中国》，《农村工作通讯》2014 年第
　9 期。

杨振海：《加强草原保护　建设美丽中国》，《农村工作通讯》2014 年
　第 9 期。

于浩淼：《加强中蒙农业合作的思路探析》，《世界农业》2014 年第
　11 期。

余谋昌：《生态文明是人类的第四文明》，《绿叶》2006 年第 11 期。

扎格尔：《蒙古族游牧文化中的传统生态观探析》，《蒙古族传统生态文
　化研究》，内蒙古教育出版社 2007 年版。

张光义：《生态文明的概念、特征与基本内容》，《黄河报》2009 年 7
　月 9 日。

张建新等：《对内蒙古牧区生态文明建设的思考》，《前沿》2014 年第
　6 期。

张莽：《当前我国生态文明建设的核心问题研究》，《生态经济》2017
　年第 4 期。

张莽：《当前我国生态文明建设的核心问题研究》，《生态经济》2017
　年第 4 期。

张盼等：《"一带一路"背景下跨境草原生态环境合作治理研究》，《内
　蒙古统计》2018 年第 3 期。

张钦礼等：《循环经济模式下的矿产资源开发》，《矿业快报》2006 年
　第 5 期。

张桃林：《加强农业生态文明建设促进农产品质量安全和农业可持续发
　展》，《土壤》2015 年第 2 期。

张永亮等：《生态文明建设与可持续发展》，《中国环境管理》2015 年
　第 5 期。

张智山：《开发草原多种功能问题的思考》，《中国草地学报》2007 年
　第 5 期。

赵明霞等：《农村生态文明建设的评价指标体系构建研究》，《环境科学

与管理》2015 年第 2 期。

赵其国等：《中国生态环境状况与生态文明建设》，《生态学报》2016
年第 19 期。

郑君雷：《西方学者关于游牧文化起源研究的简要评述》，《社会科学战
线》2004 年第 3 期。

周宏春：《生态文明建设的路线图与制度保障》，《中国科学院院刊》
2013 年第 2 期。

《中国风能资源储量与分布》，《地球》2015 年第 1 期。

Динамика Объемов Внешней Торговли Российской Федерации
Молоком И Молочными Продуктами，2016.

Владислав Гринкевич：Научились Кормить Себя//Профиль，2018，
http：//www. profile. ru/economics/item/126398 – nauchilis – kormit –
sebya.

Игорь Новицкий：Животноводство России：Основные Виды И
Перспективы，2016，https：//сельхозпортал. рф/articles/zhivotnovod-
stvo – rossii/.

《2014 年全国草原监测报告》2015 年 4 月 14 日，中华人民共和国农业
农村部（http：//www. moa. gov. cn/zwllm/jcyj/zh/201504/t20150414_
4526567. htm）。

《2015 年蒙古国民经济运行整体情况》2016 年 1 月 27 日，中华人民共
和国驻蒙古国大使馆（http：//www. fmprc. gov. cn/ce/cemn/chn/mg-
dt/t1335451. htm）。

《2015 年全国草原监测报告》2016 年 3 月 1 日，中国草原（http：//
www. grassland. gov. cn/grassland – new/ShengCheng/Article/gzdt/2016/
03/01/1109487913. htm）。

《内蒙古自治区 2017 年国民经济和社会发展统计公报》2018 年 3 月 2
日，内蒙古统计局（http：//tj. nmg. gov. cn/tjgb/11143. html）。

《2018 年度中国林业和草原发展报告》，国家林业和草原局政府网（http：//www. forestry. gov. cn/2020－04－27）；《2018年全国林业和草原发展统计公报》2019年5月22日，国家林业和草原局（http：//www. forestry. gov. cn/main/62/20200427/150949147968678. html）。

阿斯钢：《蒙古国近八成土地遭受不同程度荒漠化》2017年6月17日，新华网（http：//www. xinhuanet. com/world/2017－06/17/c_1121161725. htm）。

《保护区概况》2016年5月13日，内蒙古达赉湖国家级自然保护区（http：//dlhnr. forestry. gov. cn/business/htmlfiles/dlhbhq/jqgk/index. html）。

《草原生态系统的作用》2011年7月13日，内蒙古农业农村厅（http：//www. nmagri. gov. cn/fwq/syjs/njbs/27027. shtml）。

《大力推进农村生态文明建设全国农村环境连片整治工作现场会召开》2015年10月27日，中国政府网（http：//www. gov. cn/guowuyuan/2015－10/27/content_2954467. htm）。

二连浩特市口岸办：《2016年前7个月二连浩特口岸畜产品进口统计》2016年5月13日，（http：//kab. elht. gov. cn/erlian_info/bmgk/zfbm/kab/201611/t20161115_104852. html）。

《高鸿宾副部长在全国草原工作会议暨草原监理工作会议上的讲话》2013年6月7日，中华人民共和国农业农村部（http：//www. moa. gov. cn/govpublic/XMYS/201306/t20130607_3486612. htm）。

《衡阳市"十二五"农村可再生能源开发利用现状回眸》2016年6月12日，衡阳市党政门户网站（http：//www. hengyang. gov. cn/zfxxgk/szfxxgkml/tjsj/tjfx/201606/t20160612_439291. html）。

《京津风沙源治理二期工程规划（2013—2022年）》2015年6月17日，国家林业和草原局（http：//www. forestry. gov. cn/main/4170/content－775972. html）。

李爱平等：《二连浩特口岸2017年进口蒙古国马肉货值超4800万美元》2018年1月8日，二连浩特市政府（http：//www. elht. gov. cn/zhxw/kadt/kadt/201801/t20180108_131333. html）。

《内蒙古林业十三五规划》2017 年 3 月 30 日，内蒙古自治区林业厅（ht-tp：//lyt. nmg. gov. cn/xxgk/ghjh/jcgh/201703/t20170330_122369. html）。

《内蒙古林业十三五规划》2017 年 3 月 30 日，内蒙古自治区林业厅（http：//lyt. nmg. gov. cn/xxgk/ghjh/jcgh/201703/t20170330_122369. html）。

内蒙古农牧业厅产业化处：《2017 农牧业产业和农畜产品加工业龙头企业等发展概况》2018 年 4 月 16 日，内蒙古农牧厅（http：//www. nmagri. gov. cn/zwq/nmygk）。

《内蒙古自治区环境状况公报（2015 年)》2016 年 6 月 6 日，内蒙古自治区环境保护厅（http：//sthjt. nmg. gov. cn/hjfw/hjzk/csgb/201606/t20160606_1506342. html）。

《内蒙古自治区"十三五"时期草原保护建设规划（2016—2020)》2017 年 3 月 2 日，内蒙古农牧厅（http：//www. nmagri. gov. cn/zwq/ghjh/645579. shtml）。

《农业部称未来五年力争化肥农药使用总量实现零增长》2015 年 7 月 25 日，中国之声央广网（http：//china. cnr. cn/NewsFeeds/20150725/t20150725_519309753. shtml）。

《农业部关于打好农业面源污染防治攻坚战的实施意见》2015 年 4 月 13 日，中华人民共和国农业农村部（http：//www. moa. gov. cn/zwllm/zwdt/201504/t20150413_4524372. htm）。

《全国农村环境综合整治"十三五"规划》2017 年 3 月 24 日，新疆维吾尔自治区生态环境厅（http：//www. xjepb. gov. cn/xjepb/_639/_3042/_3046/162732/index. html）。

商务部国际贸易经济合作研究院等：《对外投资合作国别（地区）指南——蒙古国》（2015 年版）2015 年 6 月 18 日，上海国际贸易中心平台（http：//shanghaibiz. sh－itc. net/article/aroadnew/dangerousofaroad/guideofaroad/201506/1366501_1. html）。

孙维仁：《中国企业投资蒙古国的几点思考》2014 年 11 月 10 日，中华人民共和国驻蒙古国大使馆经商参处（http：//mn. mofcom. gov. cn/

article/ztdy/201411/20141100790312. shtml）。

魏后凯：《农业供给侧改革如何改》2017 年 5 月 9 日，人民论坛网
（http：//www. rmlt. com. cn/2017/0509/473497. shtml）。

《我国野生动物资源的现状》2016 年 5 月 13 日，中国大学生在线（ht-
tp：//uzone. univs. cn/special/2129/176/show/5668. html）。

《我国已提出秸秆资源"五料化"利用途径》2015 年 11 月 3 日，搜狐
网（http：//roll. sohu. com/20151103/n425048842. shtml）。

习近平：《推动形成绿色发展方式和生活方式 为人民群众创造良好生产
生活环境》2017 年 5 月 27 日，新华网（http：//news. xinhuanet.
com/politics/2017 – 05/27/c_1121050509. htm）。

杨振海：《加快推进草原牧区绿色发展》2016 年 2 月 6 日，中国草原
（http：//www. grassland. gov. cn/grassland – new/Item/7889. aspx）。

张扬等：《俄罗斯：多领域多手段抓环境治理》2017 年 8 月 29 日，
中国环境网（https：//www. cenews. com. cn/news/word/201708/
t20170829_848831. html）。

《中俄环保合作不断提升发展迅速——中俄环保合作历程巡礼》2006 年
10 月 9 日，新浪网（http：//news. sina. com. cn/c/2006 – 10 – 09/
091310186965s. shtml）。

《中国 90% 左右的草原存在不同程度退化、沙化》2015 年 8 月 7 日，人
民网（http：//society. people. com. cn/n/2015/0807/c136657 – 27425708.
html）。

《中国生态环境状况公报 2018》2019 年 5 月 29 日，中华人民共和国生
态环境部（http：//www. mee. gov. cn）。

《中国生态环境状况公报 2018》2019 年 5 月 29 日，中华人民共和国生
态环境部（http：//www. mee. gov. cn）。

《中国野生植物资源》2006 年 9 月 24 日，中国林业网（http：//
www. forestry. gov. cn/portal/main/s/58/content – 92. html）。

中华人民共和国驻蒙古国经商参处：《2017 年蒙古国民经济运行整体情

况》2018 年 2 月 27 日，中华人民共和国驻蒙古国大使馆经济商务处（http：//mn. mofcom. gov. cn/article/jmxw/201802/20180202714800. shtml）。

中华人民共和国驻蒙古国经商参处：《蒙古国正式向中国出口肉类》2016 年 2 月 25 日，中华人民共和国驻蒙古国大使馆经济商务处（http：//mn. mofcom. gov. cn/article/jmxw/201602/20160201262594. shtml）。

后　　记

　　《蒙古族游牧文化与"一带一路"建设研究》学术专著，是内蒙古社会科学院王关区研究员负责主持的"发掘内蒙古历史文化，服务'一带一路'建设"重大项目第六子课题的最终研究成果之一。本课题于2017年6月立项，研究成果形式是学术专著和研究报告。

　　根据课题总体要求和第六子课题的研究实际，本课题组成员于2017年6月至7月，确定了课题的调查与研究方案；8月至12月，进行了国内外相关研究资料收集和国内相关地区调研等。2018年1月至2月，拟定并完善了本课题的补充调查提纲及研究大纲与主要框架等；3月至8月，进行了本课题国内外相关研究资料的整理、汇总、分析以及内蒙古自治区内的补充性调研，拟定了课题成果撰写提纲；9月至10月，进行了蒙古国、俄罗斯等国外调研、考察，进行了本课题两个研究报告的撰写，完成并向"项目办公室"提交了本课题研究报告之一《蒙古族游牧文化与中蒙俄生态合作研究报告》和研究报告之二《"一带一路"倡议下中蒙俄农牧业合作研究报告》，两个研究报告的文字量合计达到7万多；11月至12月，对本课题学术专著《蒙古族游牧文化与"一带一路"建设研究》的主要框架及撰写提纲进行了进一步的修改完善，并优化了人员配置与章节分工等。2019年1月至8月，完成了学术专著《蒙古族游牧文化与"一带一路"建设研究》各章节初稿的撰写；2019年9月至11月，对本学术专著各章节的全部初稿进行了精细的修改、补充、完善及统稿、定稿，并于11月20日向朝克先生和

"项目办公室"提交了本学术专著的电子版。2020年上半年，根据朝克先生和有关专家的意见，对本学术专著进行了进一步修改。

本书的第一章，由王海荣研究员、塔娜副研究员、澈力木格副研究员撰写；第二章，由康建国研究员、胡玉春研究员撰写；第三章，由任丽慧副研究员、杜淑芳副研究员撰写；第四章，由王关区研究员、陈晓燕研究员、白图亚副研究员、文明研究员、吴晶英研究员撰写；第五章，由文明研究员、刘小燕研究员、杜淑芳副研究员撰写；第六章，由韩成福研究员、李超副研究员、李洋副研究员撰写。全书由王关区研究员修改、统稿、定稿。

非常感谢中国社会科学院朝克先生的精心指导，感谢内蒙古自治区人民政府领导的英明决策，感谢政府研究室、内蒙古社科院同人挚友的鼎力相助。

由于时间仓促、水平所限，书中难免有不足甚至错误之处，恳请有关专家学者批评、指正。